「人生が充実する」時間のつかい方

UCLAのMBA教授が教える“いつも時間に追われる自分”をやめるメソッド

Mon. Tue. Wed. Thu. Fri. Sat. Sun.

HAPPIER HOUR

How to Beat Distraction,
Expand Your Time,
and Focus on What Matters Most

Cassie Holmes, PhD

キャシー・ホームズ
松丸さとみ 訳

SE
SHOEISHA

私の時間を
さらに幸せなものにしてくれた
ロブ、レオ、リタへ

Happier Hour:
How to Beat Distraction, Expand Your Time,
and Focus on What Matters Most
by Cassie Holmes

第 1 章

私たちはみな時間貧乏

―― 最適な可処分時間を考える

やることリストが空になったら幸せになれる？ ……………

時間が足りなさすぎる問題 ／ 時間がありすぎる問題 ／ ちょうどよい長さの可処分

時間とは？ …………………………………………………………………………

お金と時間、どっちが大切？ ………………………………………………

もっと幸せな時間のつかい方とは？ ………………………………………

第 2 章

時間をつかうことで、増やす

―― 時間的余裕を感じる方法

時間貧乏がもたらすこれだけの弊害 ………………………………………

健康でなくなる ／ 親切でなくなる ／ 自信がなくなる

時間貧乏を放置してはいけない ……………………………………………

やりたいこと、やるべきことの減らし方 ／ 自信を高めれば時間貧乏は解消される

9

13

21

24

31

時間貧乏な人がもっと時間を費やすべきこと …… 46
自分のために時間を作る／人のために時間を作る
さらに時間のゆとりを感じるためには？ …… 52
やることを減らしても、時間は増えない …… 56

第3章 幸せな時間、幸せでない時間
——最も賢明な時間のつかい方

…… 59
時間を記録する …… 64
時間記録という科学的なメソッド
自分にとっての幸せな活動を見つける …… 75
幸せな活動の共通点（1）誰かと一緒に過ごすこと …… 84
会話でつながる
幸せな活動の共通点（2）外へ出ること …… 91
幸せでない活動の共通点 …… 93
孤独はつらい／やらないといけないことをやるのはつらい／時間の無駄づかいはお金の無駄づかいよりつらい
気分が上がる活動とは？ …… 100

運動は心身の健康を改善する／睡眠の効用
時間について考えるだけでもいい …… 104

第4章 やりたくないことを楽しくやる
――やる気を高める方法 …… 109

家事を家事でなくす …… 112
時間を買おう／楽しい活動と抱き合わせよう
仕事だって楽しくなる …… 118
仕事の目的を見つけよう／友達を作ろう
通勤時間を楽しくする …… 132
幸せでない時間も幸せにする …… 137

第5章 幸せな時間をもっと幸せにする
――喜びを常に更新する方法 …… 139

人は楽しいことにも慣れてしまう …… 141
残された時間を意識する …… 146

年齢を重ねることで意識する／危機に見舞われることで意識する／ライフステージを迎えることで意識する／数えてみる
習慣を「儀式」にする …… 164
たまにはお休みしてみる …… 167
バラエティを加える …… 170

第6章 先のことより「今」に集中する ——幸福度を上げ、成果を出す

先のことより「今」に集中する ——幸福度を上げ、成果を出す …… 173
集中するためにできること …… 175
その1 週末をバカンスのように過ごす／その2 瞑想する／その3 ドアを閉める／その4 携帯電話をしまう
邪魔されたいときだってある …… 197

第7章 時間を費やすべき大切なことは何か？ ——取捨選択する方法

時間を費やすべき大切なことは何か？ ——取捨選択する方法 …… 199
自分の時間を吸い取る「砂の罠」 …… 203

「目的」でふるい落とす／「幸せ」でふるい落とす
自分にとっての「ゴルフボール」は何か？……213
「シュルツ・アワー」を確保する
「近視」的な行動、「遠視」的な行動……218
ゴルフボールを入れてから、砂を入れる……223

第8章 カンバスに、1週間を描いてみる
——スケジュールの最適化……225

タイム・クラフティング……227
ステップ1 固定タイルを置こう／ステップ2 喜びのタイルを置こう／ステップ3 時間的余裕を取ろう／ステップ4 タイルを並べよう
自分のカンバスを一歩下がって見る……262

第9章 人生全体を俯瞰してみる
——長い目で見ることの効用……269

数年、数十年という単位で考える……272

すべてを一度にこなす必要はない／年齢を重ねれば幸せの形も変わる／緊急性より重要性
人生の終わりを想像してみる …… 281
先人の経験に学ぶ …… 285
後悔なしの人生を歩むには？
すべての時間が幸せでなくてもいい …… 295
意義があれば嫌な経験も悪くはない／記憶に残ることは何か？／「幸せな時間」から「幸せな人生」へ
謝辞 …… 303
原注 …… 318

エクササイズ一覧

体を動かすエクササイズ …… 47
無作為に親切にするエクササイズ …… 50
時間記録エクササイズ パート（1） …… 65
時間記録エクササイズ パート（2） …… 76
時間記録エクササイズ パート（3） …… 98
睡眠エクササイズ …… 102
五つの「なぜ」エクササイズ …… 128
残り時間算出エクササイズ …… 160
五感をつかった瞑想法 …… 186
デジタル・デトックス・エクササイズ …… 194
喜びに満ちた活動エクササイズ …… 215
追悼文エクササイズ …… 281
憧れの年長者から学ぶエクササイズ …… 286
感謝の手紙エクササイズ …… 293

1

私たちはみな時間貧乏

——最適な可処分時間を考える

この時間は、すべての時間と同じようにすばらしい
——つかい方を心得てさえいれば。

ラルフ・ウォルドー・エマソン（アメリカの思想家）

２０１３年のある日、私は夜遅くニューヨークからフィラデルフィアへ向かう電車に座り、やめることを考えていました……すべてをやめることを。よき親、よきパートナーでいようと努力するかたわら、論文を書かなければ、よい仕事をしなければという絶え間ないプレッシャーがのしかかり、そして山のような雑事に終わりが見えない――もうたくさんでした。すべてを片付けるだけでも１日24時間ではまったく足りないのに、うまくこなすだなんて無理な話でした。企画、準備、実行――スーパーヒーロー級にみなぎるエネルギーが必要に思えたけれど、もうそんな気力はない。冷たい窓ガラスに額をあずけ、暗闇のなか音を立てながら流れ去る、ぼやけた木々や家を眺めていました。

その日は、私の最新の研究「歳とともに幸せの質はどう変化するか」[1]について、コロンビア・ビジネス・スクールで講演をしていました。講演は効率よくランチタイムに組み込まれ、その前後は息つく暇もなくミーティング、さらに同僚とのディナーへと続きます。そこでは、ビールをあおりながらウィットに富んだ冗談を飛ばし合う同僚についていこうと必死でした。その後、終電に間に合うよう祈りながら駅までタクシーを飛ばしました。

当時の私の１日は、この日のようにニューヨーク市のホテルで始まるのが常というわけではありませんでした。それでもたいていはやることが満載で、同じくらいバタバタです。夜明けとともに目覚め、ランニングをしてから、４カ月の息子レオと束の間の添い寝。それから急いで支度し、職場であるペンシルベニア大学ウォートン校へ。活気溢れる大学で、講義と会議をこなしつつ、なんとか仕事を片付けます。その後、午後６時にベビーシッターを帰さなければいけないため、急いで帰宅。買ってきた食料品の片付け、夕食の準備、掃除があるため、レオが寝る時間までの貴重なひとときでさえ、慌ただしく感じます。こうしたタスクは、単体ではそれほど時間がかかるわけではありません。しかしすべてが合わさると、あれこれの数分が積もり積もって、手に余ってしまうのでした。そもそも時間は限られているのに。

ここしばらく、ずっとこの感覚を抱き続けていました。暗闇を駆け抜ける電車のなかで、コートを毛布のように体にかけました。心身ともに疲れ果て、このすべてを果たして続けられるのか、きちんと考えなくてはいけないと悟りました。このまま進むのが本当に可能なのか、正確に判断するためには、ありとあらゆることを考慮に入れなければいけないと思いました。

ルーティン化されたタスクのみならず、予定外とはいえ積み重なると定期的に発生しているように感じる「例外」すべてです（例：美容院、歯医者、レオの病院、贈答品選び、自動車のメンテナンス、陪審の義務）。プラスして、仕事と家庭で必要なタスクのほかに、友達の誕生日ディナーを絶対にドタキャンしないとか、レオを毎週水曜日朝のベビー音楽教室に連れて行く、といった個人的に決めたものもありました。「すべて」にはさらに、ある程度の運動や、まともな睡眠時間を含める必要もあります。どちらかが足りないと、私は嫌な人間になってしまうからです。「すべて」にはまた、１日の終わりに、夫のロブとレオとのひとときを楽しむだけの元気が自分に残っているか否かも入れる必要がありました。

あの夜、私が電車のなかであれこれと悩んでいた本当の問題は、私としてはどれもこれもやりたいという点でした。自分の仕事が大好きだったのです。仕事のすべての面が、というわけではなくても、ここまでたどり着くためにかなり努力をしたし、講義で人とつながることや自分の研究に、紛れもないやりがいを感じていたのです。息子と夫を心から大切に思っていたので、二人との関係を犠牲にもできませんでした。健康的でいたいし、よい友達でいたいという思いもありました。また、家事や雑事をこなすのは好きではなかったものの、家庭や社会がきちんと機能するよう貢献するのは、私にとって大切なことでした。

これまでも、忙しいと感じたことはありました。むしろ、記憶にある限り私はずっと、時間と闘っているように感じてきました。そしてこう感じるのは、私だけではありません。私たちは、生産性を重視する文化に生きています。そのせいで、**忙しさが人の価値を表すステータス・シンボル**になってしまいました。[2] しかし、このように常に追い立てられた状態は、ステータスのようによい気分になどしてくれないことを、私は個人の経験からも自分の研究からもわかっていました。[3]

確かに、赤ちゃんができたことで、やるべきことは増えました。もはや、自分と自分のキャリアだけを考えていればよい、というわけではありません。今の私は、自分以外の人間の命と健康を守る全責任を負っているのです。でも、赤ちゃんができて変わったのは、「やるべきこと」が増えただけではありませんでした。息子の成長を目の前にし、時間の流れがいかに速いかに気付かされました。わずか数カ月でレオがどれだけ変わるかは、すべてがいかに猛スピードで過ぎ去っていくかを浮き彫りにしました。忙しいからといって、息子の成長をどれ一つ見逃したくなどありません。息子の子ども時代を慌てて通りすぎることも、私自身の人生を慌てて通りすぎることも、したくはなかったのです。

もっと時間が必要でした。でも、より多くをこなすための時間が欲しいわけではありませんでした。**速度を落として、自分が過ごす時間を実際に味わうための時間が欲しかった**のです。自分の人生を振り返ったときに、おぼろげな記憶が残っているだけというのではなく、幸せを感じたいと思いました。冷たい窓に額をつけ、外の世界が猛スピードで通りすぎるのを眺めていると、突然、すべてを投げ出して、太陽が降り注ぐのんびりしたどこかの島へ引っ越すのが、最適な解決策に思えました。レオとロブにも一緒に来てもらおう。

やることリストが空になったら幸せになれる？

社会心理学者として私は、それが何であれ、自分が個人的に抱える疑問への答えを探し出そうと、常にデータを見ています（自分の仕事を人に説明する際に「自分探し」とよく言うのですが、完全に冗談というわけではないのです）。そして、テニュア・トラック教授〔訳注／終身雇用を与えられる候補となる教授〕という理想的な職に就いているにもかかわらず、「もう辞めます」と上司のオフィスに駆け込んでしまう前に、自由時間がもっとあったら現実的にどんな生活になるかを、注意深く考えるべきであると自覚もしていました。

さらに、仕事を辞めて海沿いへ引っ越す荷造りをしようとロブにお願いする前に、溢れんばかりのやることリストが空っぽになったら本当に今より幸せになれるのか、知る必要がありました。1日の可処分時間が増えたら、本当にもっと人生に満足するのでしょうか？

ここはデータに答えを求めようと、私は大好きな研究者である、ハル・ハーシュフィールドとマリッサ・シャリフに協力を仰ぎました。私たちは、就労中および非就労中のアメリカ人数万人を対象としたデータセットを見つけました。

「アメリカ生活時間調査」[4]から得たこのデータは、調査対象となった人たちにとって日常的な1日を構成するあらゆる活動と、人生全般にどれだけ満足しているかを示しており、私たちはこれを分析することにしました。

宝の山のようなこのデータをつかえば、誰かにアドバイスを求めて自分の悩みを解決するのではなく、大人数に見られる傾向を特定し、より確実な解決策を見つけられるというわけです。このデータは、「人が毎日の生活で手にする可処分時間の長さと、全体的な幸福感との関係は？」という、差し迫った疑問への答えを見つける助けとなってくれるはずです。[5]

分析の第一歩として私たちは、人が自由裁量で行う活動――つまりやりたいこと――にかけられる時間は、どのくらいかを算出しました。[6]この活動には、何もしない、リラックス、テレビ視聴などがありました。また、スポーツをする、映画を見に行く、スポーツ観戦する、といった能動的な娯楽や、友達や家族と一緒に過ごすといった、純粋に人との関わりを目的とした活動も含まれました。

重要なのは、こうした**可処分時間**の計算には、義務的なタスク――つまりしなければいけないこと――にかけた時間は、含まれないという点です。例えば、長く退屈な仕事、家事、歯医者や病院に行く時間、その他の用事はすべて、自由裁量ではない活動としてまとめ、**非可処分時間**として扱いました。

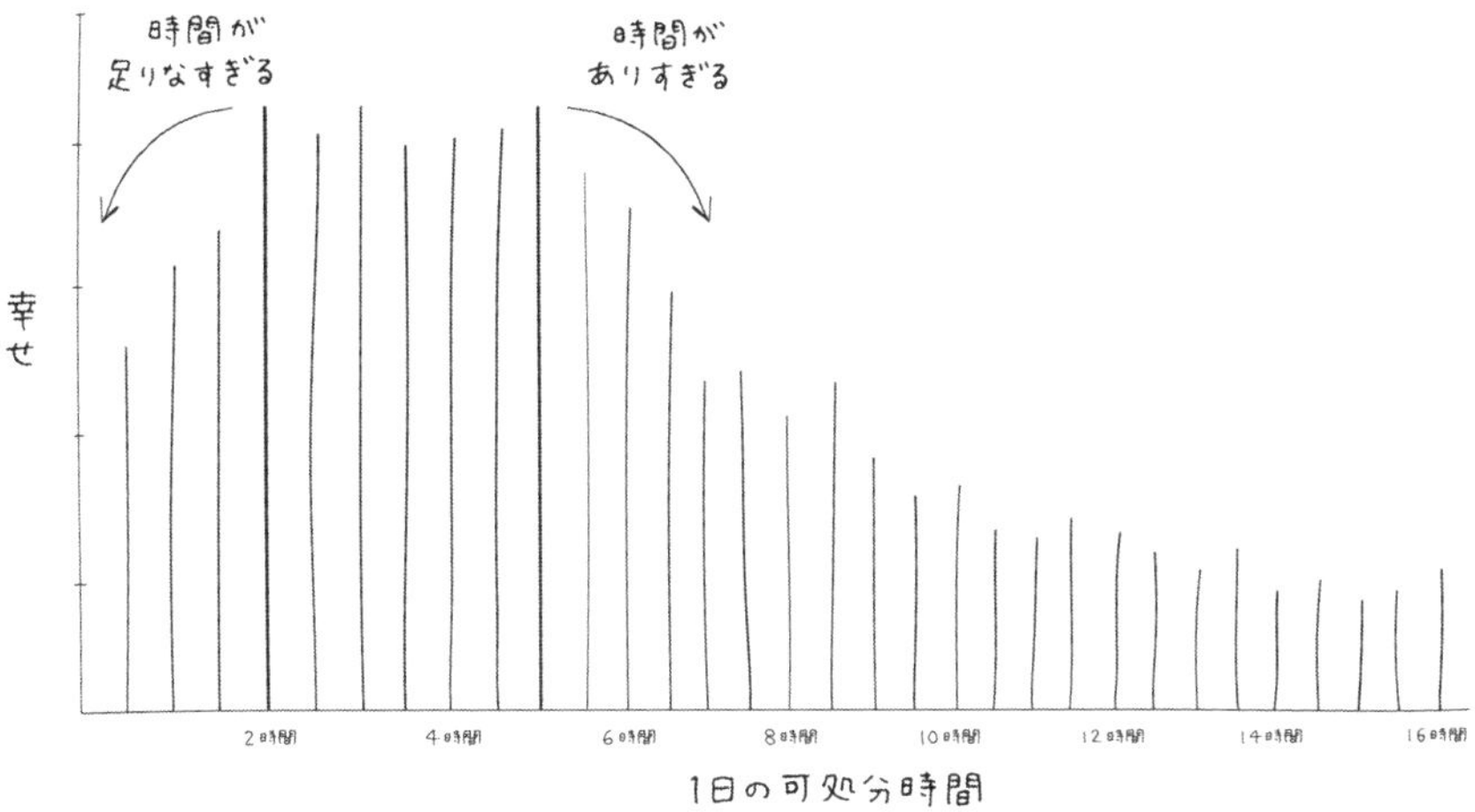

その後、算出した可処分時間の長さが、人生に対する満足度とどう関係しているかをテストしました。結果は、示唆に富むものでした。ここに掲載しているグラフは、ちょうど円弧か虹のような形の逆U字曲線になっています。この形が興味深いのは、両端が不幸せに向かって下降している点です。つまり、可処分時間には、障害となるものが一つのみならず二つもあるということです。とはいえまずは、グラフの左端を詳しく見ていきましょう。私自身が抱えていた不幸せを示すものでもあります。

時間が足りなすぎる問題

グラフからは、１日の可処分時間が約2時間を切った場合、幸せの度合いが下がることがはっきりと見て取れます。そして、私にはやはり時間が足りなすぎたことが、このデータから確認できます。私は、時間貧乏でした。**時間貧乏とは、やるべきことやりたいことを、すべてこなすだけの時間がない感覚**だと定義されています。そしてどうやら、時間貧乏で苦しむ人は決して少なくないようです。[7]

全米規模の世論調査では、アメリカ人の半数近くが、やりたいことをすべてこなす時間がないと報告しています。[8] 別の調査でもまた、約半数のアメリカ人が、時間的余裕を感じたことはほぼないと答えており、3分の2の人は、いつもあるいはときどき気ぜわしく感じると答えています。[9] 父親と比べて母親の方が時間的余裕がないと感じる傾向にあり、また、仕事を持っている親はとりわけ時間が足りないと感じてはいるものの、あらゆるタイプの人たちが、時間不足に悩んでいます。[10] そしてこれは、アメリカ人に限りません。世界中の人々――イギリス、ノルウェー、ドイツ、カナダ、オーストラリア、ブラジル、ギニア、ロシア、中国、日本、韓国の人たち――もまた忙しくしており、時間があまりにも足りずに慌ただしい日々に苦しんでいるのです。[11]

私があの夜、電車のなかで感じた苦悩を裏付けるこのような結果から、時間貧乏がなぜそれほど問題なのか、大きな理由の一つがわかります。**時間がなさすぎる人は、幸せの度合いと人生への満足度が、著しく低い**のです。心理学、社会学、経済学などの分野にまたがる複数の調査チームが行った研究でも、時間貧乏のせいで人は気分が落ち込み、ストレスを抱え、精神的に疲弊するという、類似の結果が出ています。[12] 忙しいことを崇拝する、慌ただしい文化によって、私たちは常にプレッシャーを受け、精神面での負担を強いられています。

とはいえ、このデータから読み取れるのはそれだけではありません。グラフの右端から、意外な事実が浮かび上がってくるのです。

時間がありすぎる問題

時間が足りなすぎることで生まれる不幸に加え、円弧の反対側にある下り坂は、１日の可処分時間が約5時間以上あっても、幸せの低下につながることを示しています。[13] どうやら、「時間がありすぎて困る」ことが実際にあり得るのです！

でも、なぜでしょうか？　あれだけ自由時間を欲しいと思っていた私でも、スケジュールに余裕ができたら嫌な気分になるなんてことがあるのでしょうか？　詳しく探り始めたところ、私の友人であるベンが、カリフォルニア州マリン郡の丘の上で、毒オークに倒れ込んで意識を失った経験がヒントになると気付きました。

ベンは、優秀で分析的思考に長け、非常に勤勉な男性です。ヘッジファンド運用会社で働いていたのですが、社内政治で悩んだり、仕事先から毎日ストレスを持ち帰ったりしており、妻や４人の子どもと一緒に過ごす時間を犠牲にする価値が、その仕事にはないと結論を下しました。幸運にも金銭的な余裕があったため、39歳で早期リタイアすることにしました。そうすれば、これまでずっとやりたかったけれど仕事が忙しくてできなかったあれこれ——家族とリラックスしたり、バカンスへ行ったり、読書を楽しんだり、思い切り運動したり——を、すべてできる時間が手に入るでしょう。

しかしベンは、目標指向型の人です。ぼんやりと過ごすのが嫌いで、生産的でいることで心が満たされます。のんびりしようと思っていたのに、あり余る時間を手にしたせいで、閉塞感のようなイライラに襲われました。何か目標が必要だと悟ったベンは、ゴールを一つ設定しました。

アメリカ最古のトレイル・ランニングの大会「ディプシー」に出場することにしたのです。ディプシーは、ミルバレーからスティンソン・ビーチまで、マリン郡の美しい岬を走るコースですが、景色の美しさで知られているのみならず、階段や急こう配の坂道があり、厳しく危険なレースとしても有名です。

ベンは何カ月間もコツコツとトレーニングを重ねました。坂道トレーニング、長距離ランニング、ウェイト・トレーニング、休足日、食事制限といった、推奨されているトレーニング法にしっかりとしたがいました。レース当日は、家族が手書きのプラカードとレース後の軽食を持って、ゴールで待っていました。でも、ベンがゴールすることはありませんでした。

スタート直後は、自分に妥当だと考えて設定した目標タイムを上回ろうと、速いペースで進みました。ところが6キロを過ぎたあたりで、息が苦しくなってきます。無理がたたり、脱水症状と暑さに完全にやられてしまいました。ふと我に返ると、茂みの上に寝そべり、救急隊員に囲まれていました。隊員たちは、ベンをどう救急車に担ぎ込むか話し合っています。全身が痒く感じました。倒れたときにクッションになった毒オークの毒性が、悪さをし始めていたのです。

ベンは、心配に駆られた家族と再会し、医者から大丈夫だと太鼓判を押してもらってようやく、自らを追い込んだ状況がどれだけ滑稽だったかと笑い飛ばせるようになりました。目標達成に向けて努力するタイプのベンにとって、何日も「何もしない」のは不快でした。その日何をしたかを示す実績がまったくない日々に不満が募りました。そこで、本来なら楽しいはずのアクティビティに厳しい目標を立て、追いかけることにしたのです。回復に向かいながら、レースに向けて厳しく自分を追い込んだバカバカしさを悟りました。

ベンは多くの面で並外れた能力の持ち主ですが、目標を達成したいというその意欲は、彼特有のものというわけではありません。私がハルとマリッサと行った補足的な実験から、**可処分時間がありすぎると人生に満足できない理由は、生産性を実感できないから**であることがわかりました。[14] もしあなたが子どものころ、夏休みが暇すぎて、休みが終わるころにはソワソワし始めていたのなら、それに近い感覚です。多くの人はベンと同様に、ただぼんやりと過ごすことに嫌悪感を抱き、[15] 生産性を高めたいと思っています。[16] ある程度の忙しさは、日常生活に目的意識を与えてくれるため、価値があるのです。[17]

ただ、こうした目的意識、やりがいを手にするには、有償の仕事である必要はないという点は重要です。例えば、ボランティア活動（報酬を受けない仕事）は多くの場合、やりがいをもたらします。[18] さらに、健全な子どもを育てたり家庭を築いたりするのに必要な作業もまた、満足度の高い達成感を与えてくれますが、この役割を家族の誰かが果たす場合は、そこに支払いは発生しません。[19] 最後に、あきらかに仕事ではない活動（例：趣味やスポーツ）のなかにも、生産的でやりがいがあると多くの人が感じるものもあります。[20] とはいえ私の場合、やりがいのかなりの部分は、仕事から来ていることに気付きました。

このデータと、ベンが早期リタイア後に経験したことを考えると、すべてをやめて日がな一日のんびりするのは、私にとって何の解決にもならないと確信しました。

ちょうどよい長さの可処分時間とは？

以上の研究から考えると、私にとっては、仕事を持ちながら2時間から5時間の可処分時間を手にするのが、最適だと言えそうです。しかもそれは、まったく手の届かないところにあるわけではありませんでした。自分の典型的な1日をつかって正直に調べてみたら、私はすでにかなり近いところにいることがわかりました。

- レオとの朝の添い寝15分
- 職場から家まで歩く間に友達と電話でおしゃべり25分
- ロブと一緒にワイン片手にディナーを味わう30分（理想的にはもっと時間を取りたいものの、レオがぐずるのでたいていは途中でお開きに）
- レオに子守歌を歌いながらの心休まる20分

この90分間（1時間半）は、1日のうちにこれだけは譲れないという時間でした。もちろん、友達とは電話よりも実際に会って、コーヒーでも飲みながら座っておしゃべりしたいし、ロブとの食事を赤ちゃんに邪魔されたくはありません。とはいえ、こうしたちょっとしたマイナス面があるからといって、可処分時間にはならないとか、喜びがないわけではありません。**人生を変えるほどの劇的な変化を起こさなくても、目標値である2時間が手の届く範囲にある**と知って、私は目から鱗が落ちる思いでした。

確かに、実現するには、じっくりと考えてスケジュールを練り直す必要があります。でも今よりも幸せになるためなら、何かをちょっと変えるのは難しくありません。就業時間中にやりがいをもっと感じられるよう、仕事中は注意力を削ぐものや無駄を排除することもできるでしょう。単にスケジュールを満たすのではなく、自分が満たされる活動を優先させることもできるでしょう。レオと遊ぶ時間を作るために、雑用の一部をアウトソースすることもできるでしょう。大切な人と一緒に過ごすとき、その瞬間を味わったり思い切り楽しんだりもできるでしょう。こうすることでもしかしたら、私も「すべて」をこなせるようになるかもしれません。ロブに荷造りをお願いするのは、海沿いへの引っ越しのためではなく、次回のバカンスのためになるかもしれません。

お金と時間、どっちが大切？

自分の幸せに関して言えば、私は間違っていませんでした。最大の問題は、時間だったのです。ただし、大切なのは時間の長さだと思っていました。もっと時間さえあれば、やりたいことすべてできるのに。すべて達成できるのに。もっと気分がよくなるのに。そう思っていたのです。

　でも興味深いことに、グラフの2時間から5時間が平らになっているということは、かなりの広範囲において、可処分時間の長さは幸せとは無関係なのです。これは重要です。というのも、かなり極端なケースを除き、人生でさらなる満足感を得るために大切なのは、手にしている時間の長さではないという意味だからです。手にしている時間をいかに過ごすかが大切なのです。

　つまり、もっと幸せになるための本当の答えは、時間をたくさん手に入れることではありません。自分が手にしている時間を豊かにすることです。私がこれまで行ってきた研究のほとんどが何を示唆してきたか、このグラフのおかげではっきりしました。今よりも幸せになるために、時間は障壁となるだけでなく、解決策にもなるということです。**うまく投資さえすれば、時間はよい人生、ひょっとしたらすばらしい人生を歩むことさえもできる、唯一無二のリソース**なのです。

　自分の時間をどう投資し、いかにして自らを時間に投じるか、その方法がわかれば、もっと幸せになれます。大切なのは、自分の日々、年月、人生を振り返ったときに満たされた気持ちになるため、自分が手にしている時間をどう割り振ればよいかを知ることです。また、こうした時間をさらに幸せなものとするために、その時間に完全に没頭することでもあります。

　ビジネススクールの教授としてキャリアを積んできた私のような人が、（お金ではなく）時間の投資に焦点を当てるのは、ヘンに思えるかもしれません。ＭＢＡの講義では通常、成功を利益で測ります。大切なのは利益をいくら出したかであり、多ければ多いほどよいということになります。私の教え子たちがＭＢＡを取得してビジネスの道に進む理由はほとんどがお金を稼ぐためです。

でもそれは、ビジネスの意識が高い学生だけに限る話ではありません。私の研究チームが、様々な職業や収入レベルにある全米の数千人を対象に、お金と時間、どちらをもっと手にしたいかと尋ねたところ、大半がお金を選びました。[21] しかしこれは、選択肢として正しくないかもしれません。

自動車業界の大物ヘンリー・フォードは、かつてこう言ったとされています。「事業は利益を追求しなくてはならない。さもないと、その事業は死ぬことになる。しかし事業を利益のためだけに運営しようとすれば、その事業はやはり死ぬことになる。もはや存在理由がなくなるためだ」

この発言は、事業のみならず、私たち個々人にも当てはまります。人の意識はたいていお金に向いていますが、人生における成功や満足度を決める真の要因となるのは、お金をどれだけ稼ぐかより、時間をどう過ごすか——「やりがいはあったか?」「時間を投ずる価値はあったか?」なのです。

重要なリソースとしてお金ではなく時間に意識を向けることの効果を検証するため、私は長年かけて数多くの研究を行ってきました。[22] 結果は一貫しており、明白です。お金あるいは時間をどれだけ持っているかにかかわらず、時間に意識を向ける方が、幸福感が高まります。**お金よりも時間を大切にする人は、日々をよりポジティブに感じており、人生にも満足している**と答えました。

時間に焦点を当てることの利点は、慎重に考え、時間をもっとうまく——つまり、楽しく、有意義で、自分の価値観に沿った活動に——投じることから生まれます。ということで、ビジネススクールという私のルーツから大きく外れることなく、本書は投資ガイドになっています。でも、お金の投資についてではありません。あなたにとって最も貴重なリソースをどう投じるかについての本なのです。

もっと幸せな時間のつかい方とは？

私たちは誰もが、働いたり遊んだりにつかう、まったく同じ長さの時間を毎日手にしています。誰もが24時間持っており、それをできる限りうまく割り振らなければいけませんが、そこには大きなリスクが伴います。時間や日々は積み重なり、数年、数十年となり、最終的には人生そのものとなります。時間をどう過ごすかが、私たちの人となり、大切な思い出、そして亡きあと人々の記憶に残る姿を作るのです。

すべての人が、幸せになりたいと思っています。世界中の人々は一貫して、人生で一番大切な目標として、幸せになることを挙げています。[23] そしてこれは、取り立てて新しい話でもありません。17世紀、フランスの哲学者であり数学者だったブレーズ・パスカルは、次のように述べていました。「あらゆる人は幸せを求める。例外はない。どのような手段をつかうとしても、最終的には誰もが幸せを求めるようになる」[24]

幸せ（心理学の文献では、幸せとは主観的な心身の健やかさのことであり、自分の毎日をいかに肯定的に感じ、人生そのものにいかに満足しているかであると定義[25]）は、かなり大切です。しかも、幸せを求めるのは、贅沢でもなければ、くだらないことでもありません。自分勝手でもなければ、無理に笑顔を浮かべてすべてが最高だというふりをすることでもありません。

幸せという基本的な感情には、ものすごい波及効果があります。しなやかな強さが身につくうえ、仕事がうまくこなせるようにもなり、周りの人に寛容にもなれます。**幸福感は、仕事においても人間関係（仕事でもプライベートでも）においても恩恵をもたらす**ことが、数十年に及ぶ研究であきらかになっています。[26] 例えば、幸せはモチベーション、創造性、状況に応じた問題解決能力を高めてくれます。このどれもが、仕事面でも、仕事以外の困難を切り抜ける際にも、役に立ちます。[27] 幸せのおかげで人を好きになれるし、人から好かれるようにもなります。善人になれて、親切な言葉をかけたり行動を取ったりするようにもなれて、人助けするようにもなります。

幸せはまた、自分自身にも恩恵があります。免疫機能を高め、痛みを感じにくくし、生理学的なストレス要因に体がうまく反応できるようになるうえ、長寿にもつながります。あらゆる研究が、より長く、よりよく生きるには幸せがカギであるとする、実験に基づいた明確な証拠を示しています。ということで、誰もが幸せになりたいだけでなく、幸せになりたいと思うべきなのです。

時間と幸せのこの相互作用こそが、10年以上にわたる研究や、近年の講義、そして今や本書へと私を突き動かしてきました。**「どうすれば、私たち一人ひとりが手にしている時間を、最大限活用できるだろうか？」という人間の根本的な疑問**についての知識を、私は広めたいと思っています。

あの電車での運命の夜以来、私は研究を続け、そこでわかったことを自分の思考に活かしたり、時間の投資に活用したりしています。やることがたくさんある毎日に変わりはありませんが、どうすれば満たされた日々にできるか、ようやくわかりました。

私は最終的に、ペンシルベニア大学ウォートン校を離れました。でも、学術界でのキャリアは続けています。同僚には感謝しているし、大学の活気もすばらしいと思いますが、自分が行った研究を参考に、幸せを選ぶことにしたのです。もっと輝く日々にするため、私は結局、ロブに引っ越しをお願いし、偶然にも海の近くに移りました。とはいえ、バカンスのとき以外は、日がな一日のんびり過ごすことはしていません。私たちは今、以前暮らしていたカリフォルニア州に戻り、レオと娘のリタを育てています。

私は現在、カリフォルニア大学ロサンゼルス校（ＵＣＬＡ）のアンダーソン経営大学院で教授をしています。もっとやりがいのある時間を過ごそうと決め、教える科目を変えました。ということで、今は幸せについて教えています。

イェール大学でローリー・サントスが学部生向けに行っている「心理学と幸せな人生」という講義[28]や、スタンフォード大学のデザイン・スクールでビル・バーネットとデイヴ・エヴァンスが行っている「人生デザイン講座」[29]からヒントを得て、「幸福学の人生デザインへの応用」というコースを作りました。

このコースではＭＢＡの学生たちに、仕事とプライベートそれぞれの生活をいかに最適化するかを教えています。私自身の研究に加え、心理学、行動経済学、マーケティング、組織行動論といった様々な分野で同僚が行った研究からの知見を集めて、日常生活でも人生全般でも、学生たちがもっと幸せになるべく時間をうまく工夫できるようにしました。

本書は、この講座をみなさんにお届けするために書きました。講座の土台となるこれらの研究（数十万ものデータポイントをもとにしています）が、あなた自身やあなたの人生にも関連性があることをはっきり示すために、私の教え子や友達のエピソード、そして私自身の経験談も多く盛り込みました。

こうしたエピソードは当然、かなり個人的な話になります。なぜなら、日々の生活を作っている時間そのものが、個人的なものだからです。また、本書で紹介するエピソードは、必ずしもあなた自身の経験とは重ならないかもしれませんが、あなた自身の人生経験の一端が垣間見えるのではないかと思います。ですのでぜひ、本書を読み進め、一緒に旅を楽しんでください。

各章の終わりには、そこまでの学びをしっかり固めるために、重要ポイントをまとめたので活用してください。

さらに学びを深めるものとして、講座で教え子に出している課題を、みなさんにもお出しします。本書には、10点以上のエクササイズが収録されています。効果は実証されているので、その恩恵をすぐに得るためにも、ぜひ取り組んでみてください。こうしたエクササイズを行うことで、実質的には私の講義を受けているようなものとなり、その結果、教え子たちのように、あなたもより大きな幸せ、人生の意味、人とのつながりを味わえるようになるでしょう。[30]

これ以降の章では、まずあなたのなかに凝り固まった「足りない」という考えを取り払います。第2章では、時間貧乏だと感じるものの、実は本当に大切な物事につかえる時間は、すでに手にしていることに気付けるようお手伝いします。あなたの視点を変えるよう取り組み、時間が豊富にあるという感覚を高めます。何に時間をつかうかを、自信を持って決められるようになります。つまり、単に効率のみならず、価値あるものに時間をつかうということです。

第3章では、「時間記録エクササイズ」に取り組んでもらいます。あなたが一番幸せを感じる活動は何かや、時間をかけるべきではない活動は何かを特定するエクササイズで、もっと賢明に時間を投資するにはどうすべきかがわかります。当然ながら、特に楽しくはないもののしなくてはいけない活動もあります（例：家事、仕事、通勤）。第４章では、無駄に感じてしまいがちなこうした時間を、もっと満足できるものにする戦略をいくつかご紹介します。

時間を最大限に活用するといっても、単にどの活動に時間をかければいいかという問題だけではありません。あなた自身が**その時間に、どう向き合うか**が重要でもあります。その活動にどう取り組むか、そしてその間、どのような心持ちでいるかが大切なのです。

例えば私の場合、最愛の人であるロブと一緒に赤ワインを飲み、チーズバーガーを食べながらの会話は、最高に楽しい活動ですが、ロブとのディナーが習慣になってしまったら、それがいかに特別かに気付けなくなってしまいます。あるいは、ディナーのさいちゅうに「やること」リストに気を取られてしまったら、ロブの言葉を聞き逃してしまい、時間（私だけでなくロブの時間も）を無駄にしてしまいます。どちらの場合も、この時間に得られたかもしれない幸せを逃すことになります。

ということで第５章では、もっときちんと注意を払えるようになるための戦略をお伝えします。その後、第６章では、すべての時間を最大限に活用できるよう、注意力を散漫にさせる物事を取り除く戦略をお教えします。

あなたは、幸せな人生を送るための時間を充分に手にしていますが、その時間を無駄にすることなく、きちんとした意図を持って過ごせてはじめて、幸せを実現できます。１日の時間は限られています。第７章では、時間をつかう際に受け身でいるのではなく、積極的な姿勢がいかに大切かをお伝えし、みなさんが自分にとって大切なもの、喜びをもたらすものに優先して時間をつかえるようになるよう導きます。

注意すべきは、**それぞれの時間は単体で存在しているわけではない**という点です。合計で何に何時間つかえば満足のいく1週間になる、という簡単な話ではないのです。1週間の活動をどうつなぎ合わせ、どう配置するかは、全体的な満足度にかなり影響します。

第8章は、あなたがアーティストとなり、日々のスケジュールを色彩豊かな美しいモザイクとして見るよう誘《いざな》います。時間をどう作り上げていくか――**理想的な1週間をデザインするために、時間というタイルをどう選び、どの順番で、どのような間隔で並べていくか**――を順を追ってお教えします。これにより、幸せな時間から受ける影響を高めつつ、家事のようなやりたくない活動からの影響を最小にとどめられます。また、1時間ですべてをやり遂げるとか、いつでも常に理想的な過ごし方をするというのは不可能である一方で、週単位、月単位、年単位で考えれば、やりたいこと、なりたいものをすべて叶えられることがわかるでしょう。

最後に第9章では、焦点を時間単位から広げ、年月や人生全体として考えます。俯瞰することで、自分の価値観や、心から大切にしていること、一番重要なことは何かが明確になります。このように時間的展望〔訳注／時間に対する感じ方〕を拡大することで、今日の時間をどう過ごすべきかがわかります。振り返ったときに、後悔ではなく意義深さを感じようと、充実した日々を過ごすようになるためです。

理論ではなく経験や実験に基づいたこのような知識を持って、人生の時間を作り上げていく方法《クラフティング》を学んでいきます。すべては、今よりも幸せな時間とともに始まります。

第1章での学び

- ☐ 時間貧乏とは、やることが多すぎるのにそれをこなす時間が足りないという、社会に蔓延した感覚を指す。
- ☐ 可処分時間が少なすぎる（1日約2時間未満）と、ストレスから不幸せになる。
- ☐ 一方、可処分時間がありすぎる（1日約5時間以上）と、目的意識が失われ、幸せの低下につながる。
- ☐ 時間が少なすぎる場合とありすぎる場合を除き、可処分時間の長さと幸せは無関係である。幸せは、自分が手にした時間をどうつかうかによって決まる。
- ☐ （お金ではなく）時間に意識を向けると、より幸せで満たされた時間のつかい方をしようというモチベーションにつながるため、幸福感が高まる。
- ☐ 幸せは、努力して追い求めるだけの価値がある。仕事、人間関係、健康にプラスの影響をもたらすのみならず、しなやかな強さが身につくうえ、クリエイティブでやさしくもなれる。

2

時間をつかうことで、増やす
——時間的余裕を感じる方法

時間を「見つける」ことなどできない。
時間が欲しければ、自分で作ることだ。

チャールズ・バクストン（イギリスの慈善活動家、国会議員）

ちょっとした思考実験をしてみましょう。**時間が足りないとき、日々の予定から最初に削るものは何ですか？**

私は、朝のランニングが大好きです。ランニングは、思考に必要な自分だけの時間と空間を与えてくれます。またランニングのおかげで、大好物のチーズバーガーや、濃厚なチョコレートのデザートを罪悪感なく食べ続けることができます。

でも夜、寝る準備をしながら目覚まし時計をセットする際、翌朝の講義前にすべきことをざっと考えます――子どもたちを起こして学校の準備をさせ、お弁当などをかばんにつめさせ、レオにスペリングテストの練習をさせる。一方で私も、学生から来ている十数通ものメールに返事を書き、講義内容を見直して練習する必要があります。朝食も食べなくてはいけません。私自身の支度も必要です。講義がある日には、髪にドライヤーをかけ、普段よりもきれいめな服とそれに合ったアクセサリーを選ぶため、いつもより時間がかかります。また、睡眠時間もたっぷり必要です（8時間以上寝ないと脳がうまく働かないことは、研究文献[31]や自分の経験からわかっています）。あきらかに「ランニングに行く時間がない」という事実に気付き、がっかりしながら受け入れます。

あなたはどうでしょうか？　時間的な制約のせいで日々の予定から何か削るとしたら、それは何ですか？「私には（　）する時間がない」という文章を、私は複数の友達に穴埋めしてもらいました。

……

「運動する時間がない」

「寝る時間がない！」

「読む時間、書く時間、考える時間がない……コロナ禍の間は髪を洗う時間さえなかった！」

「デンタルフロスをする時間がない」

「読書する時間、家を整理整頓する時間、将来についてあれこれ考える時間、どれもない」

「絵を描く時間がない」

「楽器を習ったり練習したりする時間も、読書する時間も、友達や家族に会いに行く時間もない」

「筋トレする時間や息子とサッカーをする時間がない」

「子どもたちや配偶者と深くつながるだけの時間（や元気）がない」

「セラピーに行く時間もなければ、セラピストを探す時間さえもない」

「自分につかう時間がない。もしあったら何をするかって？　うーん、のんびり散歩して、くだらないテレビを見て、間食して、昼寝して、ただおしゃべりするために誰かに電話するかな」

「瞑想する時間がない」

「ごちそうを料理する時間がない」

「理想の庭を作る時間がない」

「すべてをきちんとこなすだけの時間がない」


穴埋めされた文章のリストには、したいけれど単に時間がないからできない、健康的で人生が豊かになるあれこれが、たくさん含まれています。充分な時間がないと、運動、8分程度ですむシャワー、1分ですむデンタルフロスなどをしなくなり、自分の体をいたわらなくなることが、リストからわかります。休憩したり、読書したり、考えたり、何かを作ったりなど、自分のための時間を取らなくなります。興味を持っていることや、自分自身を興味深い人間にしてくれることをなおざりにします。今ある大切な人間関係を育まなくなるどころか、新しい人間関係に時間をかけることも当然しなくなります。皮肉なことに、人生に可能性を与えてくれる「時間」というまさにそのリソースが、どうやら人生を抑制してしまうようです。

アメリカ人の半数、そして世界中の多くの人たちが、そう感じています。著者であり講演家としても人気のブレネー・ブラウンは、現代の文化を「欠乏感」[32]――充分に持っておらず充分な存在でもないという感覚――という言葉で表現しています。また、行動経済学者のセンディル・ムッライナタンとエルダー・シャフィールは、少ないリソースとともに生きることの危うさ、というテーマだけでまるまる1冊の本を書いています[33]。

これらに対する私の主張は、「情報に常時アクセスでき、期待が大きい今の時代において、人が足りずに苦しんでいるものが何かを厳密に言うと時間である」というものです。**充分な時間がなければベストを尽くせないし、最高の自分にもなれません。時間をきちんと取れないと、充分に物事をこなせないし、充分な存在にもなれません。**前の章で学んだ通り、時間のなさは、幸福感を下げてしまいます[34]。時間貧乏でいると、生活の質が制限されてしまうのです。

時間貧乏がもたらすこれだけの弊害

先ほどの「文章の穴埋め」を友達にしてもらったあと、時間貧乏がどのような結果を引き起こすのか、より広範に、様々なタイプの人を対象に調べてみることにしました。学術文献を調べ、自分でも複数の実験を行いました。そこで出た結果は、先ほどのリストと同じくらい気が滅入るものでした。どうやら時間に限りがあると、誰もが満足な生活ができなくなるようです。

調査結果を一つひとつ説明していきますが、心の準備をしてください。というのも、一見すると、やる気を削ぐような内容だからです。とはいえ、人がいかに時間を節約しがちかを知ることで、その弊害に対処できるようになるでしょう。そして本章を読み終わるまでには、時間をコントロールし拡大する――自分や人生にもっと時間をつかえるようになる――ための方法を、いくつか手にできるようになるとお約束します。

健康でなくなる

私がよくやる時間節約術はどうやら、非常に一般的なようです。あまりにも時間がないと人は、外でランニングしたり、ジムに行ったり、ヨガのレッスンに出たり、スピン・クラスに参加したりといった活動を犠牲にします。体を動かす方法は何であれ、**時間がないストレスから人は概して運**

動をしなくなり、そのため心身の健康に直接的な悪影響を及ぼすことが、複数の研究からわかっています。[35] 簡単に言ってしまえば、運動をサボると、幸せの度合いが下がるのです。

時間不足は、健康に関するほかの行動にも悪影響を及ぼします。新鮮な食べ物を食べる、睡眠時間をしっかり取る、医者に行く、などの時間が取れないため、時間に困窮している人は体重過多、[36] 高血圧症[37]で、全体的に不健康[38]な傾向にあります。

こうした結果を読んで、恐ろしい未来が映し出される水晶玉を覗き込んでいるような気分になったとしても、心配しないでください――私も同じ思いです。私自身、先ほど告白した通り、朝のランニングに行く時間がないと感じることはよくあります。それに、通勤途中で食べるなら、フルーツと卵白のサラダよりも缶のカフェラテとドーナツの方が速いし簡単です。また、レオとリタが健康診断を受けるときや、少しでも体調が悪そうなら時間を作って病院に連れて行きますが、私自身の体調がすぐれないときは、そうはしません。

このような研究結果にはげんなりさせられるかもしれませんが、得るものがあるので知っておくべきです。どう活用できるかは、のちほどお教えします。

親切でなくなる

時間貧乏でいることの影響は、自分をケアしなくなることにとどまりません。時間が足りないと感じると、人は時間をケチるようになり、**他者にあまり時間をかけなくなる**のです。急いでいるとき、転職した友達にお祝いの電話をかける時間を取らなかったり、自分の背後にいる知らない人のためにドアを開けて待ったりすらしなくなりがちです。

時間を出し惜しむこうした様子は、非常に憐れみ深い人たち――神学校の学生――にも見られます。ジョン・ダーリーとダニエル・バトソンは、１９７０年代に行った有名な実験で、神学生に対し「善きサマリア人」について人前で語るという課題を与えました。「善きサマリア人」とは聖書に登場する例え話で、強盗に襲われ大けがをして道ばたに倒れていた旅人を、通りがかりのサマリア人が立ち止まって介抱したという話です。

ところが、この課題には仕掛けが一つありました。神学生が1人ずつ会場へ向かう際に、一部の学生には、遅刻したせいであまり時間がないと伝え、残りの学生にはそうは伝えませんでした。学生たちはそれぞれ、会場へ向かう途中の廊下で、うずくまって咳き込んでいる男性に出くわします。男性はあきらかに、助けを必要としていました（実は実験で雇われた役者）。研究者らは、どの神学生がわざわざ立ち止まり男性を介抱するか（この皮肉がわかりますか？）を記録していました。時間がないと言われた神学生は、男性を助けるために時間を割く確率がかなり低い結果となりました[39]。

また、私が大学生を対象に行った簡単な実験でも、同じ行動が見られました。実験参加者の半数には、かなり忙しくて慌ただしく感じた日について書き出すよう指示し、時間が足りない感覚を思い出すよう仕向けました。残りの半数には、時間があり余っていた日について書くよう指示しました。その後しばらくしてから全員に対し、ある高校生が大学願書に添付するエッセイで困っているので、15分間だけ残って、エッセイを書き直すのを手伝ってあげる気はないかと聞きました。時間があり余ったときを思い出した学生と比べ、慌ただしい感覚を思い出させられた学生には、時間を割きたがらない傾向がかなり強く見られました[40]。

パターンが見えてきたのがわかるでしょうか？　時間があまりにも少ないと感じると、縮こまった生き方になってしまいます。でも、それが唯一の生き方ではないと断言できます。時間貧乏が引き起こすネガティブな結果をもう一つだけ取り上げます。そのあと、解決策を見ていきましょう。

自信がなくなる

時間貧乏の感覚のせいで人は縮こまり、活動が減るだけでなく、自信が持てなくなります。ある実験で、中間試験を2週間後に控えた学生たちに対し、試験でどの程度の成績を収められると思うか、またどの程度の自信があるかを聞きました。そして試験当日の朝、学生たちに再び、どの程度やれると思うかを尋ねます。実験の結果、準備にまだ時間的余裕があるとき（試験2週間前）は、時間がないとき（試験当日）と比べ、かなり自信があることがわかりました[41]。残念なことに、これは試験に限らず、様々なことに当てはまります。**時間が足りないと、あらゆる目標について、達成できるという自信が削がれてしまう**のです。

社会心理学者のトーリー・ヒギンズが提唱した定評のある理論によると、人のモチベーションには基本的に二つの形があります。一つはポジティブな結果を出すことに意識を向けたもので（**促進焦点**と呼ばれます）、もう一つはネガティブな結果を避けることに意識を向けたものです（**防止焦点**と呼ばれます)[42]。

促進焦点か防止焦点のどちらに傾きがちかは人によって異なりますが、目標に向かってどう取り組むかは、状況――とりわけ時間――によって影響される可能性もあります。時間がたくさんあると、促進焦点の傾向が強くなります。時間が豊富にあることで、自分が達成できると思うあらゆることに楽観的になりワクワクするため、実質的に自信が高まるのです。一方で時間が限られていると(たいていはそうですが)、人は悲観的になり防止焦点になります[43]。

残り時間が少ないと、人は失敗の可能性で頭がいっぱいになり、自信のなさに合わせて目標を下げます。時間貧乏だと、どうにかやり過ごすだけになってしまうのです。

これを裏付ける証拠を、研究仲間であるジェニファー・アーカーとジンジャー・ペニントンとともに、私は消費行動の分野に見つけました。時間がある買い物客は、「最高の」つかい心地だと謳った商品や、「最高に」お得だと約束した広告に引きつけられたのです。ところが時間的制約があるときの買い物客は、そこそこの品質で値段も高すぎない商品に吸い寄せられました。

このように、時間の制約があると期待値が下がります。だからこそ、バレンタインデーまでにまだ時間的余裕のある1月上旬には、相手の心を奪う最高のプレゼントをしようと壮大な計画を立てるのに、気付くと2月13日になり、意気込みはすっかりしぼんでしまうのです。そして理想より現実を見て、とりあえず面目が保てる程度のプレゼントを選ぶようになります。

時間貧乏を放置してはいけない

さて、ここでようやく、ポジティブな話ができます！　これまで気が滅入るような実験結果ばかりをお伝えしてきましたが、実はそれがすべてではありません。非常に多忙で時間がまったくない人でも、自信を持ち、健康的で、思いやりに溢れた状態を維持できるのです。

「ノートリアスＲＢＧ」として知られたルース・ベイダー・ギンズバーグが、よい事例です。アメリカの連邦最高裁判所の判事として、訴訟を審理したり、アメリカにおける女性の権利や医療制度（やその他多くの問題）について執筆したりといった多忙なスケジュールにもよらず、ギンズバーグ判事は定期的にエクササイズをこなしていました。80代になっても週数回、パーソナル・トレーナーをつけて1時間みっちり筋トレをしていたのです。

もう一人の例として、私の憧れの存在であり友達でもあるシャオリーがいます。彼女は、一家の稼ぎ手である女性が、外食産業で安定した職を得て自力で家族を養えるようになるよう、女性たちに研修を受けさせ職に就かせる非営利団体をニューヨークで運営しています。多忙な仕事に加え、金融業界で働く同じく多忙な夫のスコットと一緒に、5歳と7歳の子育てもしています。時間的余裕はほとんどないにもかかわらず、家族以外の人や職場の人たち、非営利団体が支援する多くの女性たちを思いやる時間を捻出しています。例えば私は先日、郵便受けに詩集が届いているのを見つけました。本には元気が出るメッセージが添えられており、シャオリーからでした。

ギンズバーグ判事やシャオリーは、優秀な女性です。でも彼女たちも私たちと同様に、1日24時間しかありません。実は人より多く時間がある、なんてことはないのです。かといって、日々のなかで大切なことを切りつめてもいません。どうすれば彼女たちのようになれるでしょうか？

答えはこうです。確かに客観的には、誰もが1日24時間しかなく、1時間には60分しかありません。しかしながら、時間の感じ方は驚くほど主観的です。つまり、1日や1時間の長さをどう経験するかは、人によって著しく異なるのです。

客観的な時間的単位（1時間、1日、1年）のなかに存在する時間の長さは、あり余っているようにも、まったくないようにも感じられます。英語には、「鍋の湯は凝視していると絶対に沸かない」という言い習わしがありますが、この表現のように感じる理由は、何かを待っているとき、今か今かと期待を胸に過ごす時間が（たとえ10分であれ）永遠のように感じるからです。でも愛する人とお別れのハグをしているとき、10分は身を切るような短さです。時間は実に、楽しんでいるときほど早く過ぎ去るものであり、それを証明する論文まであります。[44]

この相対性は重要です。なぜなら、**1分間、1時間、1日、10年がどれほど長いと感じるかは、どうやら、自分が「充分」な時間を手にしているか否かの感覚に影響する**からです。時間貧乏の定義は、やるべきことややりたいことをすべてこなすための「充分な時間がないという感覚」であることを思い出してください。よく見ると、この定義に含まれる、**（1）やりたいこと、やるべきだと思うことと、（2）手にしている時間内にこのすべてをやりこなせるという自信**はどちらも主観的なものなのです。あなたが時間的な豊かさをコントロールできるようになるよう、もう少し詳しく説明していきます。

やりたいこと、やるべきことの減らし方

この難問を解くための最初のヒントは、自分の1日を構成できる、あるいは構成すべきだとあなたが考える活動のリストです。このリストの中身と項目の数は、あくまでも型であり、変えられる点に留意してください。

リストを大きく左右するのは、テクノロジーです。私たちの生活は、技術的進歩から様々な恩恵を受けています。ポケットにすっぽり入ってどこへでも持ち歩けるスマートフォンは、文字通り非常に高性能《スマート》です。スマホのおかげで、知ること・できることの可能性が広がります。一般論としては、これはすばらしいことです。しかし自分ができる、あるいはすべきだと思う物事のリストに、スマホがどれほど影響しているかを理解する必要があります。

SNS　ある研究によると、既存の人間関係を維持するためにＳＮＳをつかう場合、心身の健やかさが促進されます。ところが、ＳＮＳでの時間の大部分は、大切な人とのやり取りに費やされるわけではありません。有名人やそこまで親しくない知人が投稿した、見映えがよいところばかりを集めた、笑顔で溢れた人生を見るために費やされるのです。

人は他人との比較で自分の成功度合いを判断する傾向にあるため、このようなＳＮＳのつかい方

のせいで、孤独感、うつ、そしてFOMO（fear of missing out、取り残されることへの不安）をいつまでも抱えることになってしまいます。[45] 精神面へのこうした悪影響はすでに立証されていますが、それに加えて私は、SNSの使用が時間貧乏を悪化させると考えています。人がしている、そして自分もできたかもしれない楽しそうなことをひっきりなしに知らせてくるSNSのおかげで、やることリストが必要以上に積み上がっていきます。

そう考えると、主観的かつ客観的な可処分時間を増やす方法の一つは、SNSの時間を減らすことです。そうすれば、人が（いいとこ取りではあるものの）魅力的な過ごし方をしているのを、指をくわえながらうじうじ考えることも減るでしょう。またそのおかげで、多くの人にとっては週の合計で数時間に上る時間が、自由につかえるようになります。

各種オンデマンドサービス　スマホのおかげで、人が何をしているかが以前よりわかるようになったのに加え、様々なことに常時アクセスできるようになりました。ニュース記事、テレビ番組、音楽、TEDトーク、音楽のレッスン、パフォーマンス、セミナー、博物館ツアーのほか、まだまだたくさんの魅力的なコンテンツが、いつでもすぐに楽しめるようになっています。

当然ながら、すべてを消費するには1日どころか一生あっても足りません。この当たり前の現実に気付く必要があります。あらゆるコンテンツを楽しみたいという期待をうまくコントロールすることで、時間的余裕をもっと味わえるようになります。

家事や雑用　できること、やりたいことがあまりにもたくさんあるのに加え、テクノロジーが生んだ効率化によって、すべきことへの期待も高まっています。常にスマホがあるせいで、常に「オン」の感覚になります。一つのタスクをしているときや一瞬だけリラックスしているときでさえスマホを開き、貴重な時間をつかって家事の「やることリスト」を片付けるという、絶え間ないプレッシャーに駆られています。このリストの進捗管理やタスクの実行を担うのはたいてい母親であり、父親よりも母親の方が時間貧乏を経験しやすい理由の一つとなっています[46]。

ここで重要なのは、自分ができるとかすべきだとの考えは、まさに考えにすぎないという点です。自分ができる、すべきだ、と考えたことをすべてこなすのは、現実的ではありません。実際に何をやるかは、驚くほど自分でコントロールできるものです。第3章の時間記録エクササイズを終えたら、自分が今現在、何に時間をつかっているか、時間をかける価値のある活動は何か、アウトソースできそうなのは何か、無駄なのですっぱりとやめた方がよい活動は何か、はっきりするでしょう。

自信を高めれば時間貧乏は解消される

では、時間貧乏の定義を構成している二つ目の部分である「自信」に目を向けてみましょう。つまり、自分がやろうと思ったことはすべてやり遂げられる、という感覚です。

最近私が読んだお気に入りの1冊に、クレア・シップマンとキャティー・ケイの『なぜ女は男のように自信をもてないのか』（CCCメディアハウス）があります。同書のなかで二人は、自信の度合いがどのような要素から作られるか（そして悲しいことに、女性はしばしば自信を奪われること）を説明しています。

この本からの重大な学びは、自信は不変ではない、という点です。**自信もまた、あなた自身から影響を受ける**のです。そのため、その日のタスクに取りかかる際に、時間がないと感じないようにするために、自分には何ができるかを理解することが大切です。

いかなるときも科学者である私は当然ながら、これを裏付けるデータを持っています。「自己効力感」とは、自分がしたいことや、やるべきと思うことをすべてこなせるという自信を意味する言葉です[47]。私が行った研究によると、**人は強い自己効力感を抱くとき、時間がたくさんあるように感じます**[48]。これは重要です。なぜなら、時間がどれだけたくさんあるかを、意図的かつ実質的に操れるという意味だからです。

驚くべきことに、自信を高める方法を実行すれば、時間貧乏の感覚を弱められるのです。では、時間的な豊かさをもっと感じるべく、科学的に効果が裏付けられた自信を高める方法を詳しく見ていきましょう。

時間貧乏な人がもっと時間を費やすべきこと

自分のために時間を作る

太陽が昇り、地面を蹴るスニーカーの音と呼吸は同じリズムを刻んでいます。ヘッドホンから流れてくる曲に合わせ、私は軽快に走っていました。解放感を味わい、気分爽快で頭もすっきりし、その日に何が起ころうとも受けとめる準備ができていました。なんでもできる。どんなことも。

どう考えてもランニングに行く時間はないと諦めかけましたが、それでも走りに出てよかったと思います。なぜ私は走りに出たのでしょうか？　正直、状況は何も変わっていません。でも、ランニングは大切だから時間を作ろう、と思い直したのです。30分早めに目覚まし時計をセットすれば、子どもたちが起きるまでに戻れます。睡眠時間もそこまで削らずにすみました。というのも、目覚まし時計をセットしたら、すぐに電気を消して寝たからです。テレビを見たり、メールをいじったりして時間を無駄にはしませんでした。

玄関前の階段を駆け上がるとスニーカーを脱ぎ捨て、最高の気分を感じながら、早く1日を始めたくてウズウズしました。ランニングのおかげで、ベッドからなんとか抜け出し、イライラしながら慌ただしく1日を始めるという、典型的なスタートを切らずにすみました。ランニング中、時間が足りない感覚が少し軽くなった気がしました。走る前よりも自信を感じ、すべてを迅速かつ簡単にこなせる気がしました。帰宅すると、いつもよりスピードを落として、朝食のテーブルでは子どもたちと、教室では教え子たちと、全力で向き合えるように感じました。

運動は、忙しいときに真っ先に削られがちですが、自己肯定感を上げる手段として効果的であることが証明されています。[49] このような研究や私自身の研究からわかるのは、**運動に時間を費やすと、健康によいだけでなく、自分が手にしていると感じる時間も増える可能性がある**ということです。

こうした実験結果をもとに、学生の健康、幸せ、時間の豊かさを引き上げるために、私の講座では1週間、定期的に運動する課題を与えています。そして本書でも、みなさんがもっと健康や幸せ、時間の豊かさを感じられるよう、次の通りに最初の課題を出したいと思います。

体を動かすエクササイズ

今週は毎日30分以上、体を動かしましょう。予定表に入れて必ず運動の時間を確保し、全力で取り組んでください。

大切なのは、激しい運動である必要はないという点です。オリンピック選手級のトレーニングを始めてしまい、続けられなくなる、なんてことがないようにしてください。がんばろうとしすぎて、目的を失わないようにしましょう。ただ立ち上がって動けばよいのです。外に出てジョギングするもよし、スピン・クラスに申し込むもよし、ヨガに参加するもよし。職場まで車で行く代わりに歩いていく、あるいは音楽のボリュームを上げて自宅でダンス・パーティをする、などでも充分です。

学生にはこの課題を1週間続けるよう指示していますが、みなさんには、少なくとも2週間は続けるようおすすめします。腰が重くてなかなかやる気になれない最初のフェーズを乗り越えたら、楽しみながら運動の恩恵を享受できるようになるうえ、運動が習慣として定着しやすくなります。また、とりわけ強めのトレーニングをしたあとは、どんな気分がするか、手早くメモしたり自分宛てのボイスメッセージを残したりするといいでしょう。次回運動する時間を取れないと思ったときにこれを見たり聞いたりすれば、やっぱり体を動かした方がよいと思い直せます。実は時間は作り出せること、そして運動にはそれだけの価値があることを思い出すでしょう。

人のために時間を作る

前述の通り、時間がないと感じたとき、人のための時間も削りがちです。とはいえ、他者を手助けすることは、自分に自信を持つ方法として効果的（だし、よいこと）です。そこで私は、研究仲間であるゾーイ・チャンスとマイケル・ノートンとともに、人のために時間をつかうことで、もっと時間があるという感覚になるか否かをテストしました。

まず、一般の人を対象に、ごく普通の土曜日に実験を行いました。１００人以上の実験参加者に対し、朝、複数の指示を無作為に送ります。参加者の一部には、「今夜10時までに、自分以外の誰かのために30分つかって何かしてください。何をするかは、今の時点で予定していなかったものに限ります」と伝え、残りの人たちには「今夜10時までに、自分のために30分つかって何かしてください。何をするかは、今の時点で予定していなかったものに限ります」と指示しました。

フォローアップとしてその夜、この30分をどう過ごしたかと、今現在、時間的な余裕をどのくらい感じているかを尋ねました。人のために時間をつかった人のなかには、自分が知っている誰かのためにつかった人もいれば（配偶者にごちそうを作る、隣人の玄関先の雪かきをする、友達が風呂場のタイルを貼り直すのを手伝う、祖母に手紙を書く）、知らない人のためにつかった人もいました（近所の公園でごみ拾い）。自分のために時間をつかった人のなかには、贅沢な時間を過ごすためにつかった人もいれば（泡の入浴剤を入れた熱いお風呂に入る、ペディキュアをしてもらう）、リラックスするためにつかった人もいました（小説を1章読む、テレビを見る）。

なお、ごちそうを作る場合は30分以上かかるし、テレビ番組もほとんどの作品が30分以上です。どちらの実験条件を与えられた参加者も、指示された以上の時間を人（や自分）に費やしました。とはいえ、実験を行った私たちが一番関心を寄せていたのは、時間をどれほど費やしたかではなく、人や自分に時間をつかったあと時間的余裕をどれほど感じたかです。そこで、時間がどれほど不足しているか、あるいは余裕があるかを、7段階で評価してもらいました。**自分以外の誰かのために時間をつかった人は、自分につかった人よりも、時間が多くあるように感じた**と報告しました。しかも、実際に何分費やしたかには関係ありませんでした。興味深いと思いませんか？

さらに別の研究で私たちは、人に時間をつかうことで得られる恩恵について、「自由な時間が思いがけず手に入った状態」でテストしました。研究室で1時間にわたり作業を行ってもらったあと、参加者の一部には、高校生が大学出願エッセイを書き直すのを15分間手伝うよう指示します。残りの参加者には、先に帰ってよいと伝えます。つまり、「ボーナスの15分間」が手に入ったのです。その後、「時間的余裕」について尋ねたところ、15分間を人助けに費やした人の方が、予定外の15分が手に入った人より、たくさんあると感じると報告しました。

直感的には、自分のために時間をつかったり、思いがけず自由時間が手に入ったりする方が、可処分時間が増えたと感じるのではないかと思えます。ところが、前述した時間貧乏が自信に与える影響や、ゾーイとマイケルと私が集めた、人に時間をつかった方が自己効力感が高まるとするデータを考えると、この結果は納得いくのみならず、時間貧乏の感覚に抗う強力なツールとなります。

これらの実験結果と、ソニア・リュボミアスキーが行った「親切は幸福感に直接的な効果がある」ことを示す研究[50]が、みなさんを次の課題へと誘《いざな》います。

無作為に親切にするエクササイズ

よいことをすると、本当に気分がよくなります。今週どこかのタイミングで2回、人に親切にしてください。1回は友達や知人に、もう1回は知らない人にします。大きな親切でも小さな親切でも、こっそりでも身元を明かしてでも、計画的でも思い付きでもよいですし、差し出すものは時間でもお金でも構いません。2回の親切が同じ行為である必要もありません。

何をするかはあなた次第ですが、例えばこんなアイデアがあります。カフェで誰かの注文分を支払う。褒める。誰かがタスクをやり遂げるために（通常期待される以上の）手を貸す。おいしい飲み物やおやつを頼まれなくても持っていく。誰かのために花や心温まるメッセージを置いておく。サプライズ・パーティを開く……などなど。

それが何であれ、相手のためだけにしなくてはいけません。お礼を言ってもらいたい、感謝してもらいたい、将来的にお返ししてもらいたいなど、親切への見返りを考えたり期待したりしないこと。何も期待せず、自分の時間をちょっとだけ相手にあげましょう。

自分の時間をすべて人に与えてしまう前に、覚えておいてほしい大切なことがあります。**自分の生活が立ち行かなくなってしまうほど、時間を与えすぎてはいけない**という点です。先ほどの実験のフォローアップとして私たちが行った研究が、これを警告しています。

実験参加者に、人に対して「時間をつかいすぎた」と感じた最近の経験——例えば、そのせいで自分がやるべきタスクを完了できなかったなど——を詳しく聞かせてもらいました。するとその人たちは、「ある程度の時間」を費やした経験を思い出した人たちと比べ、時間的余裕を感じられませんでした。さらに、「時間を無駄にした」経験を思い出した人たちと同じくらい、時間が足りないと感じました。[51] こうした結果は、絶え間なく時間を差し出すのが義務である、長期的な介護や人の世話は消耗する、とする研究を裏付けています。[52]

ということで、誤解のないようにお伝えすると、時間があるという感覚を得るために人に時間をつかうには、自分の手元に何もなくなってしまうほど与えてはいけません。さらに、求められたからそうするのではなく、自発的に与えていると感じる必要もあります。そのため、多くを与えてしまう前にざっと状況分析をして、果たして自分は親切な行為として人に時間をつかっているのか、それとも奪われているのか、自問してみましょう。

ここまででわかったのは、時間がないと感じると人は概して時間をケチる傾向があるものの、そんなに急ぐのをやめて、転職したての友達に30分ほど電話をして近況を聞いたり、後ろから来る人のためにドアを押さえて待ってあげたり（ついでにその人が通りすぎるときにちょっとした褒め言葉をかけたり）すれば、もっと幸せになるのみならず、時間的な余裕も感じられるようになるということです。

さらに時間のゆとりを感じるためには？

私はこれまでずっと、海から多大なる影響を受けてきました。太平洋を眺めていると、究極の一体感を覚えます。はっきりと独立した存在である私を定義する境界線は、溶けてなくなってしまうようです。ただ誰か一人とつながっているという感覚ではなく、すべての人……そしてすべてのものとつながっている感覚です。

スピリチュアル（そして恥ずかしいほど赤裸々）な自分の経験をここでみなさんにお伝えする理由は、私にとってこれが、畏敬の念を引き起こすものだからです。そして、この感覚を抱くための方法を見つければ、あなたも時間の感覚を拡大できるかもしれません。畏敬の念を抱いている瞬間は、制限など一切感じません。当然ながら、その日の些細な予定なんて気にならなくなります。

メラニー・ラッドとキャスリーン・ヴォーズ、ジェニファー・アーカーは、この現象を調べるため、畏敬の念が時間的な豊かさにどう影響するかをテストしました。[53] まず一つの実験では、**幸せな出来事を思い出したときと比べ、畏敬の念を抱いた出来事を思い出したときの方が、慌ただしさをあまり感じない**ことがわかりました。また、畏敬の念を思い出した場合、まるで時間的余裕がもっとあるかのような行動を取りました。慈善活動に自分の時間をつかいたいと考えたのです。

「畏敬の念」と言われても、それが何であるか少しわかりにくいとは思います。とはいえ「畏敬の念」とは、「それまで自分が抱いていた世界に対する理解が少なくともその瞬間だけ変わるほど、知覚的にあまりにも大きなものに触れたときに引き起こされる感覚」という明確な定義があります。[54]

そして先ほど紹介した研究によると、実際に畏敬の念を抱くことは可能です。自分の人生で畏敬の念を抱いた経験を思い出すよう指示された実験参加者のうち、98パーセントが難なく思い出せました。さらに、この人たちが何を思い出したかは、大きなヒントとなるでしょう。

1　人との関わり

畏敬の念は、人とつながっているという漠然とした感覚によって育まれます。そのため、まずは誰かと深くつながるところから始めるとよいでしょう。やさしいボディタッチや、刺激的な会話、生まれたての赤ちゃんをあやすなど、人との関係は自分を外側へと広げてくれ、人の心とつなげてくれます。

2　自然

水平線を見渡しているにせよ、満天の星を見上げているにせよ、空気がピンと張った秋の日に色鮮やかな紅葉を眺めているにせよ、自然の大きさは、日々のストレスを小さく感じさせてくれます。人は自然のなかにいるだけで幸せになり、[55]ゆっくりと深呼吸したくなります。

だからこそ、もし国立公園が近所になかったり、車で行けるところに海岸がなかったりしても、何かしら見つけて外に出ましょう。近所の公園を歩いてみましょう。月を見上げてみましょう。夜明けか夕暮れどきの、黄金色に染まった空を眺めてみましょう。そうすれば、せかせかした気持ちが少し楽になるはずです。

3　芸術

同じ人間が創造性を駆使して作り上げたこの世の奇跡を堪能しましょう。私はコロンビア大学の1年生だったとき、ニューヨーク近代美術館に展示されていたゴッホの「星月夜」を見て、畏敬の念に襲われたのをはっきりと覚えています。翌月曜日に締め切りだった小論文を書くのに必要だったため、慌ただしく美術館へ向かい、急いでメモを取ることばかり考え、絵の展示場所に行きました。

ところが、ゴッホが描いた渦巻く景色の前に立ちじっと見ていたら、心が奪われてしまいました。時間が足りないという懸念など、すっかり超越してしまったのです。小論文の提出期限や、目前に迫ったほかの締め切りなど、頭からきれいに抜け落ちてしまいました。

最近も、似たような時間の広がりを感じたことがあります。野外音楽堂ハリウッド・ボウルで、ベートーヴェンの交響曲第九番を楽しそうに指揮するシャン・ジャンの姿を目にしたときです。ロサンゼルスのひどい交通渋滞を縫って職場から駆けつけ、コンサート会場で友達と会えたときには疲れ切っていました。シャン・ジャンがステージに出てきたときに私の頭にあったのは、コンサート後いかに人を掻き分けて会場を出て、一刻も早く帰宅して翌朝のミーティングの準備をするかでした。ところが、オーケストラが演奏を始め、夏の空気が音楽で満たされたその瞬間、目前に迫った心配ごとなど、すっかり忘れてしまいました。演奏が終わると会場は沸き上がり、私も跳ねるように立ち上がって、感極まって声援を送りました。桁外れの感動でした。

4　人の偉業

誰かが成し遂げた偉業からも、ものすごい刺激を得られます。スポーツで鮮やかな技を目にしたり、新たな知見を与えてくれるすばらしい発見を目にしたりすると、人の才能や献身的な取り組みから生まれるはかりしれない可能性に気付かされるかもしれません。実際に私は、ＵＣＬＡの同僚であるアンドレア・ゲズが、ノーベル賞を受賞した発見である、銀河系の中心に存在する巨大ブラックホールについて説明するのを聞き、畏敬の念に駆られました。人間が持つ可能性は、本当に驚きです。そして、思い出してください。あなたもほんの少しの時間だけ体を動かしたり、誰かに手を貸したりすれば、想像以上にずっと大きな何かを達成できると気付くはずです。

畏敬の念を起こさせるような何かを世の中や身の周りの人に見つけることで、「足りない」という感覚を緩和し、「豊富だ」という感覚を高めることができます。このあとの章では、どうすればこうした経験を日々のスケジュールのなかで作り出せるのか、具体的な戦略をお教えします。畏敬の念を抱く経験は、永続的な効果がすぐに得られるため、わざわざそのための時間を作るだけの価値があります。また、畏敬の念は心に刺さって印象に残るので、焦ったとき、ストレスを感じたとき、もっと時間があったらと感じたときはいつでも、その経験を思い出すとよいでしょう。

やることを減らしても、時間は増えない

お金と同様に、時間は希少なリソースです。とはいえお金と違い、期首残高はみんな同じです。1日が終わるまでに費やせるのは、同じ分数、同じ時間なのです。それでも、多くの人は充分には感じられません。本当に望む人生を生きるには、まったく足りないのです。

とはいえ、時間の足りなさに関して言えば、感覚がすべてだとみなさんは本章で学びました。すべては、どのタスクを「やることリスト」に入れる必要があると見るか、そしてすべてをこなせると感じるかにかかっているのです。

この自己効力感は、単に何がこなせるかという信念だけの話ではなく、実際に何をこなすか、つまり何に時間を費やすかに影響します。そしてそれが再び、今度は自己効力感や幸福感に影響し、

好循環となるのです。体を動かすこと、人とつながれる何か、あるいはもっと広い視点で物事とのつながりを感じられる何かに時間をつかうことで、自分に対する自信は驚くほど高まります。

もちろん、あなたも恐らく、運動や人助け、自然のなかに身を置くといった行為には、何かしら恩恵があると考えたことがあるでしょう。とはいえこうした活動が、あなたが自分自身をどう感じるか、つまりは自分の時間をどう感じるかにまで影響するとは、気付いていなかったのではないでしょうか。自分が手にする時間の長さはどれくらい自分がコントロールできるのか、把握していなかったことと思います。

こうした事実を知り、時間的な余裕を高めるにはどうすればよいかを知った今、あなたはもっと豊かになれます。そして奇妙ではありますが、**豊かだという実感をはっきりと増やすには、時間を（節約するのではなく）費やす必要がある**のです。

時間貧乏に対抗するアドバイスはこれまで、「やることを減らす」でした。しかし人生での経験を減らすのではなく、もっと味わいたいと思う人にとって、このアドバイスはあまり役には立ちません。幸いにも、私がこれまでみなさんにお伝えしてきた研究に基づけば、ただなんとか生き延びるのではなく、目標を高く持ち続けられます。同様に、多くを得るために多くを手放す必要はないという点も、希望が持てます。ささやかながら賢明な投資が、多くのリターンをもたらすのです。

第2章での学び

- [ ] 時間貧乏は、不健康になり（体を動かさなくなる）、人に親切でなくなり（人に手を貸さなくなる）、自信がなくなる（成功を楽観視するより失敗を恐れるようになる）などのネガティブな結果を引き起こすうえ、幸福感も下がる。

- [ ] とはいえ時間貧乏という感覚は主観的であるため、時間的な余裕をより感じるために、できることがいくつかある。

- [ ] より時間的余裕を感じるには、自信を高めたり、やりたいと思ったことをすべてこなせるという感覚を高めたりするとよい。それには……

    - [ ] 体を動かす――運動は自己肯定感を高めるだけでなく、気分を高める直接的な効果もある。

    - [ ] 親切を実践する――人助けすることで、時間が足りない感覚が緩和されるのみならず、自分も相手も気分がよくなる。

    - [ ] 畏敬の念を味わう――自分自身や時間の感覚を広げるために、人との関わり、自然、芸術、人の偉業のなかに、畏敬の念を感じられるものを探す。

3

幸せな時間、幸せでない時間

——最も賢明な時間のつかい方

人は、幸せになりたいと思う分だけ幸せになれる。

エイブラハム・リンカーン（第16代アメリカ大統領）

私は子どものころ、「小さな幸せ姫」と呼ばれていました。いつも元気いっぱいだったのは単なる世間知らずだっただけ、と言えるかもしれません。でも本当に、私にとって嬉しいことは常にたくさんあったのです。もともとの性分とたまたま生まれついた環境のおかげで、私はあらゆる面でツイており、まるでおとぎ話のような経験すらありました。

27歳の誕生日からしばらくして、私の王子様がプロポーズしてくれたとき、あまりの嬉しさに泣いてしまいました。すべての始まりは、お互い12歳だったとき。イギリスのロンドンにある公園のあちらとこちらで、はにかみながら笑顔で見つめ合ったときでした。私の家族が外国暮らしの冒険を終えて帰国することになったとき、この淡い恋心も終わりを告げました。ところが10年後、メールの受信トレイに、彼の名前を見つけました。覚えていてくれたのです！

当然ながら、すぐに返信しました。数カ月にわたり浮かれたメールをやり取りしたのち、再会することになりました。彼はバージニア州から5時間も車を走らせ、私はグリニッジ・ビレッジから数ブロック歩いて、ソーホー地区の交差点のあちらとこちらで、10年ぶりに、はにかみながら笑顔で見つめ合いました。数週間のうちに彼はニューヨークへ引っ越して来て、その後、大学院に進学するため、カリフォルニア州ベイエリアへ一緒に引っ越しました。

ベイエリアのパロアルトにある自宅の私道で車をバックさせているときもまだ、私は笑顔でした。車には、ウェディングドレスや、式を挙げる週末に着る服、その後のハネムーンで着る水着などが山のように積んでありました。結婚式の最終準備のために、私だけ1週間早くサンディエゴに向かうところだったのです。車を出そうとしていたところで、携帯電話が鳴りました。「キャシー、やっぱり俺、まだ結婚する気になれない」

その瞬間、いつも笑顔の私という存在は、完璧な将来の夢とともに粉々に崩れ落ちました。おとぎ話は突然終わりを迎え、しかも、めでたしめでたしなどではまったくありませんでした。急に心をズタズタにされ、恥をかかされ、そのうえ綿密に計画してきた夢の結婚式を解体するという、悲しい（うえにお金のかかる）作業を背負わされてしまいました。

どうしてよいかわからず、そのまま私道でバックを続けて車を出すと、サンディエゴまで7時間、車を走らせました。ガソリンを入れようと車を停めたとき、泣きじゃくっていた私を見て、その場に居合わせた人たちは心配して声をかけようかオロオロしていました。申し訳ない気持ちになり、私は大丈夫だと、涙を流しつつ安心させようとしました。でも生まれてはじめて、大丈夫ではありませんでした。心の底から、自分は不幸だと感じたのです。

その時点で、博士課程ですでに幸福学の研究を始めていたものの、自分自身の幸せについては、本当の意味で深く考えたことはありませんでした。それでも、その後の数カ月間は、うつうつとした気分のまま、新たな視点で既存の研究文献を改めて読んでみました。人はなぜ幸せを感じるのか、自分の幸せを取り戻すためにできることはないか、理解したかったのです。

そしてソニア・リュボミアスキーの著書、『幸せがずっと続く12の行動習慣』（日本実業出版社）のなかに、その答えと希望を見つけました。リュボミアスキーは、その時点までに行われていたありとあらゆる幸福学の研究を分析し、その結果、人が生活のなかで、そして自分の人生について、どれだけ幸せを感じるかは、主に三つの要素によって決まると結論付けました。[56]

まず、**幸せの大部分は性格に影響されます**〔訳注／同書のなかで「遺伝」とされている部分〕。これはあなた自身も、これまで様々な人とやり取りしてきた経験から、想像していたかもしれません。でも、双子を対象にした研究が、科学的にこれを裏付けています。

同じDNAを持つ二人組である双子を調べたこの研究では、人がどのくらいポジティブかは、持って生まれた気質によることが示唆されました。[57] 水が半分入っているコップを見て、自然と空の部分に目が行く人もいれば、水の部分に気付く人もいるのです。

この遺伝子のくじ引きで私は幸運なことに、この世はすばらしい水で満たされていると見る傾向にありました。でも婚約者に振られたとき、私のコップは、まったくの空っぽになってしまいました。ここまで深い不幸を味わったおかげで、これからは、幸せを経験するには自分の性分に頼っていてはダメだ、と気付かされました。

とはいえ「運」は、悪運だけとは限りません。幸運に出会うことだってあり得ます。リュボミアスキーの分析では、生活環境――所得水準や身体的な魅力度、結婚しているか否かなどの様々な要素を含め――によっても、幸福の度合いは確かにある程度、左右されます。ところが、**一般的にはお金持ちであること、外見的に魅力的であること、結婚していることは、「めでたしめでたし」の人生を生きる秘訣だと考えられているものの、こうした状況的な要素は、その人の幸福度に驚くほど影響しません**。[58]

実際に私の講座では、最初の2回の講義にわたり、宝くじに当たったり結婚したりといった、人生を大きく変える出来事が幸せに影響する度合いは人が思うよりずっと小さく、長続きしないことが多くの研究によって示されていることを説明しています。[59]

急に結婚がなくなったことからの精神的ショックは永遠には続かない、と読んで慰めにはなったものの、どうも腑に落ちませんでした。こうしたデータは、人生で感じる幸せは完全に運任せだと言っているのです。しかし幸運なことに、リュボミアスキーの分析には、幸せを決める要素が遺伝と環境のほかに、もう一つありました。

幸せは、性格による影響が大きく、状況から受ける影響は驚くほど少ないわけですが、それとは別に、**幸せのかなりの部分は、意図的な思考や行動によって決まります。**[60] つまりどういうことかというと、幸せは、意識的に考えたり行動したりすることにかなり影響されるのです。運の善し悪しとは関係なく、意図的に過ごすことで、その日に感じる幸福感や人生への満足度を高められます。

幸せは、自分の意思である程度コントロールできるのです。さらに、何をすべきかを知り、それを何度も繰り返し実践することで、生まれつき不平不満を言いがちな人でも日々の喜びを感じられるようになるうえ、誰もが、最もつらい状況でさえも乗り越えられるようになります。

婚約を破棄されるという誰が見ても不幸な出来事から、私はこう悟ったのです。幸せを自分の性格に頼る代わりに、そして人生の出来事や状況が幸せを運んでくれると期待する代わりに、自力で幸せになれるんだ、自分で自分を幸せにできるんだ、と。もちろん、あなたにもできます。

幸せとは、選ぶものです。自分が手にしている時間にどう向き合い、毎日をどう過ごすかによって、人生を楽しむだけの幸せを手にできるか否かが決まります。そのために問うべきは、今よりももっとすばらしい、**もっと幸せで満たされた人生を生きるには、目覚めている時間をどう過ごせば**

よいのか、ということです。

時間を記録する

1日のうちで最も楽しい時間は何か、とあなたに質問したとして、「テレビの前でのリラックス」という答えが返ってきたとしても、私は驚きません。バタバタの1日が終わり、ワイングラス片手にご褒美のネットフリックスをオンにする夜が待ち遠しいのは当然でしょう。

ところが夜10時30分、見ていた番組の第3話が終わり、就寝時間を30分過ぎたころ（楽しみにしていたカウチポテト・タイムを始めて2時間半経ったころ）、私からテキスト・メッセージが届いたとします。恐らくあなたはイラッとして、通知音を無視するでしょう。疲れているし、番組がこの先どうなるか気になって、邪魔されたことを腹立たしく思うかもしれません。もしかしたら、また今夜もテレビを見ながら時間を無駄にしてしまった、と罪悪感を抱くかもしれません。

自分が何に幸せを感じるか予測したところで、実際にそれをしたときに抱く感情とは、必ずしも一致するわけではないし、一致しない方が多いものです。

実のところ、何をすれば自分が幸せを感じるかくらいわかっている、と思うだけでは、期待したような結果にはなりません。何に対して最も幸せを感じるかを正確に判断する一番の方法は、毎日何に時間を費やし、そのときにどんな感情を抱くかを1～2週間記録することです。

このエクササイズを行うことで、幸せに感じるだろうと自分で思っている活動が、果たして本当に幸せをもたらしているのか把握できます。

時間記録エクササイズ　パート（1）

時間を記録しよう

時間を記録するにはまず、起きている時間を30分ごとに区切った、大まかな時間割を紙に書き出す必要があります。あるいは、みなさんのために作っておいた表をダウンロードし、それを印刷してつかってもいいでしょう（訳注／319ページ「会員特典データのご案内」参照）。1日を過ごすなかで30分ごとに、(1) 何をしたか、(2) どう感じたか、をこの表にメモします。次ページの例を参考にしてください。

エクササイズの効果を最大限に引き出すには、活動をメモするときにできるだけ具体的に書くことです。こうすることで、データ分析の段階で参考になるうえ、あとで活動をグループでまとめる際に扱いやすくなります。例えば、ざっくりと「仕事」と書く代わりに、「メールの返信」や「プレゼン資料作り」「社内会議」など詳しく書きましょう。自分が何をしているのか具体的に記すのです。また、「家族との時間」ではなく、家族の誰と一緒にいて、何をしているかを書きます。

時間のつかい方に加えて、そのときにどう感じたかも記録します。表には、感情を数値で記入するための列が作ってあります。様々な活動中に抱いた感情を正確に把握するため、活動ごとに、ど

	月		火		水		木		金		土		日	
	活動内容	☺	活動内容	☺	活動内容	☺	活動内容	☺	活動内容	☺	活動内容	☺	活動内容	☺
5:30AM	睡眠		睡眠											
6:00AM	ランニング	8												
6:30AM														
7:00AM	出勤準備	4	出勤準備	2										
7:30AM														
8:00AM	通勤	3	通勤	2										
8:30AM	メール	4	メール	3										
9:00AM														
9:30AM			取引先と会議	5										
10:00AM	スライド作り	6												
10:30AM														
11:00AM														
11:30AM														
12:00PM	同僚と昼食	6	デスクで昼食	4										
12:30PM			戦略メモ	3										
1:00PM	同僚と打ち合わせ	5	同僚と打ち合わせ	4										
1:30PM														
2:00PM														
2:30PM														
3:00PM	スライド作り	6												
3:30PM														
4:00PM			スライド作り	5										
4:30PM	メール	5												
5:00PM														
5:30PM	通勤	3												
6:00PM	買い出しと雑用	6	通勤	4										
6:30PM			TV	7										
7:00PM	夕食の支度	7	友達と夕飯	9										
7:30PM	食事	7												
8:00PM	片付け	5												
8:30PM	TV	8												
9:00PM		7	TV	5										
9:30PM		6												
10:00PM		5												
10:30PM	寝る準備	4	寝る準備	4										
11:00PM	睡眠		睡眠											
11:30PM														
12:00AM														
12:30AM														
1:00AM														
1:30AM														

れだけ幸せを感じているか（または感じたか）を10段階評価（1＝まったく幸せじゃない、10＝非常に幸せ）で点をつけます。

10段階で評価する際、「幸せ」は広い意味で捉えるようにしましょう。ワクワクして元気になった、至福の静けさを感じた、などの感情を含め、活動が全体的にどれだけポジティブだったかということです。[61] その活動にどのくらい夢中になるか、人やコミュニティ全体、あるいはもっとざっくりと世の中全体とのつながりをどの程度深められるかも考慮します。あるいは、その活動は達成感や自信を与えてくれるかも考えてみましょう。ポジティブ心理学を提唱する心理学者マーティン・セリグマンによると、これら五つの要素すべて（ポジティブな感情、夢中になれること、人とのつながり、意義、達成感）は、本当の幸せ、つまり「持続的な幸福」[62]の特徴であり、各活動の幸福度を評価する際に、これらすべてに心を向けるべきだとセリグマンは述べています。

10段階評価は同時に、ネガティブな側面にも目を向けます。あなたが不幸せな気分になる活動はどれかを特定するのです。こうしたネガティブな感情は、不安、イライラ、悲しみ、疲弊、罪悪感、自責の念といった、様々な形で表れます。評価点が低くなっても、やる気を失くす必要はありません。誰だって、楽しくない活動をしなくてはいけないものです。

とはいえ、楽しめない活動が何かを自覚することは、自分の時間をもっと幸せにするための大切な一歩となります。これを知ることで、ネガティブな感情の根底には何が潜んでいるかを深掘りできるようになり、その活動をもっと楽しめるものに変えられるようになります。ネガティブな感情を抱く活動が何かという理解はまた、将来的に何に時間を費やすかを決める際の指針にもなります。もしかしたら、そうした活動を思い切ってすっぱりやめようと思うかもしれません。

10段階評価で非常に重要なのは、正直になることです。評価は、その活動で自分がこう感じるだろうといった予測や、その活動を好きか否かではありません。実際に経験している思いを反映する必要があります。

正確に評価するには、理想的には、日々の活動をしながらリアルタイムで記録することです。とはいえ、あと数時間は今の活動を記録できない、という場合でも、心配はいりません。それでもよいのです（きっと忙しいのでしょう）。可能な状態になったらできるだけ早く、何をしたか、どう感じたかを振り返って、メモしましょう。ただし、記録を先送りすればするほど、評価はその活動をした際の実際の感情ではなく、その活動に対して自分が抱いている一般的な考えになりがちになることは覚えておいてください。

毎日、毎週がいつも同じではないので、1～2週間、時間記録を続けてみてください。これにより、あなたのいつもの生活を構成している活動を幅広くカバーできるようになります。

時間記録という科学的なメソッド

最も幸せな活動を特定するために、日々の時間を表に落とす、というこの方法は、私の講座だけがやっているものではありません。学術研究者も採用しています。例えば、ノーベル賞受賞者である行動経済学者のダニエル・カーネマンがいます。カーネマンのチームはその先駆けとして、就労中の女性約９００人を対象に有名な実験を行い、人が日々のなかで経験する感情のアップダウンを記録しました。[63] その結果から、毎日の生活を正確に反映した16の活動（当時はＳＮＳの利用はありませんでしたが）と、各活動に伴う楽しさレベルの平均値がはじき出されました。

この結果を、図に落とし込んでみました。図には、活動のアイテムと、各活動に対して相対的にどれだけ時間が費やされたか（円の大きさで表現）、各活動に伴う楽しさの相対レベル（「楽しさ」と表示された縦軸のどこに位置しているかで表現）が示されています。人はどの活動をしているときに楽しいと感じるかを知ることで、自分自身がどう時間をつかえばいいかが見えてくるため、この情報には非常に価値があります。

では、人が一番楽しいと感じる活動はどれでしょうか？ **最もポジティブな感情を引き出すのは、人との交流**だという傾向が見られました。人は概して、身体的に誰かと親密に触れ合っているとき、そして友達や家族と交流しているときに、最も幸せを感じることが、はっきりとデータに表れています。

近年行われた、より大人数で様々な属性の人（男性や未就労の人も含む）[64] を対象にした時間記録の調

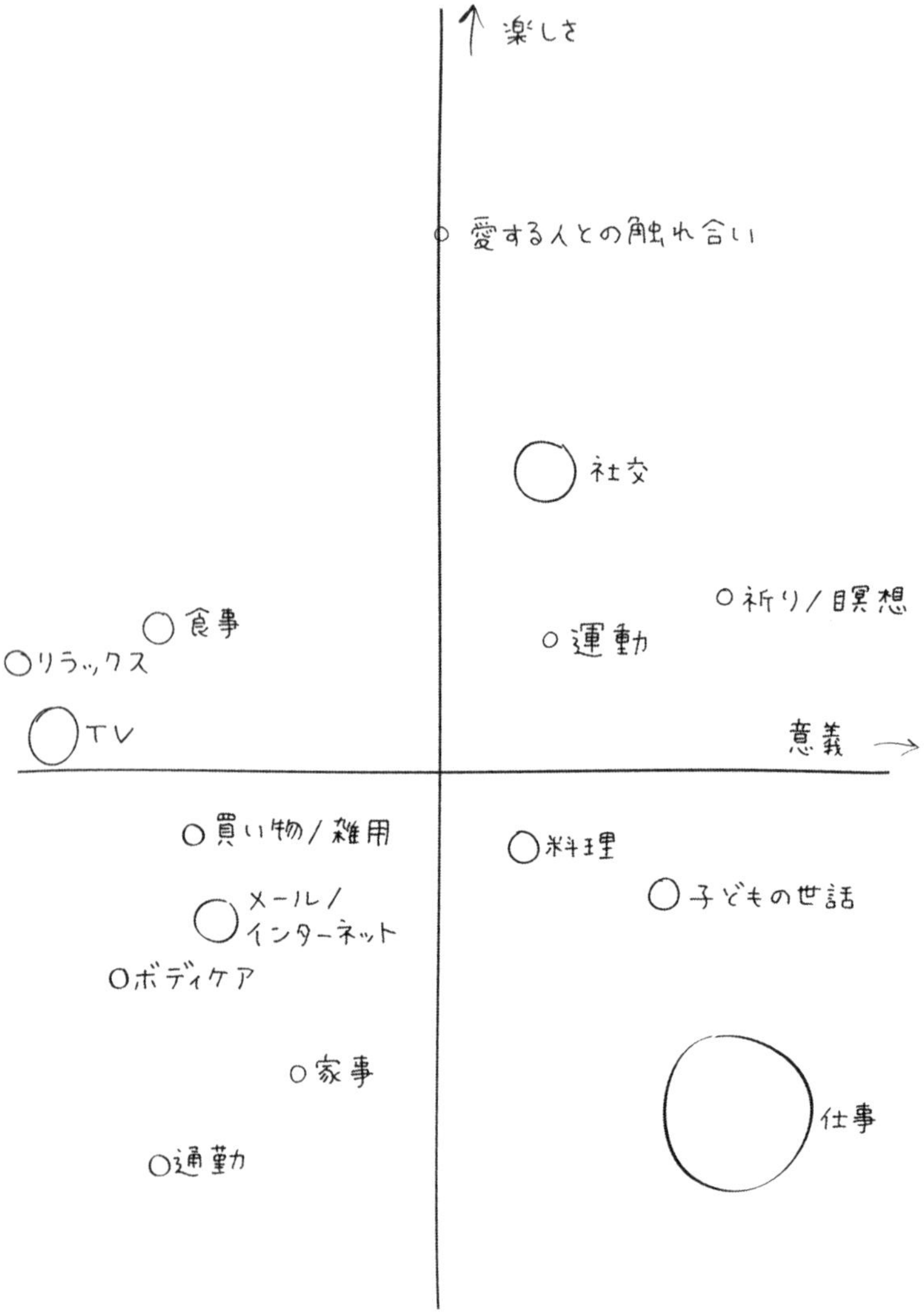
楽しさ
愛する人との触れ合い
社交
祈り／瞑想
運動
食事
リラックス
TV
意義
買い物／雑用
料理
子どもの世話
メール／インターネット
ボディケア
家事
仕事
通勤

査でも、これを裏付ける結果が出ています。人との交流から得られる大きな喜び（たとえ私のような内向的な人であっても）については、あとで詳しく取り上げます。また、どうすればそうした交流を育めるかについても、のちにアドバイスします。とりあえずここでの学びは、はっきりしています。**愛する人と一緒に過ごす活動が、最も幸せな時間**となる傾向にあるということです。

また、日々の活動のなかで、最も楽しくないものはどれかを知るのも、同様に大切です。カーネマンの研究では、最もネガティブな活動を一つにまとめると、残念ながら1日の大部分を占めてしまうことがわかりました。楽しさに関して言えば、**最も楽しくない活動は、通勤、仕事、家事**という傾向にありました。これもまた、カーネマンが調べた９００人の就労女性に限ったものではありません。どの層の人も平均して、この三つが最も幸せを感じないと報告しています。

ちなみに、私はこれまでのところ、グラフの一つの側面、つまり「楽しさを示す縦軸」についてしか話をしていません。その理由は、カーネマンのチームが集めたデータは、幸せの一部でしかない「楽しさ」を捉えたにすぎないためです。ところが、今回の時間記録エクササイズでは、意義深さを含む様々な側面の幸せを考慮するようみなさんに指示しました。

実体験からすでに気付いているかもしれませんが、幸せとは、すぐに味わえる楽しさだけとは限りません。**たとえある活動の一秒一秒すべてを楽しめなかったとしても、その時間を費やして何かを達成すると、すばらしい気分になることがあります。**

ハイキングをする人（私はしませんが）はその一例として、山の頂上に到達する喜びを挙げます。[65] あるいは、アウトドア派以外の例で言うと、プレゼンの準備はそこまで楽しくはないかもしれませんが、その過程の楽しみを味わいたくて準備をしているわけではないはずです。今時間をかけている理由は、将来的に人前で間抜けな姿をさらさないためです。そして私の場合は、ピンクの自転車にまたがった娘の背中を押して何百回と丘の上まで登るのは楽しいというより苦しいですが、娘がやがてバランスを取れるようになり坂道を滑り降りて来て安全に止まれるようになると、娘も私も心から笑顔になれます。

目標指向型の種である私たち人間は、楽しさだけがモチベーションとなるわけではありません。何かを達成することによっても、心地よい満足感を得られるのです。[66] 人は、はっきりとしたやりがいのある活動をすると有意義だと感じ、その意義深さによって気分がよくなります。意義と幸せは実に、私たちの経験のなかで深くつながっているのです。[67]

例えば私の研究チームが行った実験では、人はとても有意義だと感じたとき、幸せだと報告しました。本書で私たちは、全体的にもっと幸せを感じられる時間を過ごせるようになりたいわけですが、では、楽しさと意義深さの両方を感じるには、どのような時間の過ごし方をすればよいのでしょうか?

その答えを探るため、ヨーロッパの二人の研究者、マシュー・ホワイトとポール・ドーランは、625人の成人男女（労働力人口に含まれる人と含まれない人の両方）を対象に、時間記録の調査を行いました。ただしこの調査では、それぞれの活動がどれだけ楽しいかに加え、どれだけやりがいを感じたかも測定しました。[68] この調査からの結果を、カーネマンのチームが調べたデータとともに、意義の項目も加えて落とし込んだものが、先ほどのグラフです。

円が概して右上と左下に集中していることからわかる通り、楽しい活動はより有意義なものとして経験され、有意義な活動はより楽しいものとして経験される傾向にあります。実際に、人との交流は楽しいと同時に有意義だと感じるし、通勤は楽しくもなければ有意義でもありません。

ところが、重要な例外もいくつかあります。仕事はあまり楽しくないものとして経験しがちですが、概して、非常に有意義でもあります。また、テレビの視聴は最初かなり楽しいものの、これもまた、特に意義深いものではありません（だからこそ、快適なソファでテレビを見始めて2時間半経ったところで私からメッセージが来ると、罪悪感が増すのです）。

なお、カーネマンのデータも、ヨーロッパの研究者たちのデータも、スマートフォンの登場前に取られたものである点に留意してください。そのため、ＳＮＳの時間はグラフに含まれていません。しかし近年はＳＮＳがかなり普及しているため、ＳＮＳにはどのような感情が伴うかを知っておくと役立ちます。

そこで、私がこれまで教え子に出した時間記録の課題をすべて調べてみました。すると、ＳＮＳの利用はテレビの視聴とよく似ていることがわかりました。ただし、テレビよりも楽しくないうえに、有意義でもありません。この結果は、ＳＮＳに費やした時間と自己肯定感には非常に大きな負の関係があるとした研究と一致しています。ＳＮＳに時間を費やす時間が長い人ほど自己嫌悪感が顕著で、全体的にも嫌な気分を抱きがちなのです。[69]

まとめると、時間記録の調査から、次の3種類の活動がわかります。

●ハッピーな時間＝楽しくかつ有意義（例：人との交流）
●普通の時間＝楽しさ（例：テレビを見る）か意義（例：仕事）のどちらかを感じるものの、両方感じることは通常ない
●無駄な時間＝楽しくもなければ意義も感じられない（例：通勤――恐らくＳＮＳも）

この調査はかなり情報量が多く、平均的な人が何らかの活動を平均的な時間にしているときに感じる、平均的な幸せのレベルを教えてくれます。「平均的」という言葉が連続してしまいましたが、現実としては、個人間変動〔訳注／人による数値の違い〕や個人内変動〔訳注／同じ人物でのその時々の数値の違い〕がかなりあるものです。[70] もちろんそれは、当然です。

ある人は、ある活動を人よりも楽しいと感じるでしょう。私は体を動かすのが好きで、ランニングは贅沢な時間ですが、息子はランニングが大嫌いで、どこかに速くたどり着くための不快かつ不便な手段だと感じています。さらに、ある活動をするたびに毎回、同じように楽しいと感じるわけでもないでしょう。夕食の支度を例に取ると、水曜日の夜に家族に早く食べさせようとする急ぎの料理は、単にイライラする家事だと感じるでしょう。ところが、金曜日の午後6時、音楽を聴きながらワイン片手に、パートナーとおしゃべりをしながらの夕食の準備は、喜びに感じるかもしれません。

だからこそ、時間記録エクササイズを実際に行うことが重要なのです。エクササイズをすることで、様々な活動のなかであなた自身はどれを幸せと感じるのか、認識できるようになります。ここ

から、あなたが今、どう時間をつかっているかがはっきりするだけでなく、あなたにとって最もポジティブな活動やそうでない活動の特徴は何かも、わかるようになります。

自分にとっての幸せな活動を見つける

では、時間記録エクササイズに戻り、データをどう分析するか詳しく説明します。主なステップは三つあります。

（1）自分にとって一番幸せな活動を特定する
（2）自分にとって一番幸せでない活動を特定する
（3）それぞれに共通の特徴がないか探す

自分にとって最も幸せな時間と幸せでない時間を特定する

分析を始める前に、活動を時間ごとに記録した表をすべて集めましょう。このデータをつかって分析します。

最初のステップとして、全データから、10段階で評価した幸せの点数が最も高い活動を三つ見つけましょう。三つ以上の活動が同点になっていたら、すべてリストに加えます。ただし、あなたにとって本当の幸せの源は何か、正確に把握しにくくならないよう、リストに入れる活動は合計五つまでにしましょう。

最も幸せな活動

（1）

（2）

(3)

次に、最も幸せな活動リストを詳しく見て、各活動のどこを具体的にポジティブに感じたかを書き出します。子どものころ学校で、名詞とは何かを先生にはじめて教えてもらったときのことを覚えていますか？　モノ、場所、人でしたね。最も幸せな活動を吟味する枠組みとしてこれをつかい、次の観点から見た特徴をメモしましょう。

●**モノ**　どんな種類の活動でしたか？　例えば、仕事かプライベートか、活動的かリラックスするものか、など。

●**場所**　そのときどこにいましたか？　屋外か屋内、どちらでしたか？　気温はどうでしたか？　うるさいか静かか、明るいか暗いか、整頓された場所か雑然としていたか、どちらでしたか？　自然のなかでしたか？

●**人**　対人面や社交面という観点で見ると、どんな活動でしたか？　具体的には、そのときあなたは一人でしたか？　ほかに誰がいましたか？　ほかにいた人は一人、二人でしたか？　それとも大勢？　あなたにとってどういう知り合いですか？　そこでのやり取りは、かしこまったものかカジュアルか、どちらでしたか？　会話は、情報をやり取りするものか、感情をさらけ出すものか、どちらでしたか？　あなたの役割は何でしたか？　リーダー？　参加者？　観察者？

最も幸せな活動その1

モノ

場所

人

最も幸せな活動その2

モノ

場所

人

最も幸せな活動その３

モノ

場所

人

では、特徴を示したこのリストから、共通点を見つけてみましょう。最も幸せな活動すべてに見られる共通点は何でしょうか？　書き出してください。

最も幸せな活動すべてに見られる共通点

最も幸せな活動の分析が終わったら、最も幸せでない活動についても同じステップを行います。時間記録のデータを全体的にざっと見る際、今回は、最も点数が低い活動を三つから五つ、リストアップします。その後それぞれについて、モノ、場所、人の特徴を書き出しましょう。どんな種類の活動でしたか？　場所はどこでしたか？　誰と一緒にいましたか？　最後に、共通の特徴を見つけて書き出します。

最も幸せでない活動

(1)

(2)

(3)

最も幸せでない活動その1

モノ

場所

人

最も幸せでない活動その2

モノ

場所

人

最も幸せでない活動その3

モノ

場所

人

最も幸せでない活動の共通点

しばらく前に私自身の時間を分析した際、二つの点に気付きました。まず、明るい気分になるには、明るい環境が必要でした。太陽が降り注ぐサンディエゴで育ったことを考えるとそこまで驚く話ではないかもしれませんが、フィラデルフィアで暮らしていたときも相変わらずそうだったのだと気付き、意外でした。私が最も幸せに感じる活動はすべて、開けた屋外か、大きな窓のそばか、色彩が明るい部屋か、職場にあった太陽の日差しに似せた照明の下だったのです。ペンシルベニア大学の職を退き、本物の太陽の下で過ごせるUCLAに移ろうと決心したのもある意味、この点に気付いたからでした。

各活動の「人」の特徴を分析したところ、さらにいろいろと気付かされました。人と一緒に何かをすることに大きな幸せを感じるものの、どうやらそれは、友達であれ、同僚であれ、見知らぬ人であれ、一対一の対話ができるときだけだったのです。例えば、誰かに質問して相手をきちんと知る機会があれば、私はその活動を楽しい、夢中になる、つながりを感じる、有意義、価値がある、と感じ、10点の評価をつけました。ところが、うわべだけの軽い会話をするような活動には、最低の評価点をつけていました。ご想像の通り、自分の時間をより幸せにつかう方法を決める際に、この情報は非常に役に立ちます。

それでは、あなたの記憶がまだフレッシュなうちに、分析しながら「なるほど」と思ったことをメモしていきましょう。分析で観察した点について、自分ではこれまで気付かなかったけれど、「確かにそうだ」と感じるか、自問してみましょう。

私は長年、数えきれないほどの学生にこのエクササイズを行ってきました。私自身の結果はとにかく、**時間や場所、気性の違いにかかわらず、学生たちが気付いた点には必ず共通点がある**のは驚きです。

幸せな活動の共通点（1）誰かと一緒に過ごすこと

哲学者や科学者、芸術家、そして『マトリックス』のような有名な映画や『星の王子さま』のような本はどれも、同じような結論に達しています。その結論をビートルズは、「All You Need Is Love（愛こそはすべて）」という曲のタイトルで簡潔に表現しています。

時間記録エクササイズでも、同じ答えになることが多々あります。バックグラウンドやキャリア、ライフステージの違いがあっても、学生たちが見つける共通点として一番よくあるのが、愛する人と過ごす時間が最も幸せというものです。この「愛する人」には、親しい友達やパートナー、子ども、親、ペットも含まれます。

あなたがこれまでの2週間を振り返ったとして、最も幸せな時間のうち少なくとも一つは、心から大切にしている誰かと一緒に過ごした時間があるはずです。実際に今、手をとめてその記憶を思う存分味わってください。たくさんの幸せ――幸せを感じるだろうと期待し、実際に経験し、思い出になる幸せ――は、このように人とつながる活動から生まれます。なのでぜひ、最近の幸せを味わってほしいと思います。

親しい相手に投資する時間は、時間のつかい方として最善であることが、実験で証明されています。幸せになるには、こうした人間関係を持つことが好ましいし、むしろ必要なのです。かなり前に行われた幸福学の研究に、エド・ディーナーとマーティン・セリグマンによるものがあります。大学生２００人以上を対象に、ある学年度にわたり時間を記録してもらい、そのデータから、非常に幸せな人（幸福感で常に上位10パーセントに入る人）と非常に不幸せな人（常に下位10パーセントに入る人）を比較しました。[7] その結果、非常に幸せな学生は、非常に不幸せな学生と人口統計学的な違いはなく、客観的によい出来事と定義できる何かを多く経験したわけでもありませんでした。しかしながら、人との社会的なつながりの度合いは、著しく違いました。最も幸せな人たちは、親しい友達がいたり家族の絆が強かったりする傾向にあり、恋人がいる確率も高くありました。こうした違いが、時間の過ごし方に映し出されていたのです。

具体的には、**幸せな人たちのグループはより多くの時間を友達、家族、恋人と過ごし、一人の時間が（いくらかはあったものの）そこまで長くはありませんでした。**このデータが重要である理由は、幸せになるには、一つの要素だけでは充分でないものの、親しい人間関係は必要不可欠であることを示しているからです。言い換えれば、友達がいるからといって幸せが保証されるわけではありませんが、幸せになるには、友達が必要だということです。

この結果は、従来の心理学理論による「強く真摯なつながりを人と持つことが、心身の健康に不可欠」という主張と一致しています。アブラハム・マズローは、愛情——友情、家族、恋愛のどこから来るにせよ——が、人間の最も根本的な心理的欲求だと主張しました。マズローが提唱した、

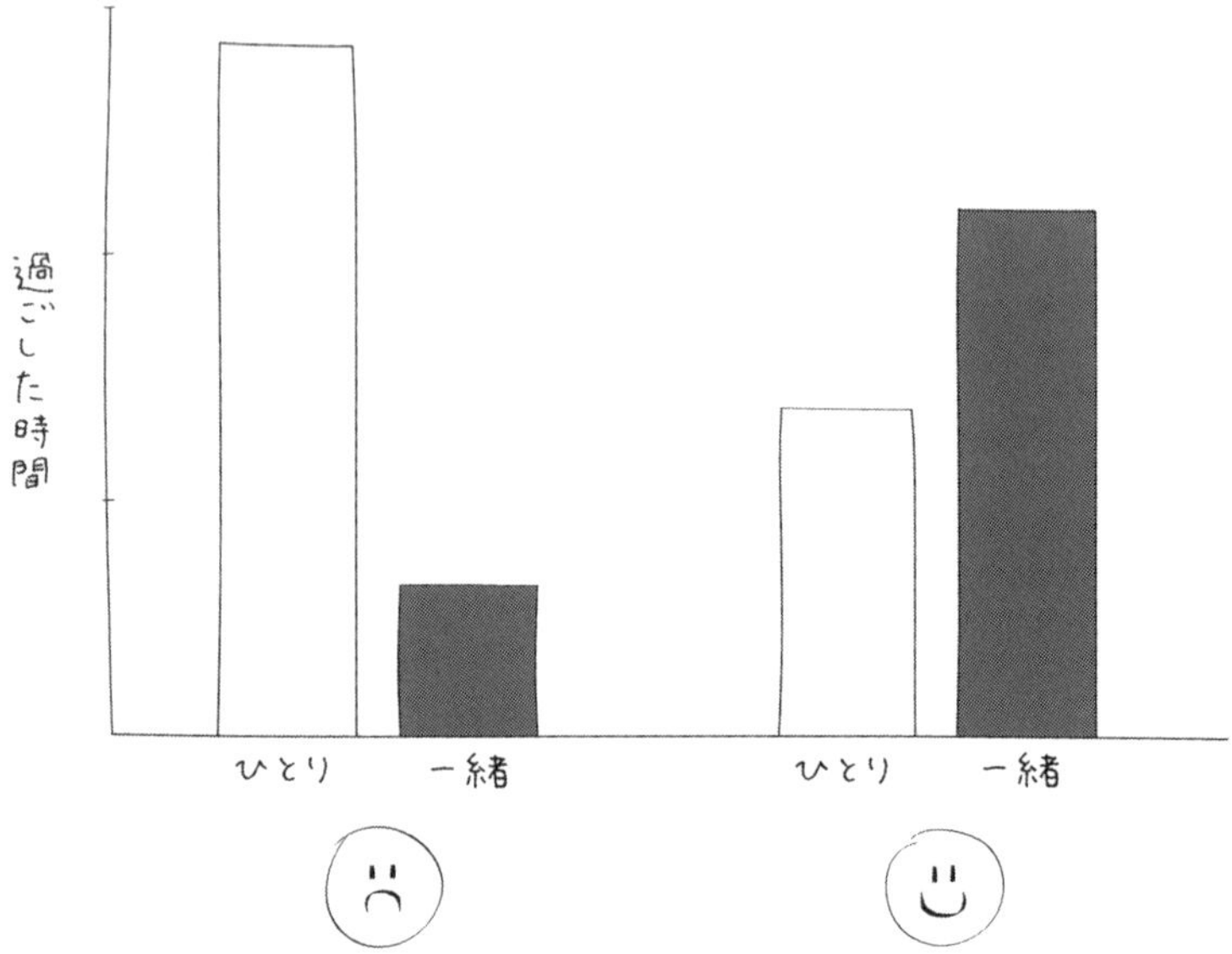

有名なピラミッド型の欲求五段階によると、人間が生き延びるために愛情よりも重要なのは、食料、水、安全な場所しかありません[72]。そして帰属意識（誰かを愛し、誰かに愛されているという感覚）があってはじめて、目標の達成や自己実現に向けて、個人が努力する価値があるのです。

出世街道をまっしぐらに進みたいのはすばらしいことですが、それはあなたの人生にいる人たちとの絆を犠牲にしないのであればです。出世街道の目的地に到着したとき、一緒に祝える人が誰もいなければ、そこまで満たされた気持ちにはなれないでしょう。

種として私たち人間は、生涯を通して、愛する人の支えや思いやりに頼りながら生きています。社会的なつながりが強い人は、早死にする危険性が低く、病気を克服する可能性が高く、生理学的あるいは金銭的に強烈なストレスを受けても、うまく耐えられることが、研究からわかっています。[73]

人間は根っから社会的な生き物であるため、対人関係で拒絶されると、それを実際の痛みとして感じるほどです。意外かもしれませんが、人間関係で感じる痛みは、体に生じる痛みとまったく同じように、脳の活動に表れるのです。[74]

婚約者に結婚を破棄されて痛みを抱えていた私を支えてくれたのは、慰めてくれた友人たちの存在でした。そして14年後、コロナ禍に見舞われたときに、オンラインで集まってお互いを精神的に支え合ったのも、同じ友人たちでした。そのため、もしまた「人生の満足度と友人の有無には強い相関関係がある」という別の研究結果が出てきたとしても、私はまったく驚きません。[75]

とはいえ、こうした人間関係はただつらさを軽減してくれるだけではありません。よいときはもっとよくしてくれます。フランシス・ベーコンは１６２５年刊行の随筆のなかで、友情について「喜びは倍増し、悲しみは半減する」と書いています。

ほかの研究者が行った時間記録の調査でも、私の教え子たちの時間記録エクササイズでも、１日で最も幸せな時間は、愛する人とともに過ごす時間であったことを、忘れないでください。[76]

こうしたことを知り、なぜ自分の場合、誰かと一緒に過ごす時間が一番幸せとは感じられないときもあるのだろう、と不思議に思った人もいるかもしれません。人と一緒に過ごす時間のなかにも、重要な違いがあります。単に誰かと一緒にいるからといって、強い帰属意識や友情、親近感を抱くわけではないのです。

前述の通り私の場合、「社交的な活動」の一部は幸せの評価点が最高点でしたが、かなりネガティブな評価をしたものもあるし、それ以外はほとんどが中間点前後でした。教え子の場合、たとえそれが友達やパートナーと一緒だったとしても、「テレビの視聴」が最も幸せな活動のリストに含まれるケースはほとんどありません。代わりに、リストのトップ3にあるのはたいてい、「妻と夜の散歩」「友達とハイキング」「ボードゲームでルームメイトに勝つ」「妹とのディナー」「娘とのコーヒー・デート」などです（最後は私のものです）。

これらの活動を構成している重要な要素は、単に自分以外の存在があることではありません。「**その相手と一緒に過ごすことが第一の目的になっている**」という点なのです。一緒に過ごす相手とのよい関係性がよい投資になる、と理解することで、幸せになれるであろう時間をさらに幸せにするにはどうすべきかの理解が深まります。

会話でつながる

社交的な活動で一緒に過ごす相手との関係性の質を上げる方法として、**会話の内容を深めるという方法**があります。親しい関係を構築するには、自己開示をお互いに高めていくことがきわめて重要です。自分に関する情報を相手に伝えたり（例：自分の経験、今何を考えているか、感じているか）、相手の経験を知るために積極的に耳を傾けたりすることで、相手に自分を知ってもらい、相手を知ることができるため、本物の友情が育つ可能性が高くなります。

学生たちが新しい友達を作れるよう、私は講義で、クラスのみんなに二人組になってもらい、相手と一緒にこなす会話タスクを与えています。

タスクは三つに分けた質問群からなるもので、一つ目は、「名前は何ですか？」や「出身はどこですか？」など基本的な内容になっており、2分間かけて互いに質問して答え合ってもらいます。

次に、5分間で二つ目の質問群をやり取りします。ここでは、趣味や目標、現在経験していることなどを相手に尋ねます（例：「趣味は何ですか？」「世界のどこにでも行けるとしたらどこに行きますか？　それはなぜですか？」「やめたい習慣はありますか？」）。

最後に、8分間かけて三つ目の質問群に取り組んでもらいます。ここでは、もっと個人的な質問をします。例えば、「あなたは人と気軽に会える方ですか、それとも苦手ですか？　それはなぜですか？」「直近で孤独を感じたときの話を聞かせてください」「あなたが一番恐れているのは何ですか？」「最近成し遂げたことで誇りに思っているのは何ですか？」などです。

質問のやり取りはわずか15分間ですが、この会話からほぼ毎回、新しい友情が芽生えます。すでにクラスメイト（もしくは友達）としてお互いを知っていた二人組の場合、この会話で二人の距離感は確実に縮まります。このツールは、「人間関係親密性誘発タスク」と呼ばれており、質問のおかげで人はかなりつながりを感じるようになることが、実験でわかっています。[7]

数年前、クラスにいた学生の数が奇数だったため、私も加わり、1人の学生とこのタスクをしたことがありました。私のパートナーはギャビーという女性でした。私はそれまでギャビーに対して、物事をはっきり言うニューヨーカーだというイメージを持っていましたが、実は社交不安を抱えながら育ったことを知りました。

ギャビーは、泊まり込みのキャンプに行ったときにはじめて本来の自分らしさを知り、帰属意識が芽生えたとのことでした。その後は、同じように思春期で悩んでいる女の子たちのメンター役として、夏になるとそのキャンプ場でボランティア活動をするようになりました。ギャビーは、MBAを取ってエンタメ業界でキャリアを積むべく、UCLAで学んでいました。メディアを通じれば、情緒面での悩みを抱えながら生きているもっと多くの人を支えられると考えたのです。わずか15分で、私はギャビーに対する理解を深めました。のちに私はあるメディア企業にギャビーを「友人」として紹介し、彼女は今もそこで働いています。

ということで、次回あなたが友達と会うとき、あるいは恋人とデートでディナーに行くときは、個人的な質問をする（そして答える）準備をしていきましょう。質問のアイデアとして、会話のネタが書かれたカードを買ってもよいでしょう。

こうしたカードは一見、陳腐に思えますが、社交的な集まりの質を高める効果があることは、私の経験で実証ずみです。このカードのおかげで、家族とのディナーで絆が深まりました。「小さかったころの一番楽しかった思い出は？」という質問に対する答えを聞いていると、家族がそれぞれどんな経験をしてきたか、新たな洞察を得られます。カードをつかったこのときのディナーは、家族の絆が最も深まったひとときでした。

中止になった結婚式の予定日から半年ほど経ったとき、会話にはいかに人生を変えるパワーが秘められているかを私は学びました。その日、ブラインド・デート〔訳注／知人の紹介などで知らない相手とデートすること〕に来ていました。スタンフォード大学内にあるロダン彫刻庭園でそれぞれ炭酸水のサンペレグリノを飲みながら、相手の男性がこんなふうに会話を始めました。「それで、満たされた人生には何が必要だと思う？」。まるで、「人間関係親密性誘発タスク」を逆からやっているようでした――つまり難しい質問から！

私はそのとき、生涯ずっと一緒に会話を楽しめる、お気に入りの会話パートナーを見つけました。あれから10年以上経った今でも、金曜日の夜のデートや、土曜日の朝のランニング、休暇先でのワインを飲みながらのランチ、そして後部座席でレオとリタが寝ているドライブなど、ロブとのおしゃべりは、私にとって一番幸せなひとときです。この関係は、おとぎ話などではありません。とてもリアルで、とにかくすばらしい関係です。

幸せな活動の共通点（2）外へ出ること

幸せの探求をさらに押し進めるべく、別の共通点を見てみましょう。学生たちがよく挙げる幸せな活動には、屋外で行われるという共通点も見られました。[78] **外に出て空の下にいるだけで心身が健康的になるのは、誰にとっても同じ**ようです。確かに、私の講座は1月に南カリフォルニアでスタートすることを考えると、そんなに驚く話ではありません。つまり、自分の活動時間を記録する際に、学生たちはニュースやSNSなどを通じて、自分がいかに天候面で恵まれているかを常に思い出させられます。

とはいえ、このデータポイントは、単に天候だけの話ではありません。例えば同じ冬の期間、ニューヨークやニューハンプシャーのような寒い地域にいる学生も、屋外にいることをポジティブな特徴として挙げているのです（コロナ禍ではリモートで講義を行わなければならず、学生はどこからでも出席できました）。

屋外にいると、間違いなく気分が上がります。運動が人の幸せリストに入るか、不幸せリストに入るかは、屋外か否かが違いとなります。また屋外で過ごすか否かは、夕食後のひとときが幸せリストに入るか（「妻と夜の散歩」）、入らないか（「妻と一緒にテレビ」）も予測できます。当時コロラド州に住んでいた教え子の男性は、自分の最も幸せな活動リストを分析し、こう言いました。「最も幸せな活動は三つともすべて、画面から離れて屋外にいるときだ」

学生たちがリストを観察して気付いた内容は、イギリス人2万人を対象にした、ジオロケーションの研究による結果と一致しています。研究では、参加者がイギリス国内のどこにいるかと、幸せとの関連性を調べました。研究者らはスマホのアプリをつかい、参加者の位置情報や、屋内、屋外、車内のどこにいるかを終始把握できました。また、屋外環境の記録も取れました。参加者は無作為のタイミングで、アプリから通知を受け取り、今その瞬間どのくらい幸せか点数をつけるよう求められ、何をしているか聞かれます。

１００万件以上のデータからはじき出された結果は、明白でした。**人は、屋外にいるときの方が幸せなのです。**さらに、屋外での幸福感の高まりは、次の点に依存しません。（１）天気（ただし、晴れていて暖かい方が幸福感は高い）、（２）活動の種類（ただし、データに見られた、幸福感が特に高まる活動のなかには、ガーデニングやバードウォッチングなど屋外でしかできないものも）、（3）環境（ただし、都市環境よりも自然や緑のなかにいる方が、幸福感が高い）。大切なのは、屋外に出る、それだけです。ところが残念ながら、自らの意思か義務かによらず、人は毎日約85パーセントの時間を屋内で過ごしています。

だからこそ、私はトレッドミルが好きではないのです。朝のランニングで外に出ることは、私にとってずっと大切なことでした。ロサンゼルスでのみならず、フィラデルフィアにいたときも同じでした（唯一の違いは、フィラデルフィアでは厚着をして、耳を寒さから守るヘッドバンドをしていたことくらい）。元婚約者と一緒に住んでいたパロアルトの家を引き払ったあと、大枚をはたいて少しだけ家賃の高いサンフランシスコのマンションに引っ越しました。サンフランシスコ湾から数ブロックだったからです。ルームメイトがステキだったことに加えて、毎日外に出て、ゴールデン・ゲート・ブリッジの壮大な眺めを見ながら体を動かせるのは、私が幸せを再び取り戻すために大切なポイントでした。

ということで、運動にせよ、電話の受け答えにせよ、その活動を屋外でできないか、検討してみてください。気分が上がるうえに、新鮮な空気を味わえるはずです。

幸せでない活動の共通点

前述の通り、最も幸せで<u>ない</u>活動をよく調べることからもまた、時間を賢明に投資するにはどうすべきかの洞察を得られます。つまり、どこに時間を費やすべきでないかがわかるのです。

人は悲しみに暮れるとき、自分ひとりだと思いがちですが、不幸せの根本的な原因は実のところ、みんな同じです――人間とは、わかりやすい生き物なのです。ある活動が三つの基本的な欲求――（1）関係性（人とつながっているという感覚）、（2）自律性（自力でコントロールできるという感覚）、（3）有能感（自分にはできるという感覚）――のどれかを妨げる場合、自分は不幸せだと感じる可能性が高くなります。[79] それでは、どの活動を避けるべきかを知るべく、三つをそれぞれもう少し詳しく見てみましょう。

孤独はつらい

これまで見てきた通り、私たち人間は、帰属意識を感じたい、他者とつながりたいというニーズを生まれながらにして持っています。だからこそ、人とつながる活動を最も幸せだと感じやすいのです。

その一方で、単独での活動は、最も幸せでない活動に挙げられがちです。[80] ただしここで重要なのは、一人でいることや一人で行動することは、必ずしもネガティブな経験ではないという点です（私の場合、子どもや同僚から常に何かしらを求められているため、たまに自分だけの時間が手に入ると心から嬉しく思います）。

とはいえ、何かの活動のせいで孤独を感じるとき（例えば、人が誰かと楽しそうにしている様子をＳＮＳ

で見るなど)、感情的な打撃となります。ジョン・カシオポが名著『孤独の科学』(河出書房新社)で書いているように、うつに最も直結するのは、孤独感です[81]。

孤独感を避けるために、**毎日少なくとも一つは、人と関わる活動をするようにしましょう。**簡単なことでよいですし、時間をかける必要もありません。

例えばスマホのＳＮＳアプリをすべて閉じ、友達と実際におしゃべりするために電話をかけましょう。あるいは職場で、自分の近況について心の通った会話をするべく、同僚に話しかけてみましょう。働いている場所に誰もいない場合、人がいるところへ行き、誰かに話しかけてみましょう。見知らぬ人に話しかけても、思ったほどギクシャクした状態にならないことは、複数の研究が証明しています。しかも最終的には、その会話のおかげで、あなた自身も話しかけた相手も、人とのつながりや幸せをかなり感じるはずです[82]。

内気な人にとっては、こんなふうに自分の殻を破って外へ出ていくなんて、恐ろしいと感じてしまうかもしれません。でも、同じく内向的な私の言葉を信じてください。恐ろしい経験になるとは限りません。今より大きな幸せを選ぶための小さな努力だということを、忘れないでください。

勇気がいりますが、近所のカフェで試してみるとよいでしょう。次回コーヒーを飲むときは、自宅でいれる代わりにコートを着てカフェへ行き、列で待っている間に誰かに話しかけてみましょう。

まったく知らない人に話しかける際、ロブのようにいきなりヘビーでプライベートな質問をするのはおすすめしません。つまり、「人間関係親密性誘発タスク」の最後にあるような質問から始めてはいけないということです。代わりに、例えば天気や、ちょうど通りかかったかわいい犬など、一緒にいる空間にある何かを明るく口にしてみましょう。月並みに聞こえるかもしれませんが、気軽かつ心地よく人とのつながりを作り出せます。

やらないといけないことをやるのはつらい

人は、人生をコントロールしているという感覚を抱きたいものです。つまり、**自分の時間をどう過ごすか、選択肢や自由意思があると感じたい**のです。そのため人は、何をしろと指図されるのが嫌いだし、しなければいけない活動には不快感を覚えます。

だからこそ、第一の責務である仕事と家事は、最も幸せでない活動リストの大部分を占めるのです。実際にこの二つは、時間記録の調査で特定された最も幸せでない活動三つのうちの二つです。[83]とはいえ、仕事に関する活動から生まれる不満は、必ずしも仕事そのものではないことが、教え子たちの考察からわかります。それよりも、就業時間のうち、人に管理されていると感じるときや、人のスケジュールに左右されると感じるときが、とりわけイライラします。家庭では、夕食を作らなくてはいけないという感覚のせいで、退屈な家事だと感じます。

次の章では、こうした「やらなければいけない活動」をどうすれば「やりたい活動」に変えられるか、さらに、家事のなかでもアウトソーシングしてまったくやらずにすむものをどう判断するかを、それぞれ詳しく見ていきます。

時間の無駄づかいはお金の無駄づかいよりつらい

人は、生産性を感じるよう駆り立てられており、目標を達成してそのアイテムをやることリストから外せると、気分がよくなります。そのため、無意味な活動、つまりそこから何の価値も生まれず、そのうえ楽しくさえない活動に時間を費やすと、時間の無駄だと感じます。

私も証言できます。大変な思いで何時間もかけて結婚式の計画を立てていたのに、それが実現しないと気付いたときは耐えがたいものでした。もっと有意義なことにつかえただろうに、はかりしれないほどの時間を無駄にしてしまいました。**時間の無駄は、お金の無駄以上に誰もがひどく嫌う**ことが、複数の研究からわかっています[84]。時間の無駄づかいがなぜそこまでつらいかというと、お金と違い、失った時間は二度と取り戻せないからです。永遠に消え、返って来ることはありません。

私の教え子たちは毎日の活動のなかでも、「不要な会議」「何も考えずネガティブなニュースばかりをスマホで見てしまう」「通勤・通学」を時間の無駄だと考えており、そのためこれらは最も幸せでないものとして経験しています。時間記録エクササイズからは、１日のうち何時間が無駄になっているかもわかります。次のエクササイズでは、時間を記録したデータを分析する際の付加的なステップとして、様々な活動につかった時間を、活動ごとに集計してみましょう。

現在の時間のつかい方を計算しよう

活動を時間ごとに記録した表から集めた全データをつかい、この数週間、様々な活動にどれくらいの時間を費やしたか、数値化してみましょう。

まず、つかった時間をカテゴリーで分けます。例えば、睡眠、通勤、仕事、友達との時間、家族との時間、運動、身支度（例：朝の外出準備や夜寝る前の準備）、食料品の買い出し、食事の準備、テレビ視聴、ＳＮＳ、読書、といった具合です。

ここでの目的は、時間の過ごし方をしっかりと把握することなので、自分にとって意味のある具体的なカテゴリーにしましょう。例えば「仕事」だと、この時間の過ごし方を把握するには、ざっくりしすぎているかもしれません。そのため、就業日を構成する様々な仕事内容を反映した、もっと細かいカテゴリーに分類するとよいでしょう。

例えば私の場合、仕事を内容ごとに分けると、研究に関連した作業（本の執筆を含む）、講義に関連した作業（教室での時間や講義の準備を含む）、その他（山ほどの会議とメールを含む）となります。同じ仕事でも、各カテゴリーでの経験はまったく異なるため、このように分けると扱いやすくなります。

活動をすべてカテゴリーで分けたら、次は活動のタイプごとに費やした時間をカテゴリーごとに集計します。日ごとに計算しても、記録を取った週全体でまとめて計算しても構いません。さらに、毎日の起床時間と就寝時間をメモしておけば、起きている時間の合計数を算出できます。これを分母とし、それぞれの活動につかった時間の割合を計算しましょう。

計算結果から、実際に自分が今、どう時間を費やしているかがはっきりわかります。この価値ある（うえに驚きでもある）情報をつかって、そこに伴う幸せの評価点の平均点とともに、今後、どの活動にどのくらいの時間を割り当てるべきか、あるいは割り当てるべきでないかを決められます。


計算した結果に、ハッとさせられるかもしれません。ある教え子は、仕事を辞めて2年間の収入を諦めてまでMBA取得に向けてがんばっているのですが、起きている間で一番長い時間（20パーセント）をテレビの視聴に費やしていると知り、驚愕しました。学校の課題をこなしたり、講義に出席したりする時間は18パーセントで、それよりテレビ視聴が上回っているのです。こんな無駄を後悔し、振り返りながら彼女はこう言っていました。「私、ものすごい長い時間、テレビを見て過ごしています！　妻が仕事のあとテレビを見ながらリラックスしたがるから、という理由もあります。でも、1週間のうちにこれだけ多くの時間をテレビに費やしているなんて、ショックです」

時間を吸い取ってしまうのは、テレビ画面だけではありません。フルタイムの仕事をしながらMBAを勉強している教え子の1人は、仕事と講義の合間の夜と週末というわずかな時間しか自由につかえませんが、こんなふうにこぼしていました。

「2週間の間に、25時間以上もコンピューター・ゲームをしていました。時間を記録する前は、自分がこれだけ長い時間をゲームに費やしていたなんて、思ってもいませんでした。ゲームは楽しいけれど、楽しい以上にストレスになります。かなり忙しいのに、予定していた以上の時間をつかってしまうから」

自分が現在どれだけの時間を無駄にしているかを悟ることで、こうした活動に費やす時間を、将来的に制限できるようになります。つまり、今回のエクササイズでわかった、自分がもっと幸せを感じられる活動に、その時間をつかえるようになるのです。

気分が上がる活動とは？

時間のつかい方を決める際に、もう一つ、考慮してもらいたいタイプの活動があります。やっているときは特に楽しいとは必ずしも感じなくても、ほかの活動の経験に大きく影響する可能性があるものです。それは、運動と睡眠です。

健康的な刺激を与えてくれる運動と睡眠は、非常に効果的に気分を上げてくれるうえ、その効果はかなり長続きします。第2章で学んだ通り、運動と睡眠は、時間がないと削られがちな活動であるため、意識的に時間を作ることはなおさら大切です。運動をして睡眠を取ることで、ほかの時間をもっと楽しめるようになります。

運動は心身の健康を改善する

前述の通り、運動は幸福感を高めます。メンタルヘルスの分野で行われた様々な研究の分析によると、運動は不安、うつ、ネガティブな気分を緩和し、自己肯定感を引き上げます。[85] ある研究結果では、うつ病の治療において運動の効果が薬物を凌いだほどでした。[86] また、運動は認知機能や実行機能（計画を立てる、マルチタスクをする、曖昧なことに対応するなどの際につかわれるもの）を改善するため、頭の働きがよくなります。さらに、学齢期の子どもにおいては、算数や読む能力とも相関関係があります。[87]

これだけの恩恵があるにもかかわらず、アメリカの成人の74パーセントが、週のほぼ毎日に少なくとも30分間、中強度の運動をするという国が推奨するガイドラインを満たしていません。運動の恩恵を味わってもらうために、第２章では「体を動かすエクササイズ」の課題をみなさんにやってもらいました。教え子の１人は、この課題について「人生が変わる」と表現しました。

「運動が体によいとは何度も聞いてきたし、定期的に運動した方がよいとは思っていました。でも実際に運動をしてみるまで、自分の毎日への取り組み方がこれだけ改善されるとは思ってもいませんでした」

ということで、ナイキのスローガンをお借りして「Just do it」（とにかくやりなさい）とみなさんにお伝えします。

睡眠の効用

より幸せになり、頭の働きもよくなり、あらゆるアクティビティがもっと楽しくなるもう一つの活動は、睡眠です。睡眠不足からのネガティブな影響に関する恐ろしい証拠[88]や、充分な睡眠からのポジティブな影響に関する嬉しい証拠[89]は、多くの研究で示されています。

とはいえ、私と似たタイプの人ならきっと、納得するのに科学的な根拠など不要でしょう。なぜなら、たった一晩まともに眠れなかっただけで、自分がまったくつかいものにならなくなるうえ、不機嫌になって、目の前にいる人に礼節を欠いてしまうからです。

それなのに、充分な睡眠が必要とわかっていながらも、私たちはたいてい時間を作りません。限られた時間のなかでなんとかすべてをこなそうとして、しょっちゅう夜更かししたり、早起きしたりしています。だからこそ私の講座では、必要な時間を確保して睡眠をたっぷり取ることが課題になっています。成績の一部がここに割り振られているため、学生たちの睡眠へのモチベーションは高まります。そしていったん休息の威力を経験すると、学生たちは睡眠の時間を定期的にしっかりと取るようになります。

睡眠エクササイズ

現代の生活で人が燃え尽きてしまう理由の一つに、慢性的な睡眠不足があります。これを改善するため、来週のどこかで、少なくとも7時間以上（ただ私は個人的に、8時間を目指します）の睡眠を少なくとも4日間、取るようにしましょう。

もちろん、わかっています——あなたは今週、とっても忙しいんですよね。締め切りがあるし、参加しなければいけないイベントもあるし、こなさなければいけない雑用もある。私だって、大変だろうなと思わないわけではありません。でも、「Just do it」（とにかくやりなさい）！

今週のどこか4日を選び、カレンダーに印をつけて、これまでなかなか取れていなかった睡眠を満喫してください。また、良質な睡眠のための習慣も忘れずに実践しましょう。つまり、寝る前にデバイスをいじらないこと、午後にカフェイン、夜にアルコールをそれぞれ飲まないよう努力することで、睡眠の質はぐっとよくなります。


私は毎年、アロン・アヴィダン教授をゲストスピーカーとして講義に招き、良質な睡眠のためのアドバイスを学生たちに伝えてもらっています。睡眠障害の専門家であるアヴィダン教授は、UCLAのゲフィン医科大学院神経学科で副学科長を務めており、UCLA睡眠障害センターの所長でもあります。アヴィダン教授は、次のようにアドバイスしています。

- 7時間以上連続した睡眠を定期的に取りましょう。
- 寝室は睡眠とセックスのためだけの場所です！　画面を見る場所ではありません（ブルーライトが

メラトニンの分泌を抑制するため、脳は昼間だと勘違いしてしまいます）。

- 就寝前に、刺激や不安を煽る内容のもの（ニュースやスパイ小説など）を読んではいけません。
- 午後3時以降はカフェインを控えましょう。
- 午後3時以降は運動してはいけません。
- 夜のアルコールは控えましょう（アルコールは入眠の助けにはなりますが、睡眠が細切れになるうえ夜間に目覚めやすくなり、疲れが取れないまま朝を迎えることになります）。
- 眠れないときは、ベッドから出て寝室以外の部屋で何かつまらないものを読みましょう。
- 睡眠サイクルを一定にしましょう。毎朝同じ時間に目覚め、朝は明るい光を浴びるようにします。
- 寝室は寒く（18度強）、暗く、静かな環境にしましょう。
- メラトニン、タルト・チェリー・ジュース、温かい牛乳、七面鳥の肉、バナナが眠気を誘います。
- 15分間のパワーナップ（訳注／短時間の昼寝）は、200ミリグラムのカフェインに匹敵します。ただしパワーナップをする際は、午後（1〜3時）の30分以内にします。
- 訓練して短時間の睡眠ですむようになれるものではありません！

時間について考えるだけでもいい

本章では、リュボミアスキーのモデルから、どれだけ幸せを感じるかは、生まれ持った気質や自分がいる環境の運（あるいは不運）による影響のみならず、自分で選択できると学びました。意図的な行動を通じて、日々や人生でもっと幸せを味わえるようになるのです。そのためには、幸せを感じさせてくれる活動の時間を増やし、そうでないものを減らす必要があります。本章は、どれがそうした活動かを教えてくれます。

賢明な時間のつかい方をするよう自分を仕向ける最も簡単な方法に、**時間にもっと意識を向けて考える**というものがあります。私が行った研究では、第一の資源をお金ではなく時間とするよう意識することで、よい結果が示されました。[20] この研究のなかで私は、カーネマンが作成した毎日の活動リストを様々な実験参加者に提示し、リストに記載されたそれぞれの活動について、今後24時間のうちにどの程度行う予定かを尋ねました。

ただし、この質問に答える前に、実験参加者には（表向きは）まったく関係のない質問表に答えてもらいます。順番がバラバラになった複数の文を意味の通じる文章にしてもらう内容なのですが、実はこの作業によって、参加者は気付かないうちに、時間に関係する言葉（例：時間、時計）か、お金に関する言葉（例：ドル、財布）、あるいはどちらでもない言葉（例：植物、郵便物）に触れるようになっていました。

結果は、意識を時間に向けた参加者は、リストのなかで最も幸せな活動（つまり人とのスキンシップや交流）をする予定だとの答えが多く、最も嫌な気分になる活動（つまり通勤や仕事）をする予定だという答えはあまりありませんでした。

別の実験では、「予定」だけでなく、実際の行動に影響を及ぼすことが示されました。この実験では、カフェに入ってきたお客さんに、質問表に答えてもらいました（ここでも、密かに時間かお金、あるいはどちらでもないものに関連した言葉に触れるようになっています）。その後、このお客さんたちがカフェでどのような時間を過ごすか、本人に気付かれないように観察しました。カフェを出る際に、どのくらい幸せで満足しているかを全員に尋ねました。

　カフェ到着時の質問表で無意識のうちに時間について考えるよう促された人たちは、カフェ滞在中のほとんどの時間を人との交流に費やし、より幸せを感じていました。一方で、お金について考えるように促された人たちは、大半の時間を仕事などの作業に費やし、そこまで幸せを感じていませんでした。

　これらの実験が何を意味するのか、覚えておくことが重要です。仕事から離れればそれで幸せになれる、ということではありません。なぜなら、（ご存知の通り）仕事のおかげで有意義な気持ちになれる可能性もあるからです。ここでのポイントは、**単に時間について考えるだけで、人はもっと充実した時間のつかい方をするようになる**、ということです。実際、仕事は有意義だと感じている人を対象に、最初の実験を再度行ったところ、時間について意識を向けた結果、仕事へのやる気が高まりました。

　本章でご紹介した時間記録エクササイズはそのため、時間と幸せについて、主に二つの恩恵をもたらします。第一に、今自分がどのような時間のつかい方をしているかを記録するというプロセスを通じ、時間という貴重なリソースに意識を向けるようになり、時間のつかい方を本気で考えるようになります。私の教え子たちは日々の活動を記録中、時間のつかい方をかなり意識するようになり、時間を賢明に投資するようになりました。このエクササイズはさらに、活動をしているとき自分が実際にどう感じるかを評価することで、時間をどこにつかえば賢明な投資になるかを教えてくれます。

ということで、あなたもぜひ、1～2週間かけて時間を記録してみてください。面倒に思えるかもしれませんが、やるだけの価値は絶対にあります。時間をこんなに無駄にするのはやめようという気になり、人との真剣なつながりにもっと時間をつかおうと思い直し、より楽しく満たされた気持ちになるでしょう。

第3章での学び

- [ ] あなたがいる環境や生まれ持った性格に加え、時間をどうつかうかも、日々感じたり人生に対して抱いたりする幸せに大きく影響する。

- [ ] そのため、時間を賢明につかうことで、今より幸せになるよう自分で選べる。

- [ ] 最も幸せな時間のつかい方は概して、家族や友達と交流すること、屋外に出て自然のなかで過ごすことである。

- [ ] 最も幸せでない時間のつかい方は概して、通勤、家事、労働。

- [ ] 楽しさと意義深さは密に関係しているものの、なかには、有意義ではあるが特に楽しくない活動（例：仕事）や、はじめは楽しいが有意義ではない活動（例：テレビ視聴）もある。

- [ ] 運動をすることや睡眠時間を充分取ることでも気分は上がり、その日の残りの活動が楽しくなる可能性がある。

- [ ] 活動によって生み出される幸福度は人によって異なり、また、同じ活動で同じ人でも、タイミングによって異なる。自分はどの活動、そしてそのどの部分を最も幸せだと感じるかを知るには、日々の活動を記録して、そのときにどれだけ幸せを感じるかを記録する。

- [ ] 人とのつながりが大きな幸せをもたらすという真実は、人や時間の違いを超えて一貫している。絆の強い人間関係を持つこと、および帰属意識を感じることは、非常に重要である。そのため、そのような人間関係を培うために時間を費やすのもまた、賢明な投資となる。

4

やりたくないことを楽しくやる
――やる気を高める方法

時間の無駄ほど有害なものはない。

ミケランジェロ（ルネサンス期のイタリア人芸術家）

もしもあなたに、典型的な1日について教えてください、と聞いたら、恐らくこんな具合になるでしょう。目覚まし時計が鳴り、疲れた体を引きずりながら這い上がり、身支度を整えて職場に向かう。車通勤ならラジオをいじりながら、電車通勤なら恐らくスマホをいじりながら、その時間を過ごす。

職場で自分の席に着いたら、プロジェクトに取りかかる前に、まずはメールの受信トレイを片付けることに。「本当の仕事」に着手する前のメールの処理に予想外に時間がかかってしまったので、ラッシュアワー前に帰宅できるよう、ランチ時間もデスクで仕事を続ける。

帰り道、夕食の買い出しをしてからクリーニングを取りに行く。夕食を作って食べ、食器を洗ったら、洗濯機を回しながら部屋を片付ける。家事がすべて終わったらソファに倒れ込み、何も考えずにテレビをつけたり、再びスマホをいじったりする。就寝時間を過ぎていることに気付き、体を引きずるようにソファからベッドに移動し、明日また同じことを繰り返すために目覚まし時計をセットする……。

来る日も来る日も、目覚めている時間の大部分は、通勤、仕事、家事に費やされます。そして人を最も不幸せにするのはこうした活動だと、本書でこれまで学んできました。そのため、コロナ禍後にリモートワークが解除となっても、労働人口のかなりを占める人たちが職場に戻って来たがらないのも無理はありません。

私の教え子たちの時間記録の分析によると、こうした活動が苦痛なのは、有無も言わさずこの時間を過ごさなければいけないからであり、目に見える成果がないことが多いからでした。こうした時間は義務的だったり、無駄だったり、その両方だったりします。

　もちろん、あなたも「大退職時代」〔訳注／アメリカでは新型コロナの影響などにより、２０２１年の自主的な離職者数が史上最多となった〕の流れに乗ってこうした活動そのものをすべて手放すこともできるでしょう。でもそれは現実的ではありません。ほとんどの人は、働く必要があります。

　そして多くの仕事は自宅の外でなされるため、通勤は必要です。さらに、散らかった家が好きだとか、ハウスメイトに嫌われても平気だというわけでないのなら、誰もがある程度の家事をしなければいけません。でも、人生のなかから貴重な時間をつかうわけですし、現在のようなつまらなさでは、とてもじゃないけどやっていられません。何かしら変える必要があります。

　幸いなことに、変えられるし、しかもあなた自身の手で変えられます。さらに幸いなのは、仕事を辞めたり引っ越したりといった大がかりなことをしなくても、変化は起こせるという点です。

　こうした活動を、やらなければいけないものではなく、やりたいと思える価値あるものとして経験できるようになる、簡単で効果が実証された改善方法があります。本章では、一般的には最も幸せに感じられない時間を、もっとずっと楽しめるようになる、驚くほどシンプルな方法をいくつかお教えします。

家事を家事でなくす

時間を買おう

アンジェラは、夫にどれだけ言われても、自宅の掃除に人を雇うことを頑なに拒否していました。人を雇うだけの月300ドルがあれば、ウィンドウショッピングでずっと目をつけていたかわいい黒のジャンプスーツが買えるでしょう。あるいは、将来必要になったときのためや、買いたいものを見つけたときのために、銀行口座に眠らせておくこともできます。さらに、自分や夫だって掃除は充分できるし、なんならお金を払って雇う人よりも自分の方がきっちりできるに違いない、とも思っていました。

日曜日の昼近くにまた夫と言い合いになりました。夫と双子の息子たちと一緒に公園へ行ったものの、台所とお風呂場の掃除や、夫が担当する床掃除が気になってしまい、夫と息子たちを急かして早く家に帰ろうとしたからです。そこで、友達にすすめられていた清掃サービスに連絡を入れてみることにしました。よい仕事をする人たちだよ、と友達が太鼓判を押していた会社です。

そして、決まりました。お金を払い、隔週で掃除に来てもらうことになったのです。その結果として生まれた（アンジェラと、彼女の結婚にとっての）幸せは、すぐに永続的な効果をもたらしました。次の土曜日、午前中に家族でのんびりとマーケットで買い物し、公園でピクニックしながらランチを食べたあと帰宅したとき、ピカピカに掃除された家を見てアンジェラは心から嬉しくなりました。床のフローリングが光沢を放っているばかりか、ソファのクッションもふかふか、テレビ画面も磨かれていました。何よりも嬉しかったのは、アンジェラと夫が、週末の残り時間を息子たちと一緒に満喫できることでした。

夫婦の自由な時間が増えたのみならず、アンジェラはその自由時間や掃除に取りかかるまでの時間を、「掃除しなきゃ」と気にしながら過ごさなくてもよくなったのです。さらに、夫に口うるさく言う必要もなくなるでしょう。アンジェラの夫もまた、同じくらい喜んでいました。妻に愚痴を言われなくなるし、日曜日の夜にみんなでバーベキューをしながらフットボールの試合を見ようとの友達の誘いを、ようやく受けられるのです。

家事をアウトソースすることへの抵抗やアウトソースすることで得られる恩恵は、アンジェラに限った話ではありません。研究者のアシュリー・ウィランズ率いるチームは、アメリカ、デンマーク、カナダで数千人を対象に、次の質問をしました。「通常の月に、何らかの作業（例えば家事や買い物など）をお金を払ってアウトソースすることはありますか？」。イエスと答えたのは、3分の1以下でした。つまり3分の2以上の人たちは、まったくアウトソースしていないのです。これは単に、お金が出せるか出せないかではありません。というのも、億万長者を対象に同じ質問をしたときも、それなりの割合の人たちがしないと答えたのです。[91]

お金を出して自分がやりたくないタスクをアウトソースするか否かは、その人の選択です。とはいえ、それが全体としての幸福感や、空いた時間をもっと価値ある活動に充てられるという事実にどれだけ影響するか、本人は気付いていないのかもしれません。実際に、アシュリーのチームは人生に対する満足度も同時に尋ねましたが、その他の要素（回答者の所得水準や年齢、性別、婚姻の有無、一緒に住んでいる子どもの有無など）を統計的に調整しても、作業をアウトソースする人の方が、満足度が高い傾向にありました。つまり、**時間の節約のためにお金をかける人は、かけない人よりも幸せ**なのです。

では、お金に余裕がない人はどうすればよいのでしょうか？　かろうじて家計をやりくりしている状態で、生活必需品を買うのがやっとであれば、この戦略はつかえないかもしれません。とはいえ、もしいくらかでも自由につかえるお金があるのなら、「モノ」の数や品質にお金をつかうのではなく、「時間」につかうことで恩恵が得られることを、この研究は浮き彫りにしています。実際に複数の研究が、物質的なモノを購入する際に得られる幸せは、経験を買うときよりも弱く、長続きもしないと警告しています[92]。

さらに、アシュリーのチームの分析によると、アウトソースから得られるポジティブな効果は、所得水準とは関係ありません。ほとんどの人が、時間を買うためにお金を払うことから恩恵を受けられるのです。お財布にいくらあるかにかかわらず、誰にとっても時間は同じように貴重なのです。

またこれは、お金を払ってすべてのタスクを人にやってもらい、自分は贅沢にのんびりと過ごしましょうというアドバイスではありません。もしかしたら、家を片付けるのは気にならないけれど、隔週での床磨きは2週間おきに週末が丸つぶれになってしまうので、どうしても嫌だと感じる人もいるでしょう。何か一つをアウトソースするだけで、大きな違いになるかもしれません。さらに、

第1章でお伝えした、日がな一日何もしないことが最も幸せというわけではない、という私の研究を思い出してください。[93] 目的意識を感じられるため、なんとなくでも生産的に時間をつかったように人は感じたいものなのです。

とはいえ、この研究で最も重要なのは、あまりにも多くの雑事に飲み込まれ、本当に大切なことにかける時間がなくなるとき、人は人生に不満を抱くという点です。1日8時間の就業時間と通勤に加え、家の掃除や洗濯、食料品の買い出し、料理、イケアの家具の組み立て、洗車、クリーニングを出しに行ったり取りに行ったり……などに何時間も費やすのなら、手元に残る時間はありません。

それでも、ほんの少しお金を出して、この時間の一部を自由につかえるようになれば、それを自分にとって本当に大切なものに充てられるようになります。**買った時間をもっと賢明に――もっと楽しく、やりがいのある活動に――つかえる**のです。実際に、アシュリーのチームが集めたデータでは、人がお金を出して手に入れた時間を友達や家族との交流につかうとき、幸福感がさらに高まることが示されました。[94] また、時間を節約するサービスにお金をかけるカップルは、一緒に充実した時間を過ごしており、相手との関係への満足度も高いという結果が出ています。[95]

そのため、当初の抵抗にもかかわらず、人に掃除をしてもらうというアンジェラの決断は賢明だったのです。そして究極的に大切なことにつかったと考えれば、費やしたリソースはつましいものでした。

では、考えてみましょう。あなたなら、どの雑用をアウトソースしますか？　お金をつかうことで、あきらかにもっとよい時間の過ごし方ができそうなところはありませんか？　幸運なことに、才覚のある起業家やビジネスパーソンは、消費者のこうした抑圧されたニーズに気付き、時短用のサービスや製品を提供しています。

私自身も、慎重に選んでアウトソースを実践しています。しかも料理が苦手なので、舌の肥えた人に食事を出すわけでもない限り、ディナーが冷凍食品でもまったく気にならないタイプです。そのため、配達されてきた今週のミールキットの箱を開けたとき、こんなメッセージを目にしてつい笑顔になってしまいました。「この箱には、お客様にとって何よりも大切な贈り物の材料が入っています。つまり、家族との時間、あなただけの時間、遊ぶ時間……思い切り頬張る時間です」

平日の夕食作りは私にとって重労働ですが、ディナにとってはまったくそんなことはありません。クリエイティブな表現ができる豊かな場なのです。ディナは毎週、週のはじめに家族の夕食の献立を決め、お気に入りの専門店で朝のうちに食材を調達できるように計画を立てます。その後、午後には3人の子どもたちを学校からそれぞれの活動に送り届けると、へとへとになりながら5時にキッチンに入ります。彼女の時間はここからスタートです。家族が夕食に揃ったときに豊かな味わいが楽しめるよう、新しい風味を巧みにメニューに取り入れます。ディナにとって料理は、瞑想のようなものです。趣味であり、雑用や家事ではないのです。

ということで、あなたにとっては何が雑用や家事になるか、慎重に考えてみてください。友達にとっては重労働でも、あなた自身が楽しめる家事はアウトソースしないようにしましょう。とはいえ、あなたには選択肢があることを忘れないでください。時間はお金よりも貴重であると学んだ今のあなたは、何につかうか、適切に選べるはずです。

楽しい活動と抱き合わせよう

アウトソースしない家事については、嫌な気分を軽減するために、「バンドル（抱き合わせ）戦略」をつかってみるのもよいでしょう。

ケイティ・ミルクマンのチームは、ペンシルベニア大学で実験を行い、「誘惑バンドル」（誘惑の抱き合わせ）[96]と呼ばれるものから、どのような恩恵があるかをあきらかにしました。誘惑バンドルとは、そのままでは楽しめない活動を、もっと魅力的にできるシンプル（かつ強力）なアイデアです。ただ**魅力的な活動と抱き合わせる**、それだけです。

ペンシルベニア大学の学生にとって、ジムのトレッドミルで走るのは、楽しいものではありません（とはいえ、名物のこってりしたフィリー・チーズステーキを夜食にしている彼らにとっては、やるべき活動です）。ケイティのチームは、トレッドミルでのランニングと、好きなオーディオブックを聞くことを抱き合わせる実験を行いました（当時、『ハンガー・ゲーム』（KADOKAWA）が学生に人気でした）。運動と、主人公のカットニスがどうやって生き延びるかを知ることを抱き合わせたら、学生がジムへ行く頻度は51パーセント増加し、トレッドミル上での走行時間も著しく延びました——どちらも学生たちが自発的にそうしたのです。

これを家事に当てはめるなら、やらなければいけない家事を、楽しめる何かと結び付ければよいだけです。例えば、洗濯物をたたむ作業。洗濯が終わった乾燥機いっぱいの服を前にしたら、この機会をつかって、オーディオブックやポッドキャストを聞いたり、洗濯物をたたみながら話せるようスピーカーモードにして、友達に電話をかけたりしましょう。あるいは、洗濯物の山をソファに持っていって、お気に入りの番組の最新エピソードを見るのもよいでしょう。洗濯物の山をあっという間にたたみ終えて、あまりにも楽しいのでそのままたんすにしまうところまですませてしまうはずです。

この戦略を覚えた私の教え子は、食料品の買い出しに行かなければならなくなったら、お店で新しい商品を一つ見つけて買ってくることにしました。買い出しというタスクを、「発見」に結び付けたのです。彼はこれを「喜びに満ちた食の冒険」と呼んでおり、食料品の買い出しを面倒に感じることはなくなりました。

仕事だって楽しくなる

これまで見てきた通り、仕事をしながら過ごす時間は、1日のうち最も幸せでない時間に含まれるのが一般的です。[97] アメリカの労働者のうち、仕事に満足しているのはわずか半数であり、仕事に夢中になるという人は3分の1しかいません。[98] 多くは仕事が嫌で、就業中は時計をにらみながら帰宅時間を心待ちにしているのです。

しかし目覚めている時間の半分以上を仕事に費やす場合、人生のあまりにも長すぎる時間を、なんとか耐え忍んで過ごすことになってしまいます[99]。仕事は仕事、と区切りたいところですが、仕事での不満は職場だけにとどまりません。研究によると、**仕事に対する満足度は仕事以外の時間にも影響し、人生全体の満足度を左右する主な決定要因となる**ことがわかっています[100]。

仕事時間が人生のここまで大きな部分を占めるとなると、こうした時間をもっとよい時間にすることが非常に重要です。でも、どうすればよいのでしょうか？

キャンディス・ビラップスという女性の話をしましょう。彼女は仕事について研究者に聞かれたとき、こう答えました。

私は患者さんのことが大好きなんです。病気の人たちが大好き。私には、病気の人にしてあげられることがたくさんあります。なぜなら私自身、気分がすぐれないときや手術を受けなければならなかったとき、仕事があったからこそ乗り切れたからです。冗談を言って、楽しく、元気に、前向きに過ごす。この職場にいて一番楽しいと思うのはそこです。ここは、すごく活気があります。実は私、ここを「希望の館」だと思っているくらいです。

キャンディスの職業が何か、出勤を毎日心待ちにするくらいの仕事が何か、わかりますか？　気分の落ち込みや体調不良も乗り越えるくらい、前向きになれる場所がどこだか、想像できますか？

キャンディスは、がんセンターの清掃員をしています。「希望の館」や「活気がある」職場だと表現したのは、実は命に関わる病に苦しむ患者が化学療法を受けに来る場所なのです。体調をかなり崩している患者さんや、心配や不安を抱えているであろう家族の人たちに囲まれて、キャンディスは日々仕事をしています。そして、一緒に働いている医師のような立派な肩書きはありません。治療の副作用による嘔吐物の掃除をしなければならないこともよくあります。一見したところ、キャンディスの仕事はポジティブどころではありません。

ところがキャンディスはなぜか、仕事の時間を満喫しています。たいていの人は1年も持たずに辞めてしまうこの仕事を10年以上続け、心から楽しんでいるのです。理由は、自分がなぜこの仕事をしているか、わかっているからです。「患者さんの日々を明るくすることで人の力になる」という目的です。[101]

キャンディスが仕事のなかに見つけたこの目的は、正式な職務内容を大きく超越しています。キャンディスは、病院の床をきれいに保つことに加え、病院の空間を輝かせています。患者や家族の人たちと冗談を飛ばし合い、居心地のよい空間を作り、氷、ティッシュ、ジュースなどを手渡しています。患者や家族、さらにはその治療の責任を担う医者や看護師を、心から気遣っています。こうした人たちの力になるのが好きだし、得意でもあります。彼女のユーモア、温かさ、前向きな性格のおかげで、病院が明るくなります。仕事に見出した最終的なゴールは、キャンディス自身の価値観や長所と一致しているのです。

これは極端な例であり、キャンディスは徳の高い人ではありますが、仕事に目的を見出すことで恩恵を受けられるというのは、誰にも広く当てはまります。たとえ完璧な仕事に就いていなかったとしても（正直言って、完璧な仕事などありません）、自分の価値観（自分にとって大切なこと）、強み（得意なこと）、情熱（好きなこと）と仕事とを一致させることにより、モチベーションが上がり、仕事がうまくこなせるようになり、さらには仕事や人生全般に満足度が上がることを裏付ける証拠は、増え続けています。[102]

自分にとって大切だと思える明確な目的があり、得意でもある仕事を持つのが理想的です。とはいえ、必ずしも理想通りとは限りません。キャンディスのエピソードがなぜとりわけ役に立つかというと、仕事の種類にかかわらず、**自分がなぜその仕事をしているのかを自覚し、そこに意識を向けることで、日々の仕事をもっと楽しめるようになる**ことを、このエピソードが物語っているからです。さらに、仕事の目的がわかれば、就業日の予定を組み直したり微調整したりして、仕事時間をもっと楽しいものにできるかもしれません。

組織行動学者のジャスティン・バーグ、ジェーン・ダットン、エイミー・レズネスキーは、これを可能にするツール「ジョブ・クラフティング」を開発しました。[103] 自分の職業や仕事内容を見直し、仕事時間の過ごし方を変えることで、その仕事の最終目的（あなた自身が決めた目的ややりがい）に近づけるようになるためのツールです。学生たちが仕事の時間をもっと幸せにできるよう、そして１日のほとんどを占める仕事時間をもっと充実させられるよう、私は自分の講座でもジョブ・クラフティングの課題を出しています。これまで数百人という学生にこのプロセスを指導してきて（さらに自分自身でも行って）わかったのは、最も効果を発揮する要素が二つあるという点です。その二つとは、目的を見つけることと、人とのつながりを増やすことです。それぞれ詳しく見ていきましょう。

仕事の目的を見つけよう

あなたが今の仕事をしているのは、なぜですか？　あなたの同僚や、その職業に就いている一般的な人について聞いているわけではありません。あなた自身がなぜかという意味です。またここで言う仕事とは、広い意味の仕事です。つまり、あなたが時間、労力、才能を捧げている領域のことです。今やっている仕事になるかもしれませんが、それは職業である可能性もある一方で、お金が支払われるものとも限りません。専業主婦（夫）の子育ても間違いなく、ここで言う仕事に当てはまります。

「なぜ」と聞かれたときの即座の答えがもし「お金を稼ぐため」だった場合、ぜひもっと高次の目的――「なぜ」をさらに突きつめたときの答えとなる理由――を探してみてください。これは、あなたのため、つまりあなたの長期的・短期的な幸せのためです。様々な職業や職位、所得水準の従業員を調べた研究では、仕事の最大の目的として「お金を稼ぐ」を挙げた人は、仕事でも人生全般でも、満足度が著しく低いことがわかりました[104]。

自分にとって仕事に対する（給料をもらう以上の）目的、やりがいが何かを知ることで、どんな仕事にも必ずある嫌な面に遭遇しても、長く続けたり、モチベーションを持ち続けたりできるようになります。キャンディスを例に取ってみましょう。ときに本当に大変な日もあります。患者さんががんとの闘いに敗れたとき、キャンディスはつらい気持ちになります。それでも、その患者さんや家族の病院での経験を少しでもポジティブなものにしたとわかっているため、前に進めるし、仕事に対する思い入れがいっそう高まります。

まったく別の職業ですが、ライリーという女性もまた、よい例です。パーソナル・トレーナーをしているライリーの仕事は、クライアントのためにトレーニングの計画を立てて実行することです。しかしライリーは、自分の目的がそれ以上のところにあると思っています。クライアントがもっと自分自身を好きになり、もっと強く、もっと人生に自信が持てるようになるのを手助けすることが、彼女の最終的なゴールなのです。

自分には何もできないと言い訳するクライアントに対し、何ができるかを気付かせます。これが、彼女にとっては喜びなのです。とはいえ、仕事のすべての面が大好きというわけではありません。カメラの前に立ってワークアウト・ビデオを作り、オンラインに投稿してマーケティングしなければいけないのが嫌でたまりません。でも、サービスの宣伝や動画制作は、事業を続けるために必要です。そのため、気が乗らないこうした作業をする際には、このおかげでより多くの人にリーチできる——もっと強く、もっと自信を持つために、より多くの人を手助けできる、と思い出すようにしています。嫌なタスクでも、それだけの価値があるのです。

これまで見てきた通り、意義深さと幸せはつながっています。**あなたの仕事の目的——あなたが時間をつぎ込み、（嫌なものも含む）タスクに取り組む究極の理由——を知ることで、モチベーションとやる気、充足感、満足感が維持できる**ようになります。[105] 目的には、キャンディスやライリーのように自分以外の誰かが関わる必要はありません。人助けによって意義を感じられるというのは一般的ですが、目的となるきわめて価値あるものは、ほかにもたくさんあります。

例えば、プロの写真家として働くマットという男性は、何かを作り出すことがモチベーションになっています。ほかの仕事は「誰にでもできる。僕ならでは、というものがそこにはありません。でも僕が作った作品は僕だけのもので、僕だけがこの世に送り出したのです」と指摘します。若い黒人男性としてマットは、自分の作品のおかげで、社会での自分の居場所、社会に貢献するものができたと強く感じています。「何かが心に浮かんでも、僕には絵で表現することはできません。でも、それを見て写真に撮ることはできます。こうして、そこに命を吹き込めるのです」

キャリアを確立したマットは今、社会正義の追及も、仕事へのモチベーションになっています。仕事の目的をこう説明します。「きちんと語られていない、あるいはまったく語られていない人々の物語や人生の側面を映し出した画像を作ること。不当に扱われ、のけ者にされている人々の物語です」

マットが目指すところははっきりしています。彼の仕事を通じて、「より多くの人が、自分自身を芸術作品だと見られるようになります。より多くの人が、自分は美しく、価値があり、認められていると感じるようになるのです」。さらにほかの人からも、そう見られるようになります。マットの仕事の目的はあきらかに、写真（彼の場合、雑誌の特集記事や映画の販促素材でつかう有名人やモデルの写真）を撮ることで生活費を稼ぐという、写真家としての仕事を大きく超越しています。有色人種の有名人やプラスサイズのモデルの写真を撮ることで、公平性や包摂性という自分のビジョンを実現する充足感を、マットは見出しています。自分の作品を通じて、よりよい現実を作り出しているのです。

ということで、**自分にとっての仕事の目的を見極める際には、正式な仕事内容に捉われずに考え**

てみましょう。また、一般的にその職業に持たれているイメージに捉われてもいけません。

例として、金融業界で働く男性、アレックスのケースを見てみましょう。資産運用会社を所有しているアレックスの仕事内容は、超富裕層の個人客のお金を増やすべく、投資したり貯蓄のポートフォリオを扱ったりすることです。

しかし、何が彼を仕事に駆り立てているのかと尋ねると、お金ではなく、顧客の心の健やかさだとアレックスは言います。とりわけ、離婚訴訟中のクライアントにお金に関するアドバイスができる自分の専門性に、強い思い入れを抱いています。子どもを失うことの次に人生で最もつらいのは離婚だと、アレックスは考えているのです。そして自分の目的は、人生のつらい時期を過ごしている人たちをサポートし、大丈夫だと安心させることだと言います。

大学教授である私の仕事内容は、研究と講義の実施と、学校の管理業務を行うことです。ジョブ・クラフティングのエクササイズを行ったおかげで、教授という仕事に対する私なりの「なぜ」を考えるようになりました。目的として最初に浮かんだ答えは、知識の創造と拡散でした（同僚からヒントをもらいました）。そのため、委員会の一員を務めたり、マーケティング部門の責任者を務めたりといった管理業務は、主な仕事ではないと考えました。

ところが、自分の答えをもう少し考えてみたら、学術界で一般的なこの目的は、本当の意味で私のモチベーションにはなっていないと気付きました。そこで、もう一枚奥の層にある「なぜ」に対する答えを見つけるべく、さらに自問しました。なぜ私は、知識を作り出し、それを学生たちと共有したいのだろう？　もちろん、学生たちがさらに賢くなるよう手を貸したい、という思いはあります。でももっと正直なところ（そしてみなさんも気付いたかもしれませんが）、私が本当に気にかけているのは、彼らの幸せなのです。学生たちには、日々感じる幸福感や、人生への満足度に影響を及ぼすような決断を、うまく下せるようになってほしいのです。もっと具体的に言うと、私が（よい意味で）寝る間も惜しんで取り組む研究プロジェクトや、ワクワクしながら行う講義は、どうすればもっと幸せになるかという知識が関係しています。

自分が「なぜ」この仕事をしているかという自問をさらに深めていくと、三つ目の層で私の目的が見つかりました。私が究極的に目指しているのは、（1）研究、（2）講義、（3）管理業務ではなく、（1）幸せの知識の創造、（2）幸せの知識の拡散、（3）UCLAでの幸せの醸成だと悟ったのです。大げさな話をするつもりはありませんが、このエクササイズのおかげで私は、自分の使命を見つけることができました。このエクササイズは、心の底から大切だと思っている仕事に自分は従事しているのだと気付かせてくれ、そのおかげで、仕事にやりがいと楽しさをもっと感じられるようになりました。

また、目的を特定したおかげで、仕事の時間をどうつかうか――どのプロジェクトや委員会に参加し、どれを断るか――がわかり、役に立っています。例えば、博士課程にいる学生が研究のアイデアを持って私のところに来た場合、それが人の幸せに関する理解を深めるものだと思えれば、私はきっとそのプロジェクトの指導を引き受けるでしょう。

実際に、私の幸福学の講座にもう一つクラスを設けてほしいという要望があったときは、すぐに受け入れました。一方で、ＳＮＳをつかった効果的なキャンペーンに関する学生主催の会議に、パネリストとして登壇を依頼されたときは、迷うことなく断りました（私はマーケティング学の教授なので、妥当な依頼ではありました）。

自分にとっての全体的な目的が何かわかったことで得られたもう一つの利点は、特定のタスクの捉え方が変わったことです。**タスクが自分の使命にどう役立つかがわかったおかげで、それに取り組むモチベーションが上がり、その時間をもっと楽しめるようになりました。**例えば、私はメールの返信作業がどうしても好きになれません。ところが、共同研究者へのメールを「幸せの知識の創出」、学生へのメールを「幸せの知識の拡散」と捉え直すことで、こうしたメール書きが急に、満足度の高い価値ある作業に感じられるようになりました。

さあ、今度はみなさんの番です。あなたにとっての目的、やりがいは何ですか？　難しい質問ですよね。ぜひ深呼吸して、強いお酒か紅茶でもいれて、なぜ自分は今の仕事をしているのだろう、とブレインストーミングしてみましょう。ある程度納得のいく答えにたどり着いたら、もう一度、問いかけてみます。なぜそれが、あなたにとって重要なのですか？　そこで出た答えに対してさらに「なぜ」と問いかけ、より奥深い層へと掘り下げていくのもよいでしょう。

このエクササイズを行う際には、自分の目的として見つけたものは、究極的にはあなただけに大切なものだという点を覚えておいてください。こう考えると、解放感を得られるはずです。なぜなら、あなたにとっての成功の基準は、人が決めるものではないという意味だからです。あなたは、自分だけの物差しを手にすることになります。その物差しのおかげで、モチベーションが内側から湧き続けるうえ、自分を他人と常に比べて気にすることもなくなります。

自分にとっての目的――究極的に自分を駆り立てるもの、やりがい――が何かを知るために、「自分はなぜ、今の仕事をしているのだろうか?」と自問してみましょう。最初に浮かぶ答えはたいてい、お金を稼ぐためとか、あるいは、あなたの職業について辞書に載っているような説明になりがちです。でも正直言って、あなたはそのために毎朝布団から出て、今日もがんばろうと思うわけではないはずです。そのために仕事をしたいとワクワクするわけでも、翌日また仕事に向かいたいと思うわけでもないはずです。仕事がうまく進んだときに満たされた気持ちになるのも、それが理由ではないはずです。

ですので、最初に出てきた答えを受けとめたらさらに深く掘り下げ、もう一度「なぜ?」と自問してみましょう。その仕事がなぜ、あなたにとって大切なのでしょうか? 次に、奥深くにあるモチベーションをさらに深掘りしていくために、そこで出た答えの「なぜ」を自分に聞いてみましょう。五つの層の「なぜ」に答えるころには、あなたがなぜ今の仕事をしているかの核の部分にたどり着くでしょう。それが、あなたの目的です。

(1) なぜ?

（２）それが重要なのはなぜ？

（３）それは私にとってなぜ大切？

（４）それはなぜ？

（５）究極的に、私の「なぜ」は何？

友達を作ろう

ギャラップが行った世論調査[106]に、一見バカバカしく思える質問があります。「職場に親友はいますか？」まるで小学校3年生が聞きそうな内容ですが、実は巧みな質問です。そしてこの問いに対する答えから、その人が幸せか否かが驚くほどわかります。ギャラップの分析によると、アメリカで働く人のうち職場に親友がいると答えたのは、10人中わずか2人でした。ところが、**親友がいると答えた人が仕事に抱く熱意は、いないと答えた人の倍以上で、仕事の質や職場での幸福度も、いないと答えた人より高い**ことがわかりました。さらに前述の通り、職場での幸福度の高さは、人生全般の幸福度や満足度の高さにつながります。

前に取り上げた時間記録の調査もまた、この質問と関係があります。調査では、1日のうちに最も幸せでない時間は就業時間で、最も幸せなのは人との交流の時間となりがちだという結果でした。これが示唆しているのは、仕事の時間のなかに、人と真剣に関わる要素を取り入れれば、その時間はもっと楽しく、有意義になるだろうということです。そのため、こうしたデータに基づき、私からみなさんには、「職場で友達を作ろう」とアドバイスします。

とはいえ難しいのは、時間貧乏のせいで私たちは、仕事の日を駆け足で過ごしてしまう点です。職場ですべきことはたくさんあり、家でも山のような仕事が待っているため、同僚と親しい言葉を交わすことすらできないほど、たいてい気持ちが急いています。冷水器の前で同僚と冗談を言い合って数分でも無駄にするだなんて、その時間でやるべき仕事を一つでも片付けられるのに、と無責任にさえ思えてしまうのです。でも前にもお伝えした通り、時間の過ごし方に関して言えば、大切なのはやりがいであり、効率ではありません。

職場での友情に時間をかけるのは、それだけの価値があります。起きている間のこれだけ長い時間を職場で過ごすのですから、その間ずっと惨めに過ごす方が、よっぽど無駄でしょう。また、仕事の場では本当の自分を出してはいけない、という考えも捨てなくてはいけません。著書『ユーモアは最強の武器である』（東洋経済新報社）のなかでジェニファー・アーカーとナオミ・バグドナスは、職場でユーモアを発揮すると実のところ、多くを成し遂げられるうえ、人とのつながりが深まり、楽しくなると説明しています。[107]

家事専業の親にとっても同じです。もしあなたにとって「仕事をする日」が、子どもの学校のPTAで役員をしたり、地元の図書館や博物館でボランティアをしたり、遊び場で子どもたちを見守ったりすることなら、そうした場で友達を作りましょう。「就業時間」をどこで過ごすにせよ、そこでできた友達は、一緒に笑い、一緒に成功を喜び、困難に直面したときには（困難は必ずやって来ます）、状況分析をしたり励ましの言葉をかけたりしてくれるでしょう。

サンフランシスコのベイエリアにあるスタートアップ企業の創設者であるジェフは、人材の採用と維持を担当しており、職場での友情の重要性に気付きました。私の講座にゲスト講師として招いた際に話していたのは、お金のかかるあらゆる人事プログラムも、従業員が築き上げた友情に比べたら、ほぼ何の役にも立たなかったということです。同僚の結婚式に出席を求められたり、子どものゴッドペアレントになるよう頼まれたり――従業員の離職を防ぐのは、こういうことなのです。会うのが楽しみな人が職場にいることで、そこへ戻るモチベーションになります。そしてその人のおかげで、職場での時間がより楽しく、満たされたものになるのです。

通勤時間を楽しくする

仕事よりもさらに評価が低い「通勤」は、1日のなかで最も楽しくない活動として、常に突出しています。時間記録の調査結果を示したグラフを覚えていると思いますが、通勤はリストの最下位でした。[108] 通勤がここまで嫌われている理由は、典型的な時間の無駄づかいだからです。もちろん、目的地にたどり着くにはこの数十分間（数時間という人もいるでしょう）を費やす必要があるわけですが、ここでの時間そのものは空っぽです。でもその長さは、ばかにできません。

平均的なアメリカ人は、毎日の通勤で往復約1時間、車を運転しています。バスや電車、地下鉄など公共交通機関をつかっている人も、平均で同じくらいの時間をかけています。[109] 私たちは職場に向かう間ずっと、ただこの時間が過ぎ去り、1日を始められるようになるのをじっと待っています。そして帰宅時、また同じことを繰り返さなければならないのです。

理想的な世界なら、きっとあなたは通勤時間を最小限に抑えるでしょう。自宅の近くで仕事をするか、出勤が少なくてすむ仕事を選ぶはずです。あるいは、職場に近い家を選ぶこともできます。とはいえ、どこで働くか、どこに住むかといった人生の大きな決断をする機会は、そうそうあるわけではありません。

さらに、実際に決断するとなったら、考慮しなくてはならない要素は数えきれないほどあります。断るなんて考えられないほど理想通りの仕事に出会えたのに、通勤に時間がかかるかもしれません。また、職場まで歩いていける家は高いうえ、子どもたちにとってよい学校が近くにないかもしれません。あるいは、配偶者の職場は自分とは真逆の方向で、あなたか相手のどちらかが長い通勤時間を我慢せざるを得ないかもしれません。

新型コロナのパンデミックがもたらした数少ない利点の一つに、労働人口の70パーセントが突然、通勤に一切時間をかけなくてよくなったことがありました[110]。外出禁止令が出され、従業員は自宅で仕事をせざるを得なくなったのです（得なくなったというより許されたと感じた人もいたでしょう）。交通渋滞にイライラしたり地下鉄で座席目がけてほかの乗客を肘で押しのけたりすることなく、デスクまでのんびりと歩いても1分足らずで到着です。

通勤で無駄にしていた時間を取り戻し、より多くの仕事、運動、リラックスができ、その時間をもっと有効につかえるようになりました。これまで無駄にしていた時間をどれだけ自由につかえるようになったかに気付いた従業員が、外出禁止令が解かれて様々なものが通常通りに戻っても会社に戻って来たがらないのは、そんなに驚きではないはずです[111]。

とはいえ、通勤を忌み嫌っている人ばかりではありません。ジムがよい例です。彼はニュージャージー州で、奥さんと二人の子どもと一緒に暮らしています。住民同士の結び付きが強く、評判のよい学校もあることから、慎重に検討してこの地域を選びました。ところが、マンハッタンの大病院で理学療法士として働くジムの職場からは、まったく近くありません。通勤に片道2時間もかかります。電車に乗り、地下鉄に乗り換え、そこから約4キロ歩き、仕事が終わったらまた逆戻りします。

しかし驚いたことに、ジムはこの通勤を嫌うどころか、むしろ楽しんでいます。電車ではスパイ小説を読み、地下鉄では新聞を読み、駅を出たらコンビニでコーヒーを買って、職場までの道のりで味わいます。お店のウィンドウや木々に季節の移り変わりを感じ、犬を散歩させている顔なじみの人たちと会釈を交わします。そして、その日の仕事に向け、心の準備をしていきます。同じ道のりを帰る際は、大股で歩いて患者から受けたストレスを発散させ、電車ではスパイ小説の続きを読みます。玄関に到着するころには、リフレッシュして頭もすっきりしており、早く妻にキスをして子どもたちの宿題を見たいと思っています。

ジムの通勤と、多くの人が耐えがたいものとして経験する典型的な通勤との違いは何でしょうか？　ジムにとって、この時間は無駄ではありません。職場への行き帰りの時間は、貴重なのです。まず、読書ができます。自宅では、妻や子どもたちに全意識を向けているため、スパイ小説に夢中になることはありません。駅からの徒歩は、屋外で体を動かす機会になり、街の活気を観察する時間、考える時間にもなります。これは「自分時間」であり、日中にひとり占めできる唯一の時間なのです。そのため、目的地に到着するためだけに急ごうなどと思っていません（さもなければ、勤務先の最寄り駅まで地下鉄で行くでしょう）。

ここには重要なヒントがあります。ジムは、**自分にとって大切なものと通勤を結び付けている**のです。雑用を楽しくこなすためのバンドル戦略を、通勤に応用しているのです。

いつものように何も考えずにラジオ局を変えまくったりスマホをいじったりする代わりに、自宅から職場までの移動時間を、意図を持って過ごしてみましょう。通勤時間に抱き合わせられそうな価値ある活動として、例えばこんなアイデアがあります。

なお、車通勤の人は、ハンズフリー・ヘッドセットなどをつかってください。

- オーディオブックを聞く。好きな本を読む時間がもっと欲しい、という声をよく聞きます。通勤時間の30分間で毎日オーディオブックを聞けば、2週間に1冊新しい本が聞けることになります。このおかげで、ずっと入りたかった読書クラブに参加できるようになるかもしれません。読書クラブに間に合うように本を読むのは、結構大変です。でもこのバンドル戦略をつかえば、その大変さを克服して、友達ができる場所でもある読書クラブに参加できるかもしれません。
車に乗り込むのが楽しみになるよう、先が知りたくなるような推理小説、他者の経験を垣間見せてくれる小説、賢明なアドバイスをくれる本、歴史書、伝記、ビジネス書などを選びましょう。好きなものを選んでください。あなたの時間なのですから！
- ポッドキャストを聞く。刺激や情報を与えてくれるすばらしいポッドキャストは、たくさんあります。
- 外国語を学ぶ。私自身は、この方法で語学を学んだことはありませんが、非常に効果のあるオーディオ・プログラムがいくつかあるのは知っています。外国語を学べば、より多くの人とコミュニケーションしたりつながったりできるのみならず、いつか海外旅行をしたときに、おいしい食事を現地の言葉で注文できるようにもなります。
- 親、巣立った子ども、友達などと電話で近況報告。本書をここまで読んだあなたは、人とのつながりが幸せをもたらすと知っていますね。けれども、多忙なスケジュールのせいで、電話をかけておしゃべりするための30分を見つけるのは難しいものです。でも、通勤中ならそれが可能。通勤のスケジュールはかなり予測できるため、毎週決まった時間でのテレホン・デートとして予定を組み、物理的な距離をものともせず、お互いの日常の一部であり続けることができます。

公共交通機関での通勤では、ヘッドホンをつかう必要があるうえ大声では話せませんが、運転と違って好きなところに目線を向けられるため、バンドル戦略の選択肢がたくさんあります。

- 読書。オーディオブックとは違い、イラスト入りの本も楽しめます。
- 書き物。自作の小説、あるいは日記を書き始めましょう。
- メールのチェック。会社や自宅に到着したらメールに時間を費やさなくてもすむよう、この時間に受信トレイをきれいにしてしまいましょう。夫のロブは、フィラデルフィアからニューヨークにあるペン・ステーションまで電車で1時間かけて毎日通っていましたが、その時間が恋しいと言います。というのも、毎朝新聞を隅から隅まで読めたほか、帰りにはメールをすべて片付け、空っぽの受信トレイとすっきりした頭で帰宅できたからです。
- テレビの視聴。コンテンツがスマホにストリーミング配信されるようになった今、家族の誰も一緒に見たがらないテレビ番組を通勤時間に楽しめます。家族との摩擦が減るうえ、帰宅したら、テレビを見る以外のことを家族と一緒に楽しめます。

徒歩や自転車で職場に行けるラッキーな人の場合、通勤は自然と、屋外にいることや運動することから得られる幸福感と抱き合わせることになります。さらに活動を加えて、職場まで歩く間、オーディオブックやポッドキャストを聞いたり、大好きな誰かに電話して近況報告したりするのもよいかもしれません。もちろん、広々とした空の下にいるのを満喫する時間や、考えごとの時間とするのもよいでしょう。あなたもジムのように、通勤時間を大切に過ごすことができます。

幸せでない時間も幸せにする

退屈な仕事に屈してはいけません。仕事の時間がただ過ぎるのを待っていてもいけません。あなたの人生の貴重な時間であり、無駄になんてできません。これまで信じ込まされてきたこととは異なるかもしれませんが、家事、仕事、通勤をしながら過ごすその時間だって、間違いなくあなたのものなのです。そして、その時間をどう過ごすか、あなたには驚くほどの選択肢があります。

ほんの少しの意図を持って取り組むだけで、一見するとごみ箱に捨てるような時間を、喜びに変えることができるのです。いつもなら日常で最も幸せに感じられなかった時間を、もっとずっと有意義で、人とつながれる、楽しい時間に変えられる戦略を、今のあなたは手にしています。小さな変化ではありますが、その効果は絶大です。

第4章での学び

- [ ] 家事、仕事、通勤は概して、幸福感が最も低い活動とされているものの、驚くほどシンプルな方法で、この時間をもっと楽しく過ごせるようになる。

- [ ] お金をかけて家事を外注し、そこで生まれた時間をもっと充実したもの（つまり大切な人との時間）に再投資するとよい。

- [ ] 職場でのモチベーション、楽しさ、満足度を上げるには……

  - [ ] 目的を見つける——自分はなぜその仕事をするのか。

  - [ ] 友達を作る。

- [ ] 通勤時間を、楽しめる活動と抱き合わせる（車内でオーディオブックを聞く、電車で本を読むなど）。こうすることで、その時間が無駄ではなく楽しみとなる。

5

幸せな時間をもっと幸せにする

——喜びを常に更新する方法

この瞬間を幸せに過ごしなさい。あなたの人生なのだから。

ウマル・ハイヤーム（11～12世紀のイランの詩人）

あの電車での気付きから4年後となる2017年、私たちはカリフォルニア州に戻り、夢に描いた通りの日々を送っていました。UCLAのキャンパスの隣に家を買い、レオはユーカリの木陰にある保育園に通っていました。私の研究室から400メートル足らずと、毎朝歩いて送り迎えできる距離です。

ある朝、保育園に向かって歩いていました。いつものように、完璧な朝です。太陽が輝き、鳥がさえずり、4歳のレオは私の数歩後ろをスキップしながら、笑い声を上げてついてきます。ただし完璧なのは、私を除いて。その日最初の会議の時間が迫っていた私は、しかめ面で突進していたのです。数歩進んでは、後ろのレオに向かいこう叫びました。「お願いだから急いで」

でもレオは立ち止まってこう言います。「ママ、待って！」

待っている場合ではありません。「レオ、早くして。遅刻するから！」。頭のなかでその日のやることリストを何度も確認し、午後にレオを迎えに行くまでにすべてを片付けるなんてとてもできない、とパニックの感覚が湧き上がるのを感じていました。

「でもママ、見て！」

振り返ると、歩道の脇に咲いている白バラの茂みに顔を突っ込んでいます。

「レオ！」と歩きながら肩越しに叫び、こう続けました。「立ち止まってバラの香りを楽しんでいる余裕なんてないの！」

自分の口から飛び出たこの言葉を聞いて、思わず立ち止まってしまいました。時間と幸せの専門家として自分で自分が恐ろしくなり、心の底から恥ずかしいと思いました。保育園までの道のりを息子と楽しむ代わりに、私の意識は頭のなかだけにありました。この先を計画し、準備し、早く取りかかることばかりを考えていたのです。漂ってきた花の香りどころか、過ごしやすい季節になっていたことさえも気付いていませんでした。周りに注意を向けておらず、すべて見逃していたのです！

あなたにも身に覚えがありませんか？　残念なことに誰もが、毎日の生活のなかで完璧な瞬間を見逃しがちです。本章では、なぜそうなってしまうのかを学びます。そしてさらに重要なこととして、どうすれば目の前のすばらしい物事に気付けるようになるかを学びます。本章は、第３章のようにどんな活動に時間を費やすべきかをアドバイスするものではありません。また第４章のように、嫌いな活動を楽しく過ごすための方法をアドバイスするものでもありません。本章では、今すでに幸せに過ごしている時間を、さらによくする方法を取り上げます。

人は楽しいことにも慣れてしまう

新しい保育園にレオを送り迎えするようになった最初の数カ月は、私も花に気をとめていました。保育園までの道のりには、夫のロブと私が手に入れたいと思って一生懸命働いたすべてがありました。ようやくカリフォルニアに戻ってきて、二人とも心から楽しめる仕事に就いていました。朝、研究室に到着するころには、気分が上がっていました。そして何枚も重ね着した服を脱ぎ捨ててから体を温める必要もなくなりました。太陽の光に見立てたデスクのライトをつける必要もありません。代わりに、緑の丘を見渡せる研究室の窓を開け放ちます。その丘にはもうすぐサンダル履きの大学生たちがやってきて、自立式のハンモックを設置しだすでしょう。そこで私はもう一度、南カリフォルニアの乾いた空気をありがたく思いながら深く吸い込み、座って仕事に取りかかります。

それなのに、この同じ道のりをレオを連れて毎日何カ月も歩いていたら、慣れてしまいました。あまりにも慣れすぎ、気にとめなくなってしまったのです。そして気にとめないと、これだけすばらしい環境でも、常にポジティブになれなくなってしまいます。

研究者はこれを、「**快楽順応**」と呼んでいます。私たち人間には、**同じものに繰り返し触れると順応する**という強力な性質があります。何度も繰り返し同じものを見て、同じことをして、同じ人といると、そこから受ける情緒的なインパクトが下がってしまいます。簡単に言うと、私たちは物事にやがて慣れてしまうのです。

世の中はバラ色の朝ばかりではないと考えると、人間の順応力は非常に有益です。例えば、イライラするような掃除機の音に触れ続けていると、その音にそこまでイライラしなくなります。[112] 同様に、湖の冷たい水も、数分間バシャバシャしていればやがて慣れ、全身を浸せるようになります。

順応のおかげで、人はイライラや不快感、さらには困難あるいは痛みを伴う状況を耐えられるようになります。簡単に慣れることができないものについてはある程度の痛手とはなりますが、精神的に順応できる能力のおかげで、私たち人間は驚くほどしなやかな強さを発揮できるのです。研究では、囚人でも独房での孤独に耐える方法を学ぶことがわかっています。[113]

快楽順応は、嫌な経験の痛みを軽減するのに役立ちます。ところが、よい経験の喜びまで軽減してしまうのです。例えば、クリーミーで冷たいチョコレートに塩キャラメルが絶妙の配分で入ったアイスクリームを、最初に1口、スプーンで口に運ぶところを想像してみてください。どんな味ですか？　このうえないおいしさですよね！　でも、10口目くらいになるとただもくもくと食べ、口のなかのアイスクリームよりも次に行く場所の方が気になっているでしょう。楽しみは徐々に減り、20口目くらいには、もうどうでもよくなって、ちょっと胸やけまでしているかもしれません。なぜ最初の1口は常に一番おいしいかは、快楽順応で説明がつきます（そして「食事はデザートから始めるべき」という私の主張の裏付けにもなっています）。

これは食べ物だけに限りません。大好きな曲が流れてきたときのワクワク感を思い出してください。一緒に口ずさみ、曲が終わるともう一度聞きたいと思うでしょう。ところが何度も何度も繰り返すと、曲は背景に同化してしまうか、不快にさえ感じるようになるでしょう。

問題は、快楽順応が、アイスクリーム、お気に入りの曲、太陽の下での通勤といった、ささやかな喜びを弱めてしまうだけではない点です。深い喜びも、麻痺させてしまうのです。あなたのパートナーがはじめて「アイ・ラブ・ユー」と言ってくれたときのことを思い出してください。この瞬間をできるだけありありと思い浮かべ、どんなふうに感じたか思い出してみましょう。恐らく、頭が真っ白になって、心が弾むような幸せを感じたのではないでしょうか。

あまりにも嬉しくて、この時点では、この三つの言葉がやがてより効率のよい「ラブ・ユー」になり、電話を切るときの「じゃあね」や毎朝の「いってきます」の代わりにつかわれるようになるなんて、思いもしなかったはずです。愛を宣言するという、人生を左右するほどの大切な言葉でさえ、背景と化してしまうのです。

このように幸せが徐々に低下していく様子は、あり得ないほどの幸運を手にしたあとでも起きることが、研究であきらかになっています。例えば、多くの人が夢見る「宝くじの当選」もそうです。もちろん、様々な要素が関係している可能性はありますが、宝くじが当たった人たちと、人口統計学的に似た層に属する当たらなかった人たちとを比較した研究によると、当たった人たちはそこまで幸せになったわけではありませんでした。[114]

宝くじはそうそう当たるものではないので、それでは、昇給による影響はどうでしょうか？　研究チームはこの疑問に対する答えを出すべく、16年間にわたって何千人もの人たちを追跡し、所得水準と幸福感を測定しました。所得の変化に伴う幸せの変化から判断して、所得が著しく増えると、確かに最初は幸福度がかなり高まる、と研究者らは指摘しています。ところが4年以内には、幸福度は基準値に戻ってしまうのでした。[115]

これはお金についてですが、では、愛はどうでしょうか？　別の研究者らが同じく長期的なアプローチを取り、婚姻状態の変化に対する幸せの度合いを測定しました。データから、結婚式の日をピークとした山型が現れました。データによると、結婚式前の2年間は幸福感が上昇するものの、結婚後は着実に下降し、もともとの幸福度まで戻りました。2年以内で、「新婚ホヤホヤ」から「単に結婚しているだけ」へと変わったのです。[116]

こうした結果は受け入れがたいと感じるかもしれません。でもあなたのその反応そのものは、「インパクト・バイアス」〔訳注／ある出来事から自分がどれだけ幸せや不幸せを感じるかを、実際より過大に予測してしまうこと〕という心理現象として確認されています。[117]間違いなく幸せな出来事なのに、効果が長続きしないなんて納得できないものです。それは恐らく、多額の昇給があったり、最愛の人を見つけたりしたらどう感じるだろうかと、想像を膨らませているからです。でもその想像のなかであなたは、このたった一つの出来事が幸せにどう影響するかしか、考えていません。自分の日々の感情や人生の評価を左右することになるであろう、ほかの要素を考慮に入れていないのです。

例えば、残りの人生をこの人とずっと一緒に過ごしたいと心から思えるほどすばらしい人と、運よく出会ったとします。毎日この人の隣で目覚めるのだと思うと、嬉しくてたまりません。ところがやがて、その「毎日」が本当の「毎日」、つまり日常になります。結婚して何年も経ち、相変わらずその人の隣で目覚めてはいるものの、目を開いてから抱く気分には、ほかの様々な要素が影響してきます。恐らく、急いでベッドを出て、仕事へ行く身支度をしたり、子どもを学校に行かせる準備をしたりしなくてはならないでしょう。さらに、交通渋滞、天気、上司からのフィードバック、近々予定されている息子の保護者会、同僚とした気まずい話し合い……こうしたあれこれが、あなたが抱く充足感に影響します。

誰かの隣で何年も目覚め続けると、あまりにも快適すぎてそれが当たり前になるだけでなく、信じられないほどの幸運と喜びの源であることすら、気付けなくなってしまうのです。

残された時間を意識する

でももしそこで、最愛の人が一生そばにいてくれるわけではない、と気付いたらどうでしょうか？　あるいはそこまで大げさな話じゃなくても、生活環境の変化で、一緒にいられる時間が減ってしまったらどうでしょうか？　それに究極的には、一緒にいる時間はいつかは終わります。でもそれより先に、今は二人で楽しくやっている何かを、そこまで頻繁にしなくなるでしょう。あるいは、一緒にやれるにしても、状況が変わって今ほど最高なひとときでなくなるかもしれません。確かに配偶者の隣で目覚め続けはするものの、お互いのスケジュールが合わずに、同じ時間には起きられなくなるかもしれません。あるいは、配偶者におはようと言うチャンスもないまま、お腹を空かせた小さな子どもに無理やりベッドから引きずり出されるかもしれません。あるいはもしかしたら、いびきをかく配偶者はソファで寝ることになり、「同じベッドで目覚める」という結婚生活で最も当たり前の喜びは、安眠と引き換えに手放すことになるかもしれません。

私はもう、レオを歩いて送り迎えしていません。レオは保育園を卒業し、8キロ先にある小学校に通っています。近所の人たちと順番で車を出し合って登校させていますが、私の番のとき、レオは車内でかける曲を何にするか、クラスメイトと交渉するのに大忙しです。レオと一緒に保育園に歩いていける朝がどれだけ残り少ないかに気付いてさえいれば、もっと注意を向けていたのに。道ばたの花に、常に気をとめていたのに。

時間には限りがあることに、私たちはいったいいつ気付くのでしょうか？　人生のささやかな喜びを存分に味わいたい、と思わせるのは、何なのでしょうか？

年齢を重ねることで意識する

私がフィラデルフィアに住んでいたころ、月曜日のある日、研究室に向かっていたところで、博士課程の教え子であるアミットとばったり会いました。彼は丁寧な口調で、週末は楽しんだかと聞いてきます。私は元気いっぱいに、「楽しかった！」と答えました。

アミットは驚き、「何したんですか？」と聞いてきます。

そこで私は口ごもってしまいました。実は大したことをしておらず、しかもこれほど興奮気味に話すほどのことは、一切していなかったのです。ロブと当時2歳だったレオと一緒に近所をそぞろ歩きしたこと、新しく見つけたお店にブランチをしに行き、そこがカクテルのブラッディ・メアリーをおいていたこと、映画を見たことなど、何をしたかを説明しました。話しながら、かなりありふれた週末だと気付きましたが、それでも「とにかく楽しかった」と言い張りました。

そしてアミットの週末はどうだったか尋ねると、大学時代の仲間と会うために電車でニューヨークへ行き、思い切り夜遊びしたと返ってきました。その年に一番の話題になっていたコンサートのチケットを手に入れていたのです。「前評判通りでした」と答えるアミットの表情は、キラキラしていました。客観的に見て、彼の週末の方が私のよりずっとエキサイティングだったのはあきらかです。それでも、大好きな二人と過ごした週末で心が完全に満たされていた私は、アミットと私、実際どちらの方が幸せなのだろうかと考えました。

それぞれの研究室に到着するまでにアミットと私は、実証可能かつ興味深いこの疑問を、一緒に探ることにしました。[118] コト消費〔訳注／モノを買うためではなく、何かを経験するためにお金をつかうこと〕や快楽論について書かれた既存の学術論文では、決着がつかないと気付いたのです。

ポップカルチャーを調べてみると、様々な答えが見つかりました。映画『いまを生きる』では、ロビン・ウィリアムズ演じる人物が、きわめて重要なシーンで教え子たちにこんなせりふを言います。「カルペ・ディエム！　君たち、今を生きなさい。人生を特別なものにするんだ」。アミットの週末が1ポイント獲得です。

では、『最高の人生の見つけ方』ではどうでしょうか？　この映画でモーガン・フリーマンとジャック・ニコルソンが演じる人物は、自分が不治の病であることを知り、山に登ったり、飛行機から飛び降りたりといったものすごい冒険を始めます。ところが最終的には（ネタバレ注意）、最高の幸せは自宅の裏庭や台所のテーブルで、親しい友達や家族とともに静かに過ごす時間であることに、二人は気付くのでした。私が1ポイント獲得です。

では、どちらなのでしょうか？　日常生活の外へと駆り立てるワクワクした特別な経験なのか、それとも、日常のなかにある、普通のちょっとした愛おしい瞬間なのか？　「特別」と「普通」、どちらが幸せにより大きく貢献するのでしょうか？

実験をもってこの疑問に答えるため、アミットと私は、数百人という人たちに質問し始めました。

実験参加者は、あらゆる性別、年齢層、所得水準、人種の人たちです。最近の幸せな経験について尋ね、参加者の半数には特別な経験について、もう半数の人たちには普通の経験について、話してくれるようお願いしました。

参加者が思い出した経験には、「ベリーズのグレート・ブルー・ホールでダイビングしました」「フラペチーノがおいしかった！　ジメジメした暑い日に冷たいドリンク、最高でした」「結婚しました！」「ソファに座っていたら愛犬が乗ってきたので抱っこした」「自宅の裏庭での日向ぼっこ」「仲良しの友達からテキスト・メッセージを受け取った」などがありました。それぞれどちらが特別な経験か普通の経験か、みなさん想像がつくと思います。

研究のテーマを探しているうちに、人が話してくれた幸せな経験には、はっきりと違いがあることに私たちは気付きました。

特別な経験は、次の三つのカテゴリーのどれかに当てはまる傾向にあったのです。

（1）人生の節目――卒業、就職、結婚、出産、孫ができる

（2）一生に一度しかなさそうなバカンス――マチュピチュ山登山、パリへの旅行、ベリーズのグレート・ブルー・ホールでのダイビング

（3）文化的なイベント――コンサート鑑賞、プロスポーツ観戦、世界的な有名店での食事

普通の経験は、別のカテゴリーに当てはまりました。

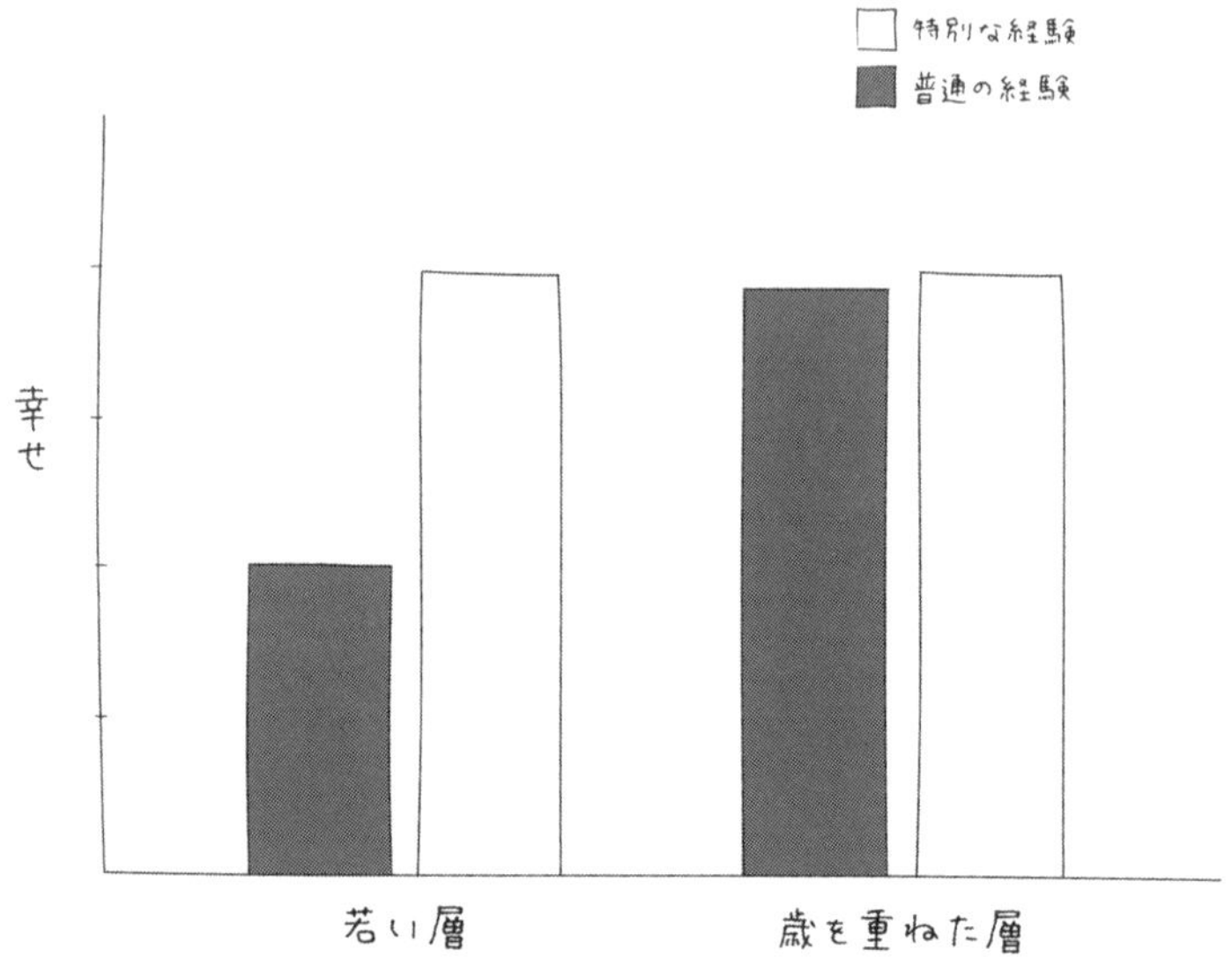

（1）愛する人（ペットを含む）と一緒に過ごす何気ないひととき――友達からテキスト・メッセージが届く、配偶者からのおはようのキス、息子との散歩、愛犬とくつろぐ

（2）ご褒美――良質なワイン、おいしいサンドイッチ、温かいシャワー、寝転びながらの読書、暑い日の冷たいフラペチーノ

（3）自然――夕焼け、美しい眺め、満開のバラ

特別な経験と普通の経験と、どちらがよかったか？　この答えを出すために、参加者には経験談に加えて、その経験でどれだけ幸せを感じたかを9点満点で評価してもらいました。

答えは、年齢で異なりました。**若い人たちは、特別な経験の方が普通の経験よりも幸せだと感じました。**一方で**歳を重ねた人たちは、普通の経験にも特別な経験と同じくらいの幸せを感じた**のです。つまり、歳を重ねた層では、特別な経験も普通の経験も、味わう幸せの大きさには統計学的に大きな違いはなかったのです。

「若い層」と「歳を重ねた層」の違いは何だろうと思っている人のためにお伝えすると、このグラフに関しては、35歳以下かそれ以上かです。とはいえ、35歳で区切ることに何か大きな意味があるわけではありません。単に参加者の年齢の中央値だったため、そこでデータを分割しました。

実際に、普通の経験から得られる幸せは、年齢とともに徐々に増えていきます。人は歳を重ねていくと、地上で残された自分の時間には限りがあると自然と気付くようになります。自分の時間は貴重であると気付き、最も何気ない瞬間でさえも大切に味わうようになります。私はアミットよりそこまで年上というわけではないにせよ、この調査結果は、私が人生の次のフェーズに向かっているることを示唆していました。そしてだからこそ、アミットと私にとって、幸せな週末の性質は異なったのでした。

危機に見舞われることで意識する

年齢は、人生にどれだけ時間が残っているかを示す一つの指標にすぎません。人の命の終わりを目撃すると、年齢よりもっと胸が痛む形で命の有限性を思い知らされます。死を目の当たりにすると、自分に残された時間は恐ろしいほど短いかもしれないと気付かされます。

２００１年9月11日、複数のテロリストがわずか数時間で、３０００人近い命を奪いました。ほとんどの人はニューヨーク市で犠牲になりましたが、全米そして世界中の人たちが、死という現実を突き付けられました。そして愛する人を引き寄せ、きつく抱き締めました。研究者らは、「**自分がいる環境に、命の有限性を感じさせる何かがあると、人は親密で意義深い人間関係を求める**」[119]と述べています。

また、新型コロナのパンデミックによっても、これまでより多くの人が、人との何気ないひとときを大切に味わうようになりました。当時は、テレビやラジオ、新聞が常に最新の死者数を報じており、多くの人は死が不気味に迫っているように感じたものです。愛する人を亡くした人も少なくありません。ウイルスの拡散を抑えるべく自宅隔離を余儀なくされ、「イマココ」に注意を向ける以外にできることはありませんでした。

当時小学校1年生だったレオは、学校に行けず家に閉じこもりっきりでした。屋外に出る口実として、私たちはUCLAキャンパス内での毎日の散歩を復活させました。でもこのときの私は、急いで仕事に向かう必要はありません。人生ははかなく、時間は究極的には有限だと気付いたことで、これまで以上に「今」に意識を向けました。レオにも意識を向けました。私たちは一緒に、バラの茂みの美しさをゆっくりと堪能しました。

コロナ禍という紛れもなく不幸な時期に、意外な幸せを見つけたのは、私だけではありません。否定できないほど状況が悪化した人もいた一方で、物事のスピードを落とせたという人もいます。ある友達は、家族みんなで始めた毎晩のルーティンを教えてくれました。家族でゆったりディナーをするようになり、テーブルのセッティングは7歳の息子ジェームズが担当するようになりました。ディナーのあとは家族でトランプ遊びをします。

「ジェームズはいつもクリエイティブなセッティングをするんですよ。毎晩テーマを決めて、それに沿って飾りつけます。昨晩のテーマはクリスマスでした。クリスマス用のキャンドル、赤いナプキン、特別なお皿を並べました」。友達は振り返ってこう言います。「それまでは、毎日やることはたくさんあったけど、だからといって充実していたわけではありませんでした。この時間のおかげで、家族の距離が縮みました」

ライフステージを迎えることで意識する

当然ながら、時間の有限性に気付くために、危機が必要なわけではないし、高齢である必要もありません。**一つのライフステージの終わりもまた、時間を最大限に活用しなくては、と思わせます。**

これは、引っ越しを控えているときに起こることもあります。遠くへ引っ越した経験がある人なら、引っ越しの前、親しい友達や近所の人たちと、以前よりも一緒に過ごしている自分に気付いたことがあるのではないでしょうか。また、お気に入りの場所やなじみのレストランにも足を運んだはずです。お別れは、今味わえる喜びをもっと楽しんでおこうという気にさせます。

大学４年生を対象にした実験でも、この点が観察されました。卒業式を６週間後に控えた学生に対し、残り時間が少ないか（「卒業式はもうすぐ」）、まだたくさんあるか（「卒業式はまだ先」）のいずれかを指摘したうえで、大学での経験を書くよう指示しました。同じ学生に２週間後、どれだけ幸せか報告してもらいました。大学生活の残りは限られていると感じさせられた学生の方が、幸せを強く感じていました。その理由は、限られた時間をより有効に活用したからです。彼らは、親しい友達と一緒に過ごしたり、キャンパス内で大好きな場所を訪れたりなど、お気に入りの人や場所を満喫していました。[120]

この結果からわかるのは、**人には、できるだけ幸せな終わり方をしたいという、揺るぎないモチベーションがある**ということです。別の実験で、様々な種類のチョコレートを順番に食べるタスクを行った際、実験参加者は、（「次の」チョコです、ではなく）「最後の」チョコですと言われて渡された、5番目に食べたチョコレートが一番おいしいと報告したのも説明がつきます。[121]

数えてみる

日常生活で味わうひとときには実は限りがある、と常に忘れないためには、どうしたらよいでしょうか？　年齢や人生のどのステージにいるかによらず、人生の喜びや楽しみに慣れてしまわないようにするには、どうすればよいでしょうか？　著名ブロガーのティム・アーバンからヒントを得たエクササイズで、人生のすばらしさに気付き、それを味わい続けるためのきっかけをくれるものがあります。[122]私は毎年、教え子たちにこのエクササイズをやってもらっています。大好きな経験をあとどのくらい楽しめるのか、残りの割合を計算してもらうのです。

講義ではまず、私たちの人生が実際、どれほど測定可能で有限かを強調しています。そこで、円形が横に10個並んだ行が9つあるページを学生たちに見せます。学生たちの90年の人生を、視覚的

月単位で見た90年の人生

に表したものです（運よく、アメリカの平均寿命を上回ると仮定）〔訳注／２０２１年は７６・４歳〕。その後、人生を月の数で示したページを見せ（小さな円形１０８０個）、次に週のページ（さらに小さな円形４６８０個）、最後に日のページ（３万２８５０個の点）を見せます。

この最後のページにはたくさんの点がありますが、この点のすべて——どの火曜日であれ、金曜日、あるいは日曜日であれ——が、たった１枚のページに楽に収まってしまいます。いかに、私たちの日々には限りがあるかということです。与えられた時間は、数えられる程度なのです。

とはいえ、私たちの時間が持つ本当の価値は、時間単位（つまり日、週、月）で捉えることはなかなかできません。時間の価値は、その日、週、月を何で満たすか——３万２８５０日という日々のなかで経験する出来事——によって決まるのです。冬季オリンピックなら22回（戦争やパンデミックでキャンセルされないという前提）、夏の夕暮れは8212回、春は90回、日曜日のディナーは4680回、平日の朝は2万3400回あります。

しかし90年間のうち、例えば、若いときにはまだ準備ができていないとか（例：セックス）、後年ではその気がなくなるとか（例：セックス）などが理由で、さらに限定的な時期にしか起きないものもたくさんあります。もっと重要なのは、最も幸せな出来事には他者が関係する傾向にあることから、その相手がそのイベントを一緒に経験してくれる時期を考慮する必要があります。週1回（両親との日曜日夜のディナー）または平日毎日（レオを保育園に毎日歩いて連れて行く）のイベントは、起きる回数が限られています。

私は、レオを何度も保育園に連れて行きました。その時期は毎日のことだったので、当時の私は、日常的な活動だと思っていました。その結果、永遠に毎日続けるかのように順応してしまい、大切に扱いませんでした。レオをなんとかして急がせようとしていたあの朝、保育園へ通う日数のすでに8割を終えていたなんて、気付いていなかったのです。バラの茂みを通りすぎてキャンパスを一緒に歩くひとときは、わずか2割しか残っていませんでした。

人生のよい面にずっと目を向けていられるよう、学生たちにはまず、自分が大好きな活動は何かを考えてもらいます。ほとんどの人は、自分にとって大切な誰かと一緒にする活動を挙げます。ある学生は土曜日の朝にする犬の散歩を選び、別の学生は友達とのスポーツ観戦を、また別の学生は両親とのディナーを選びました。

その後、人生でそれをこれまで何回したか、だいたいの回数を計算してもらいます。

次に、その活動を将来的にあと何回しそうか――つまり、あと何回残っているか、だいたいの数を出してもらいます。考えると少しゾッとするとは思います。私たちの文化は、限りがあるという人生の本質を直視したがらない傾向にありますから。それでも、この作業をすれば喜びと満足度がきっと高まるので、どうか我慢してください。

将来的に残っている数を算出する際には、制約される要素や変わる可能性のある要素を忘れずに考慮に入れるよう、教え子たちに伝えています。例えば、その人と現在、同じ場所に住んでいるか？　今後も住み続ける可能性はあるか？　その人の家族や仕事の状況が変わったら、今後も一緒にその活動ができるか否かに影響するか？　自分の家族や仕事の状況が変わったら、その活動をできるか否かに影響するか？　相手の寿命はあとどのくらいか？　自分自身の寿命は？　などです。

ここではじき出される数字は、常に衝撃的です。例えば、土曜日の犬の散歩を算出した教え子は、5歳の犬をこれまで約２３０回散歩させた計算になりました（生後６カ月の子犬だったときに引き取り、出張で散歩できなかった週末が数回あったことも考慮）。愛犬があと5年生きると仮定し（その間、さらに何度か出張があると仮定し）、土曜日の散歩はあと52パーセント残っているという計算になりました。あと半分しか残っていないと気付き、彼は残りの時間を最大限に楽しむことを、自分（と愛犬）に誓いました。次の土曜日、近所をサクッと一周させて終わりにする代わりに、車に荷物をつめ込んで、自分と愛犬が大好きな海へと向かいました。

教え子は、愛犬と一緒に過ごせる残り時間が悲しいくらいに短いと思いましたが、一緒に過ごせる土曜日は、思っていた以上に少なかったことが、のちに判明しました。彼は半年後、私の別の講座を取ったのですが、彼のグループが最後のプレゼンを行う日、遅刻してきました。まじめな学生だったので意外でしたが、動物病院で愛犬を安楽死させたあとに授業に駆けつけたと、あとで説明してくれました。愛犬との時間を最初に計算したときには、まさか愛犬が進行の速いがんにかかるとは思ってもいませんでした。悲しかったものの、このエクササイズができたこと——散歩を満喫し、海に一緒に行くきっかけを作ってくれたこと——に、教え子は感謝していました。

また別に、親友とソファでスポーツ観戦する時間を計算した教え子は、この時点ですでに4700時間もテレビの前で過ごしていたと知り、恥ずかしくなると同時に、ショック（と若干の誇り）を感じました。この時間には、中学時代と高校時代、放課後や週末を一緒に過ごしたときや、大学進学後、ひいきのチームを一緒に応援できなくなった時間を埋め合わせるために、お互いの家を行き来したときが含まれます。大学卒業後は二人とも違う都市に引っ越し、仕事で帰省の時間もままならないなか、年に2回ほど、引っ越した都市へお互い訪ね合うようになりました。

ところが現在は、この教え子には真剣にお付き合いしている彼女がおり、親友は結婚して2歳の子どもがいるため、予定を合わせるのはことさら難しくなりました。さらに、なんとか調整して週末に会ったところで、スポーツ観戦しながら無駄話をする時間をそこまで取れません。親友と一緒に過ごせる時間が残り5パーセントしかないと気付いて悲しくなった教え子は、そのあとの休憩時間に親友に電話をかけ、翌月、一緒に旅行に行く約束を取り付けました。

両親とのディナーの時間を計算した学生も、この休憩時間に、親に電話をかけていました。彼女は大学進学前、（友達の家にお泊まりしたときや、夏季留学中を除き）毎晩のように両親と一緒にディナーを食べていました。大学進学後、一緒にディナーができる回数が劇的に減ったのに気付いていました。クリスマスや夏休み中の数週間は帰省し、両親も年に数回は週末に訪ねて来てくれました。

最小限でしか会えないこのような状態は、大学卒業後、ニューヨークで働いていた6年間でも同じでした。家族のそばにいたかったため、大学院への進学をきっかけに、彼女は南カリフォルニアに戻ってきました。現在は両親の家から1時間のところに住んでいるので、毎週日曜日に一緒にディナーを食べることにしています。

両親が60代であることを考えると、ディナーを一緒に食べられる週末は、あと20年ほどしかないと、教え子は気付きました。計算したところ、ディナーが一緒にできるのは残り１パーセントもありません。大学院の課題や友達とのイベントで日曜日のディナーを何度かキャンセルしてしまい、罪悪感を抱いていると、彼女は打ち明けてくれました。また、両親が年老いてきたことに気付き、それも悲しく思いました。

とはいえ、この計算から得られるポジティブな効果は、ネガティブな効果を大きく上回ります。この教え子は今後、学校の勉強がどれだけ忙しくても、そして友達からの誘いがどれだけ魅力的に思えても、日曜日のディナーを死守すると決めました。

後日、その後どうしているかと聞いたところ、単に時間を一緒に過ごすだけでなく、その時間をもっと楽しむようになった、と教えてくれました。そしてこの計算のおかげで、ディナーの際には、自分が生まれる前の両親の人生について聞いたり、アドバイスを求めたり、楽しくて面白かった共通の思い出を振り返ったりなど、もっと有意義な会話をするようになりました。また、以前ならイライラしてしまった母親の言葉も、聞き流せるようになったと言います。「些細なことを気にして貴重な時間を無駄にするなんて、意味がありませんから」

残り時間算出エクササイズ

快楽順応や、人生のよい面に気付かなくなってしまう人間の傾向から受ける影響を緩和するために、とりわけ幸せな活動があとどのくらい残っているか、数えてみましょう。

(1) 心の底から楽しいと思える活動は何か、考えてみます。特定の人と一緒にする何かでも、先延ばしにしている何かでもよいですが、あなたにとって大切なものを選んでください（例：親友への電話、趣味としての読書、両親とのディナーなど）。

ここでは、両親とのディナーの残り回数を計算する、29歳の大学院生の例を取り上げます。

(2) これまでにその活動を何回したか計算してみます。

大学生になるまで一緒にディナーをした回数は……

18年間×365日＝6570回
ただし、海外留学中の2カ月（60回）と、友達の家でのお泊まり会（20回）は、ディナーの回数から除きます。
ということで、大学入学前は6490回、一緒にディナーを取りました。

大学在学中の両親とのディナーは……
年末年始休みの帰省3週間を4年分（4×21＝84回）、プラス
夏休み中の帰省3週間を4年分（4×21＝84回）、プラス
両親が訪ねて来る週末3回を4年分（4×9＝36回）
ということで、在学中のディナーは204回。

ニューヨーク在住時の両親とのディナーは……
年末年始休みの帰省1週間を6年分（6×7＝42回）、プラス
夏休みの帰省1週間を6年分（6×7＝42回）。
ということで、大学卒業後のニューヨーク在住時のディナーは84回。

カリフォルニアに戻ってからの両親とのディナーは……
毎週日曜日のディナーを1年分（52回）、マイナス

ほかに予定が入ってしまいキャンセルした回数（6回）。

ということで、この1年でのディナーは46回。

合計で、これまで6824回（6490＋204＋84＋46）のディナーを両親と一緒に取りました。

（3）この活動が、将来的にあと何回残っているかを計算してみましょう。あなた自身が楽しいと思う形で、かつ、もし一緒にしたいと思っている相手がいる場合はその人と一緒にできる回数を数えます。将来的な数字を予測する際は、制約される要素や変わる可能性のある要素も考慮に入れます。つまり例えば、特定の人が関わる活動の場合、その人が今も、そして将来的にも近くに住んでいるか否かを考えましょう。また、相手の家族や仕事の変化、あるいはあなた自身の家族や仕事の変化が、この活動に対する関心や、実際にできるか否かに、どう影響するでしょうか？　相手やあなた自身の寿命はどのくらいでしょうか？

65歳の両親の場合、90歳まで生きるとしたら毎週のディナーはあと25年残っており（25×52）、1300回となります。

とはいえ、念のためアメリカ人の平均寿命（男性76歳、女性81歳）をつかった方がよいかもしれません。その場合、両親との毎週のディナーは残り11年となり（11×52）、一度もキャンセルしなかったと仮定すると、一緒にディナーができるのはあと572回となります。

（4）この活動ができる残りの回数は、全体の何割か計算しましょう。残りの回数は、思っていたより少なかったですか？

両親とできるディナーの合計回数（6824＋572＝7396回）のうち、あと約8パーセントしか残っていません。

572÷7396×100

当たり前のように感じる活動が、永遠に続くわけではないと気付くと、もっと意識を向けるようになります。計算をしたおかげで、この時間を優先して確保しよう、このひとときを思い切り楽しもう——味わい、大切にしよう、と思うようになります。

残った時間は突きつめていくととても少ない、と気付くと、今よりもっと幸せに過ごせるようになります。自分の時間がここまで限られているとわかると、うろたえてしまうかもしれません。でも、これまで以上に意識を向けるようになり、ちょっとした喜びにも気付けるようになります。英語でよく耳にする格言に、「これもまた過ぎ去る」という表現があります〔訳注／何かがあっても、それはやがて過去になるという意味〕。この言葉は、つらいときに心の支えになるのみならず、過ぎ去っていくよいことについても、見逃さないように立ち止まることを思い出させてくれます。

習慣を「儀式」にする

快楽順応の影響を緩和する、別の方法もあります。**ありふれたことにもっと意識を向けるのではなく、ありふれたことを特別な何かに変える**のです。

レオの妹リタがUCLAのキャンパス内にある保育園に通い始めるころには、一緒に通う日々が永遠には続かない、と私は自覚するようになっていました。そこで、保育園通いが続く限りは、この時間を最大限に楽しまなければいけないと考えました。この気付きから、リタと一緒に「木曜朝のコーヒー・デート」を習慣とすることにしました。鍵カッコに入れた理由は、このイベントはそこまで重要であり、そこまで大切だからです。「木曜朝のコーヒー・デート」は、リタも私も非常に楽しみにしている、一大イベントなのです。リタの兄と父親も尊重してくれるし、少し羨ましがってもいます。私もここに予定を入れないよう、死守しています。思い出作りとして、（私の携帯で）たくさん写真を撮っています。しかも、リタの先生や友達、そして私の教え子も、みんなが知っています。特別な行事なのです。

毎週木曜日の朝、レオの学校の相乗り登校に車を出して、お兄ちゃんたちが駆け降りて学校に向かったあと、リタと私のデートが始まります。「ヘイ、シリ、○○をかけて」と、まずは音楽をかけてスタートです。私が歌うボブ・マーリーの「3羽の小鳥」は聞くに堪えませんが、リタが歌うシンディ・ローパーの「ガールズ・ジャスト・ワナ・ハヴ・ファン」やホイットニー・ヒューストンの「ハイヤー・ラブ」は圧巻です。

地元のカフェ「プロフェタ」に到着すると、バリスタが笑顔で迎えてくれます（この笑顔自体がご褒美で、やっと手に入れた感があります）。カフェの雰囲気をぶち壊してしまう私たちを、お店の人たちは温かく迎えてくれるようになり、私たちの毎週の儀式を尊重してくれるようにもなりました。カウンター前に長蛇の列ができているにもかかわらず、リタが注文する際にもじもじしながらやっと勇気をふり絞り、「小さいマグカップのホットチョコレート、あとプレーンのクロワッサンを一つください」と伝えるのを、店員は辛抱強く待ってくれます。また、私がノンファットのフラットホワイトが好きなのも覚えてくれました。

温かいドリンクを飲み、クロワッサンをテーブルにボロボロこぼしながら、リタと私は一緒に朝を満喫します。二人だけで過ごす、宝物のように大切な時間です。

単なるカフェイン休憩のルーティンになったかもしれない習慣を、私たちはまるで儀式化された伝統行事のように、大切な時間に変えました。名前をつけ、明示的・黙示的な行動規範を作り、写真を撮りました。そのおかげで、話題にもできるし、何をするか予測もつくし、思い出として振り返るための記録も作れます。二人で、特別な行事にしたのです。習慣の場合、何も考えずにその日をただやり過ごしたいときに役立ちますが、伝統は、過ぎゆく時間に大きな意味を与えてくれ、時を超えてお互いをつなげてくれ、帰属意識を感じさせてくれます。

快楽順応を緩和するには、**イベントに名前をつけましょう**。単にパートナー（または友達）と一緒にディナーの予定を組むだけでなく、そのお出かけを「デート」と呼ぶ。それだけで、単なるお出かけ以上の意味を持たせられます。7歳のジェームズが家族のディナー・テーブルを準備する際に、その晩のテーマに合った特別なお皿を用意したり、いつもと違う台所用品をつかったりしたように、そのイベントをどんな構成にするか、しっかり考えてみましょう。

ある実験では、参加者は（いつものように指ではなく）お箸をつかってポップコーンを食べるよう指示されたところ、ポップコーンをおいしく感じたうえ、食べた時間そのものも楽しく感じました。[123]特別なイベントにするために、何かステキなことをする必要はありません。もちろん、自宅でのディナー・デートを盛り上げるために、結婚式のお祝いにもらったクリスタルやシルバーの食器をつかうのもよいでしょう。でも単に、裏庭で採ってきた草花を瓶に入れて、テーブルの中央に飾るのもステキです。もしくは、軒先にテーブルをセッティングしてみるのもよいでしょう。こうすることで、子どもたち（もしくはあなた自身）に、今週のディナー・デートで「お出かけ」すると胸を張って言えます（コロナで外出禁止令が出ていたときに便利でした）。

相手と一緒にいつもやっている楽しい習慣を、もっと意識的に行う「儀式」にしましょう。それを相手との「伝統」と位置付けるのです。午後に同僚と行くコーヒーの買い出しや、ルームメイトとのムービー・ナイト、パートナーとの外食など、何にでも当てはめられます。私の知り合いのカップルは、一緒に外食する際は必ず、1ショットのテキーラから始めます。この伝統に私も一度参加しましたが、テキーラ・ショットのおかげで間違いなく、その夜はお祝いムードたっぷりでした！一緒に行う儀式には、価値があります。研究では、恋愛関係において、例えば明示的な儀式を一緒に行うことで、関係への満足度が高まり、相手にもっと誠実に向き合うようになることがあきらかになっています。[124]

しっかりと確立された伝統を持つことによる恩恵は、日常の出来事だけにとどまりません。伝統は、お互いや過去・未来をつなぐため、誰かを亡くしたときの葬儀は耐えられるものとなり[125]、結婚式はより意義深いものとなり、毎年の年末年始休暇は豊かになります。ある研究によると、家族の伝統として年末年始休暇の過ごし方が決まっていると、その家族は年末年始に集まる可能性が高くなります。しかも、ただ一緒に年末年始を過ごすだけでなく、より楽しむ傾向にもあるのです[126]。

ということで、あなたも家族の伝統を宣言しましょう。もしまだ伝統がないのなら、作りましょう。私の家族は、クリスマス・イブにみんなで揃ってチーズフォンデュを食べますが、「これが我が家のしきたりだから」という理由と、溶けたチーズをパンに絡めるととってもおいしい、以外の理由なんてありません。

これはすべて、大切に扱うことで、こうしたひとときを気付かざるを得ない
ものにするのが狙いです。この時間を神聖なものとして特別に扱い、有意義なものにするのです。

たまにはお休みしてみる

このような大切にしたい儀式が、もとの単なる習慣に戻らないようにするには、どうしたらよいでしょうか？

先ほどのアイスクリームの例に戻りましょう。8口目のあとに休憩すれば——スプーンを食洗器に入れ、アイスクリームのカップを冷凍庫に戻します——次の1口（9口目）は恐らく、最初の1口目と同じくらいにおいしく感じるでしょう。研究では実際に、マッサージを受けたあとやテレビ番組を見たあと、チョコレートを食べたあと、それぞれに休憩を挟むと、改めて楽しめるようになるという結果が示されました。[127]

例えばチョコレートの実験では、研究者らは、チョコレートが大好物だという実験参加者の一部に対し、1週間まるまるチョコレートを食べないよう指示しました。別のグループには、チョコレートを食べられるだけ食べてよいと指示し、もう一つのグループには、チョコレートに関する指示を一切与えませんでした。1週間後、参加者全員を再び研究室に呼び戻し、チョコレートを食べてもらいました。チョコレート断ちを強いられた参加者は、より幸せな気分でチョコレートをゆっくり食べ、ほかの2グループよりもじっくりと味わいました。[128]

いったん休みを挟むことで生まれる幸せは、テレビの視聴やチョコレートといった小さな喜びだけに起きるわけではありません。キャットという女性のエピソードをお話ししましょう。キャットは、恋愛映画のエンディングが結婚式であるのを見るたびにイライラしていました。これだと、結婚さえすれば「めでたしめでたし」になれる、という間違った約束をしてしまうと思ったのです。でも実際のところ結婚のデータでは、前述の通り、結婚式当日をピークとした山型になることを、キャットは知っていました。そして、結婚式と新婚期間が終わると、大多数の夫婦の幸せはゆっくりと下降し始め、やがて夫婦それぞれのもともとの幸福度に戻ることも知っていました。そのため、自分が結婚するときが来たら、このような山型にはならないようにすると決めていました。

そこで、幸せが確実に続くように、毎日結婚することにしたのです。つまり、正式な結婚式でたった一度、見つめ合いながら生涯の愛を誓う代わりに、キャットと新郎は毎朝、結婚指輪を交換しながら、誓いの言葉を改めて口にすることにしたのです。ただし誓いの言葉と言っても、結婚式でやるような長いスピーチ全文ではありません。ただその日以降の残りの人生、相手を伴侶として選ぶ、と言葉にしたのです。これを毎日しました。もし毎日が結婚式のようなら、幸せの度合いは間違いなく、結婚当日のピークのままとどまり続けるでしょう。

ところが、そうでもありませんでした。10年間の結婚生活を経たら、これほどロマンティックで意義深い儀式も、習慣に変わってしまったのです。何も考えずにこなす朝のルーティンになり、特別さが失われてしまいました。そのため、しばらく離れることにしました。お互いや結婚生活から離れるのではなく、歯磨き後に指輪の交換をするのを、しばらくやめることにしたのです。

やめてから数カ月後、キャットの夫はある朝、彼女の歯ブラシの隣にある小さなトレイから指輪を取り、結婚を申し込みました。キャットの心は、前と同じように喜びでいっぱいになりました。これほどすばらしい、聡明で善良な男性と一緒に生きられるなんて、自分はなんて運がよいのだろう、と改めて思い、「イエス！」――もちろん、あなたと残りの人生を生きていくと答えました。

たとえ人生最高の物事からでも、お休みするのはよいことです。日常的に楽しんでいるものから離れることで、順応を軽減する助けになります。

バラエティを加える

最後に、私がレオと一緒に保育園に向かって歩いていたあの朝に話を戻しましょう。もし、一年中太陽が降り注いで暖かい南カリフォルニアでなく、四季があり、年間で気温が変化する東海岸だったらどうなっていたでしょうか？　ようやく春が来て暖かくなった初日だったら、その朝がいかに完璧だったか、私は気付いていたでしょう。

快楽順応が起こる理由は、よいことが何度も繰り返しあると、そこに気付かなくなってしまうためです。ところが変化のおかげで私たちは、立ち止まり、意識を向けるようになります。例えば、チョコレート・キャラメル味のアイスクリームを8口食べたあとに、スプーン1杯のミント味アイスクリームに変えたら、そこに意識を向けるでしょう。ジョーダン・エトキンと私が行った実験では、何かよいもののなかにバラエティを増やすと、人は集中し続け、つまりはより幸せを抱くことが示されました。実は、**すでにあるものの種類の多さに注目する**だけでも、同じ効果があります。

私たちが行ったある実験では、参加者の半数には、この1週間にした様々なことについて話してくれるようにお願いしました。残りの半数には、その1週間でした同じようなことについて尋ねました。バラエティに意識を向けた参加者の方が、より幸せで満足度が高いと報告しました。

別の実験では、1日の過ごし方を指示しました。参加者の半数には、様々なことをたくさんして過ごすよう指示し、もう半数の人たちには、似たようなことをたくさんして過ごすよう指示したのです。その日の終わりに、より幸せで満足度が高かったのは、バラエティ豊かな活動をした参加者でした。[129]

バラエティは、恋愛関係に刺激を与える可能性もあります。人間関係の専門家として著名なアーサー・アーロンのチームが行った実験では、目新しいアクティビティを一緒に多くやる夫婦の方が、二人の関係に飽きず、つまりは配偶者に満足していました。[130]ということで、もしあなたがすでにパートナーと毎週決まった曜日の夜にデートしているのなら、外出して、様々なアクティビティに取り組むよう努力してみましょう。

私が知っているカップルは、「チャレンジ水曜日」という伝統を作り出しました。毎週水曜日の仕事上がりの夜、二人は何か新しいものを試しました。入ったことがないレストランに行ってみたり、陶器に絵を描く教室に参加したり、コンサートやパフォーマンスを見に行ったり。何も新しいものが思い浮かばないときは、近所のワインバーへ行き、メニューのなかから試したことがないものを注文します。あれから何年も経ちますが、二人はいまだに手に手を取って、人生を一緒にチャレンジしています。

第5章での学び

- 快楽順応とは、物事にはやがて慣れ、以前より気付かなくなるという、私たち人間が持っている心理的傾向を指す。
- 快楽順応は、ネガティブな出来事を乗り越えるときに役立つ。
- とはいえ、幸せという観点から見ると、大小にかかわらず人生の喜びを見逃してしまうため、快楽順応は有害でもある。
- 人生の喜びを味わい続けるには……
  - 自分に残された時間は限られており、つまりは貴重だと認識する。
    - それは、年齢を重ねる、危機に直面する、一つのライフステージが終わる、といったときに自然に起こる。
    - さらに、大好きなことを（恐らく大好きな人と一緒に）できる時間があと何回残っているかを数えることにより、積極的に思い出す方法もある。
  - ルーティンになっている活動を、祝福すべき特別な儀式に変える。
  - 大好きなことからたまには離れる。
  - 毎日、毎週の活動にバラエティを持たせる。

6

先のことより「今」に集中する

——幸福度を上げ、成果を出す

今、目の前にある瞬間を生きなさい。

ティク・ナット・ハン（ベトナム出身の禅師／平和活動家）

ケイトという女性は、やることリストをつけていて、常に持ち歩いています。仕事の（かなり退屈なときもある）会議中にリストを見て、仕事でやるべきタスクだけでなく個人的なタスクについても、しょっちゅうメモしています。

- ●コナーの誕生パーティ用にプレゼントを購入
- ●シュウォルツ一家とのディナーの予約
- ●サッカーの親御さんたちにおやつ係の件でメール
- ●明日の会議でつかうスライドを仕上げる
- ●マリアに電話してプロジェクトの進捗報告
- ●リサーチ・セミナーに出席

まさにそのリサーチ・セミナーで登壇者は、テクノロジー利用の危険性について、研究室で行った調査結果を紹介しました。車の運転中に携帯電話に気を取られると、飲酒運転よりも命取りになるのです。[131] ところが、こんな衝撃的なプレゼンテーションも、ケイトの注意をつかんで離さないやることリストにはかないません。彼女はリストをまたもやチェックし、次に何を片付けるべきか戦略を立てていました。そしてあたかもプレゼンを聞いているかのように頷いてみせつつ、こっそりと携帯電話からコナーの誕生日プレゼントとカード、華やかなラッピングを注文しました。

ケイトはやることリストに夢中です。ある作業をしているときでさえ、頭のなかでは別のことを計画し、段取りを立てているのです。セミナーが終わるまでには、リストのタスクを二つも片付けたケイトは満足していました。またタスクが片付いた――心が満たされる達成感です。

とはいえ、タスクの絶え間ない管理・記録は、リストに取り組んでいる間のケイトの経験に、どのような影響を与えるでしょうか？　ケイトは、登壇者の言葉が耳に入っていなかったのでは？　7歳の子に合うラッピング・ペーパーを携帯電話でせっせと選んでいるとき、自動車事故は毎年、世界的に主な死因となっている事実を聞き逃していたのでは？　週末になると、息子のサッカーの試合に来ているのに携帯電話をいじって、リストを片付けなければとそわそわしているのでは？　未来の活動の段取りで常に忙しくしているケイトは、「今」にいることがほとんどありません。

研究では、多くの人がケイトと同じように、常に生産性を高めようとしています。[132] でも、この「やる」ことへの衝動は、ただそこに「いる」ことへの邪魔にならないでしょうか？　また、次を計画する時間を減らし、今という瞬間にもっと生きるためにできることはないでしょうか？　最後に、そうすることで私たちは、もっと幸せになれるのでしょうか？

集中するためにできること

人は実際のところ、どれほど集中力を削がれているかを評価するために、ハーバード大学の心理学者二人、マット・キリングワースとダン・ギルバートは、人の意識が「イマココ」にあり続けずに、いかに頻繁にほかの時間と場所へ行ってしまうかを調べる実験を行いました。

キリングワースとギルバートは実験参加者に対し、終日にわたり無作為のタイミングでアプリから様子を尋ねました。その際は毎回、次の質問をしました。（1）今何をしていますか？（2）今やっていること以外の何かについて考えていますか？（3）今の気分はどうですか？[133] 成人数千人が数カ月にわたる実験に参加し、25万件近くの瞬間が捉えられました。データは、注意力散漫になりがちなのは、ケイトだけでないことを物語っていました。誰だって、気が逸れてしまうのです——しかも頻繁に。実のところ、**人は何かに取り組んでいるとき半分の時間は集中していない**のです（具体的に言うと47パーセント）。

さらに、気が逸れてしまうのは、会議で座っているときだけではありません。どうやら人が集中できるか否かは、そのときにしていることとそこまで関係がないようです。実験では愛の営みの真っ最中を除き、人は運動中であれ、着替え、通勤、仕事、家事、リラックス、テレビ視聴、読書、子守りをしている間や友達と話している間であれ、同じように気が逸れていました。

この結果はショッキングです。なぜなら、朝の身支度中にその日の予定を頭のなかで考えるのは問題ありませんが、友達が話しているときはちゃんと聞いてあげるべきだというのは、みなさんも同意してくれるでしょう。子守りを頼んだ相手には、子どもから気を逸らしてほしくなど絶対にありません。教師や医師にも、注意を払ってもらいたいものです。

心のなかでほかの場所や時間に旅することは、必ずしも悪いわけではありません。マインド・ワンダリング〔訳注／心がイマココ以外にある状態〕は実のところ、人間だけが持つものすごい認知技能なのです。望ましくない状況で身動きが取れなくなったときに、心を解放してくれます。解決策が想像できます。将来に向けて準備したり、過去を振り返ったりもできます。他人に思いをはせ、一緒にいなくてもその人が今どうしているか想像する能力を与えてくれます。とはいえ、約5割の確率で心がほかの場所に行ってしまうようでは、人生の半分を心が見逃してしまうリスクがあります。

実際にキリングワースとギルバートのデータからは、心がさまようとき、「今」という瞬間が損なわれる危険性が見て取れます。思い出してください。実験参加者に何をしていたか、今していることを考えていたか否かを報告するよう求めると同時に、そのときの気分を聞いていましたね。結果は明確でした。**気が逸れているとき、幸せの度合いが下がる**のです。

この実験結果には、学びがもう一つあります。**実際にその人が何をしているかよりも、今していることに集中しているか否かの方が、幸せに大きく影響する**ことが、実験で示されました。つまり、今している活動に注意を払う方が、活動そのものよりも幸せの決定要因として大きい可能性があるのです。

それでも、常に猛スピードで急ぐこの文化において、「今」に意識を向けるためにスピードを落とすのは、難しくもあります。自分の時間を最大限に活用するべく、「行動する」モードから「ただ存在する」モードへ、いつ、どうシフトすればいいかがわかる具体的なツールが必要です。そこで、実験で効果が裏付けられている四つの戦略を試してみましょう。

その1　週末をバカンスのように過ごす

あなたが最後に、朝目覚めたあと、何かの準備のために急いでベッドを出る必要がなかったのは、いつですか？　布団の下でパートナーと体を寄せ合いながら、もう少しだけベッドにいようと思ったのは、いつですか？　朝食を食べながらおしゃべりしたり、コーヒーカップ片手に新聞を広げたりして、のんびりと朝を過ごしたのは？　友達とレストランへ行き、ブランチを食べ終わり、このあと行かなければいけない場所も、急いでしなければいけないこともないので、カクテルのミモザをみんなでもう1杯ずつ注文したときはいつか、思い出せますか？　思い出せたとして、きっとそれはバカンスに行ったときだったのではないでしょうか？

バカンスはすばらしいものです。いかにすばらしいかは、研究が証明しています。バカンスは、充足感、健康、創造性、さらには仕事のパフォーマンスにも、ポジティブな影響を与えることがわかっています。[134]コリン・ウェスト、サンフォード・デヴォーと私は、ギャラップの全米デイリー世論調査によるアメリカ人数十万人分のデータを分析し、バカンスで感じる幸せを記録しました。世論調査で聞かれた質問のなかには、どのくらいの頻度で「友達や家族と一緒に旅行やバカンスに行く」時間を取るか、というものがありました。分析データからは、バカンスの時間を優先的に取る人は、日常生活のなかでポジティブな感情を多く味わい、ネガティブな感情はあまり抱かず、人生全体への満足度も高いことがわかりました。[135]

このように心身の健やかさ《ウェルビーイング》が高まる主な理由の一つは、バカンスのおかげで休憩――日常生活の慌ただしいルーティンからの休憩――の時間を確保できるからです。それなのに、私たちは不幸なことに、やることリストを片付けるのに忙しすぎて、必要な休憩をほとんど取りません。バカンスのための時間を確保できないでいるのです。

どうやらアメリカ人は、休暇を取るのがとりわけ下手なようです。アメリカは、先進工業国のなかで唯一、法定休暇がありません。フランスやイングランド、ドイツなどのヨーロッパ諸国は、労働者に年間20〜30日間の有給休暇を付与していますが、就労中のアメリカ人のうち4人に1人は、1日ももらえません。[136]とはいえ問題なのは、政策だけではありません。個人レベルでの意思決定の問題でもあります。休暇がもらえる場合でも、アメリカ人の半数以上が取得しないのです。[137]理由の一つはお金、もう一つの主な理由は、時間です。[138]やることがあまりにも多すぎて、旅行に行く時間などないと感じているのです。

幸運にも、休みの一部は日常のスケジュールに組み込まれています。例えば平日のあとには毎週、週末がやってきます。労働者のほとんどは、土曜日と日曜日に仕事を休むことができ、実際に休みにしています。ただしここで問題なのは、なぜ週末は休暇のような感じがしないか、です。なぜ私たちはみんな、土曜日の朝にベッドでゴロゴロしたり、ブランチでリラックスしたりしないのでしょうか？　理由は、ケイトのように、やることリストを平日から週末にまで持ち越しているためです。相変わらず、やるべきことに気を取られているのです。

では、週末をまるでバカンスのように過ごしてみたらどうでしょうか？　必ずしも、どこか遠くへ行くという話ではありません。ベッドのなかでもう少しだけゴロゴロするのに、ハワイのホテルで目覚める必要はないでしょう。わざわざ追加で休暇を取る必要もありません。いつもの週末をまるでバカンスのように過ごすだけで、仕事から離れているこの時間をいつもより満喫でき、もっとハッピーな気持ちで仕事に戻れるようになるかもしれません。

　私はコリンとサンフォードとともに、このアイデアを実際に試してみました。[139] フルタイムで働く従業員を対象に、通常の週末に実験を行ったのです。週末に入る前の金曜日、実験参加者にいくつか簡単な指示を出しました。半数の人たちには、「この週末は、バカンスのように過ごしてください。[140] つまり可能な限り、バカンス中のように考え、行動してほしいのです」と伝えました。比較として残りの人たちには、「この週末は、いつもの週末と同じように過ごしてください。つまり可能な限り、いつもの週末と同じように考え、行動してほしいのです」と指示しました。

　参加者には、この指示を好きなように解釈して実行してもらいました。そして週末明け、みんなが職場に戻ったときに再び参加者に連絡を取り、その月曜日にどう感じているかを尋ねました。私たちの考えが正しかったことが証明されました。週末をバカンスのように過ごした人たちの方が、幸せで、ストレスが少なく、満足度が高かったのです。また、週末の間もずっと幸せで、土曜日と日曜日をより満喫していました。

　予測してはいたものの、結果を見て、少しの驚きとかなりの興奮を覚えました。というのも、これは非常に大きな意味を持つからです。時間の過ごし方を捉え直すだけで、より幸せを感じられ、その効果が持続するかもしれないという意味だからです。私たちはさらに、なぜそうなるのか、知りたいと思いました。

私たちがまず着目したのは、参加者が週末をどう過ごしたかでした。週末をバカンスのように過ごした人たちは、仕事や家事にあまり時間をかけませんでした。また、「親密な行為」に時間をかけたとも報告しました。つまり、いつもより長めにベッドで過ごしたのです。そして、食事にも時間をかけました。恐らく実際に、ブランチのテーブルでリラックスしながら長く過ごしたのでしょう。

実験結果から、「バカンスに出た人たち」は、一番幸せでないとして知られる活動にそこまで時間をかけず、幸せな活動により多くの時間をかけたことがわかります。とはいえ興味深いのは、職場に戻ったときに彼らが幸せを感じた理由は、究極的には、バカンスのような活動にどれだけ時間をかけたかではありませんでした。

バカンスを楽しんだ人たちの月曜日の幸福感が高かったのは、彼ら自身の注意力が週末ずっと高まっていたからでした。週末の活動中、注意力はそこまで散漫になっておらず、そのおかげで、その時間とその後、より幸せを感じたのです。

ケイトは、週末をバカンスのように過ごすことで恩恵を受けるはずです。息子のサッカーの試合にはこれまで同様に参加し、息子をコナーの誕生パーティにも連れて行くでしょう。それでも、心の持ち方をちょっとシフトさせて週末をバカンスのように過ごすだけで、これまでとは違ったアプローチでこうした活動に取り組み、その時間をもっと楽しめるようになるかもしれません。

例えば、ケイトのいつもの週末はこんな感じです。物事をさっさと進めたいケイトは、まるで鬼軍曹のように大声で家族を急き立て、ボトルに水を入れさせ、すね当てをつけさせ、ドアの外に出るよう追い立ててサッカー場に向かいます。試合中はほぼずっとスマホを見ながら、子どもたちを遊ばせる日の予定を組んだり、ランチの注文をしたり、アマゾンで備品を購入したりします。こうしたタスクに気を取られ、息子が見事にゴールをセーブしたのを見逃します。その後、イライラしながら息子を車に乗せ、誕生パーティへと送ります。息子の送迎は、やることリストのタスクが山ほどあるケイトにとって、できるだけ効率よくすませたい雑用なのです。

でももし、週末をバカンスのように過ごしたらどうでしょう。家族は恐らく、怒鳴られることなく試合に到着するでしょう。サッカーピッチの脇に折り畳み椅子を出してのんびり座り、新鮮な空気と日差しに包まれながら、家族と一緒にこのひとときを楽しむでしょう。ほかの親御さんたちとおしゃべりを楽しみ、息子がゴールをセーブした瞬間も見逃さず、飛び上がって興奮しながら誇らしげに声援を送るはずです。その日の午後、誕生パーティに向かうときは、子どもと二人きりで過ごす機会を楽しむでしょう。窓を開けて音楽を大ボリュームでかけ、二人で大声で曲に合わせて歌うかもしれません。

私たちが行った実験では、バカンスの利点には、「心の持ちようの変化」も見られました。自分にお休みをあげると、「行動する」モードからシフトし、ただ「存在する」時間をある程度自分に許してあげるようになります。そしてその結果、飛行機に乗ったり、おしゃれなホテルにお金を払ったりしなくても、人はもっと幸せになるのです。

この実験で観察したのは週末でしたが、時間が取れるなら週のいつでも、この「バカンスの心持ち」を適用できます。例えば、水曜日の午後や木曜日の夜、仕事から帰宅したあとにバカンスのように過ごすことができるでしょう。やることリストを片付ける代わりに、音楽をかけてリラックスし、ディナーを食べたテーブルでそのままくつろぐのもよいでしょう。そのくらいシンプルなことなのです。ぜひ試してみてください。わざわざ休暇を取らなくても、すでにあるお休みのときに自分にお休みをあげてください。今度の週末、バカンスのように過ごしてみましょう。ノートパソコンを閉じてのんびりし、景色を楽しみましょう。

その２　瞑想する

何かの実践を積めば必ず達人になれるわけではありませんが、それでも間違いなく上達はするものです。瞑想とは、**集中を妨げるものを無視し、意識を今この瞬間に向ける**ための実践です。「その瞬間に起きていることに注意を払い、気付いている状態」[141]と定義されるマインドフルネスが高まります。マインドフルネスは仏教の伝統において長い歴史がありますが、今や欧米でも人気が高まっているので、耳にしたことがある人も多いでしょう。

マインドフルネスなんて眉唾だと考える人もいますが、実はかなり研究されており、マインドフルネスから得られる幅広い恩恵は、科学的に有効性が認められています。研究では、**マインドフルネスによって、心の健康、体の健康、行動のコントロール、対人関係などが改善する**ことが示されています[142]。

例えば、自発的か人からすすめられたかによらず、マインドフルネスを実践している人は、今という瞬間に幸せを感じ、人生全体としての満足度も高いと報告しています。マインドフルネス瞑想は幸福感を上げるほか、より賢明になり（実行機能が向上）、よりよい人になる（人とつながっている感覚が強化）とする証拠は増え続けています。[143]

思考を今現在に向ける実践を通じ、瞑想は未来に対する不安を鎮めてくれます。物事をすべて片付けられるのだろうか、という心配も抑えてくれます。そのため**瞑想は、時間が足りないこの文化にはびこる感覚、つまり不安を癒す方法として効果的**です。[144]不安障害は、アメリカそして世界で最も蔓延しているメンタルヘルスの問題とされており、[145]女性は男性の2倍も発症しやすく、[146]またコロナ禍には、不安障害と診断された人の数は3倍に膨れ上がりました。[147][148]そのため、もしあなたも不安で悩んでいるのなら、瞑想はよいツールになるかもしれません。[149]

では、どうやったらよいのでしょうか？　瞑想の主な目的は、意識を今あなたがいる環境の1点に向けることです。この意識を向ける焦点としては、呼吸がおすすめです。というのも、誰しもずっと呼吸を続けているものであるうえ、思考を呼吸に乗せて深く長く息を吸ったり吐いたりすれば、心が落ち着いていくためです。

どのくらいの長さをやったらよいでしょうか？　研究では一般的に、毎日10分間の瞑想の効果を調べています。とはいえ、動かず静かに10分間座り続けるのは、初心者だと不快なほど長く感じるかもしれません。ここでの目的はとにかく「やる」ことなので、ハードルを上げすぎてやる気を削いではいけません。まずは1セッション3分か5分で始め、そこから徐々に慣らしていくのがよいでしょう。

せかせかした日々を長年続けていると、スピードを落として一つのものに焦点を当て続けるのは、本当に大変かもしれません。まずは、ガイドを見つけることをおすすめします。幸運なことに、選択肢はたくさんあります。例えば、UCLAのマインドフル・アウェアネス・リサーチ・センターでは、対面およびオンラインでのガイドつき瞑想を複数の言語[150]で無料で提供しています〔訳注／オンライン版は日本語もあり〕。Headspace（ヘッドスペース）やCalm（カーム）などのアプリもあり、様々な長さ、テーマ、声でガイドつき瞑想を提供しています。自分に合ったものを見つけることが大切です。瞑想が長すぎたり、ガイドの声が気に障ったりしたら、またやろうとはきっと思えないからです。

私の講座では、最終課題として学生たちに、自分の心身の健やかさ《ウェルビーイング》を改善すると予測される「ライフハック」を自分で考え、実行（3週間）するよう求めています。長年この課題を出しているうちに、学生たちが考えるライフハックで最もよく見られるものの一つが瞑想であることに気付きました。このような瞑想の実践は、学生たちが自分の好きなガイド音声やスタイル、長さを見つけ、再びやろうと思えるスケジュール（例：朝一番にベッドの足元で、就寝前にベッドのなかで、仕事を始める前に車内で5分間、など）で組みさえすれば、不安を軽減し、幸福感を高めるのに効果的であることが証明されています。

瞑想がいいとわかってはいるものの、私はあまりにも落ち着きがないうえに我慢強くないため、じっと座って瞑想するのはかなり難しいと感じます。私と似たタイプで、瞑想を段階的に練習していきたいと思う人のために、私が気に入っているシンプルな瞑想の実践法をお教えします。一人でもできるし、人を誘ってやってみるのもよいでしょう。私は子どもたちと近所を散歩する際に実践しています。

五感をつかった瞑想法

五感をつかい、周囲の環境に意識を向けましょう。

自分の周りにある環境のなかから、次のものを見つけます。

- 見えるもの五つ
- 触れられるもの四つ
- 聞こえるもの三つ
- においのするもの二つ
- 味わえるもの一つ

この瞑想は一人でも、人とやってもよいでしょう。人とやる場合は、それぞれの感覚をつかって何に気付いたか、声に出して伝え合います。

瞑想は、マインドフルでいることの実践です。今現在に意識を集中させ続ける手段であり、何かがあっても気が散らないようにすることです。とはいえ最終的な目的は、瞑想により鍛えられた筋力を、日常生活に活かすことです。目的は、それが何であれ今やっていることをしながら、注意を払うことであり、常に「今」という時間にもっと意識を向けられるようになることです。

その3　ドアを閉める

マインドフルネスの実践をどれだけ積んでいても、子どもがおやつを欲しがったり、電話が鳴ったり、同僚があなたのデスクに立ち寄ったりすれば、当然ながら、注意力は逸れてしまいます。心がさまよわないよう瞑想が力を貸してくれるにしても、邪魔が入らないような物理的空間を作る必要はやはりあります。例えばあなたが今していることが、深い思考やクリエイティブな考えを要するなら――つまり「ゾーン」に入りたいなら――この点はとりわけ重要です。

ゾーンは、「フロー」とも表現されます。フローとは、ハンガリー系アメリカ人の心理学者ミハイ・チクセントミハイの研究で知られる、自意識を超越するほど非常に集中した状態を指します。チクセントミハイはそのキャリアのほとんどを費やし、人にとって最も満たされる瞬間とは何かを特定し理解するため、僧侶、登山家、プロスポーツ選手、世界的なミュージシャン、大学生、普通の仕事をしている普通の人など、世界中の何千という人たちに聞き取り調査を行い、観察しました。名著『フロー体験　喜びの現象学』(世界思想社)のなかでチクセントミハイは、人はフロー状態にあるときに最も幸せを感じると述べています。

フロー状態になっているときは、時間の感覚を失うほど、今やっていることに完全に没頭しています。そして没頭からふと我に返り、自分が抱いていた感覚がいかにすばらしかったかを悟るのです（活動をしている間は何を感じているかなど考えられないほど夢中になっているため、我に返ってやっと気付きます）。この状態は、自分が心から楽しめて、自分のスキルを活かせる活動をしているときに一番起こりがちです。

自問してみてください。最後にフロー状態に入ったのはいつですか？　いつだったか思い出せた場合、恐らくそのときのことを懐かしく思ったり（絶好調の自分だと感じるので）、切なく感じたり（今はあまりにも多忙でなかなかあの状態になれないため）するのではないでしょうか。フローの経験を思い出し、またあの状態に入りたいと思うはずです。

スポーツ選手が通常、フローの経験として思い出すのは、試合中に味わったものか、ランニング中の「ランナーズハイ」として味わったものです。でもほとんどの人にとって、フローは仕事中[151]にやって来ます。どんな仕事をしているかによって（さらにそのなかでどのタスクがとりわけ得意で好きかによって）、異なりますが、コーディングしているときかもしれないし、書き物をしているときや、プレゼン資料を作っているときかもしれません。

生産性を上げるには、フローが必要です。そして満たされるためには、フローはぜひ手に入れたいものです。何かが生まれるのは、こうしたフローに入っているときなのです。とはいえ、フローは起こるべき環境でしか起きないし、そのような環境にいるからといって、そう頻繁に起こるものでもありません。

フローに入るために最適な環境を作るには、集中力を妨げるものはすべて排除しなければいけません。職場という設定を例にして、いくつかのアイデアを挙げてみます。あなた自身のゾーンを作るべく、必要に応じてアレンジしてみてください。

（1）ほかの作業につながるものを空間から排除

重要なタスクには通常、いっそうの努力が必要となります。そのため、重要なタスクは後回しにして、（生産性を感じるために）小さめでやりやすいタスクから先に片付けたくなるものです。人は重要なタスクよりも、見たところ急を要するものの実はそこまで重要でないタスクに気を取られがちであることが、研究であきらかになっています。[152]

この誘惑に負けないために、デスクを片付けましょう。ほかのプロジェクトに関する書類を視界から外しましょう。デスクに飾ってある観葉植物も、視界の外に置いた方がよいかもしれません。私のデスクにある小さな多肉植物の鉢植えは、必要以上に愛情を注がれています。重要な仕事に向けて準備しているときはなおさらで、私はつい、鉢植えの土の湿り具合を気にしたり、枯れた葉をせっせと取り除いたりしてしまいます。

（2）少なくとも数時間の予定を空けておく

一つのタスクから別のタスクへの移行にはコストがかかることが、研究でわかっています。一つのタスクを始めてからエンジンがかかるまでに、時間を要するのが理由です。[153] 例えば私の場合、会議にはある種の社交的なエネルギーが必要で、会議後にいつもの自分らしい思考に戻るには、しばらく時間がかかってしまいます。そのため、書き仕事の時間は長めに確保し、会議は特定の曜日や午後の遅い時間にまとめて入れるようにしています。フローは時間の感覚を失うことになるため、次の予定に遅れないようにと時間を気にする必要がないことが大切です。

（3）自分が一番冴えている時間を選ぶ

睡眠の専門家によると、体内時計を変えようとどんなに努力しても、生まれつき朝型の人（起きるのが早く、朝の方が元気）もいれば、夜型の人（夜更かしで、みんなが寝静まったころ頭の回転がよくなる）もいます。[154] 私は間違いなく朝型だと自覚しています。そのため、朝の時間は深い思考が必要な仕事のために取っておき、メールや会議、その他のタスクはそれ以降の時間まで後回しにします。

朝型か夜型か、自分のタイプに合った時間帯を確保するようにしましょう。仕事をする時間を自分で選ぶ贅沢などないという場合、集中できる時間と空間ができたときに頭のスイッチをオンにできるよう、カフェインを取る時間には気をつけましょう。

（4）ドアを閉める

とてもシンプルですが、とても効果的です。気が散らないように、同僚（自宅で仕事をしているのであれば家族）と話を始めてしまわないように、オフィスのドアは閉じましょう。私の場合、同僚や学生たちが話しかけられる状態でいることは大切ですが、「ちょっとした質問」にさえも、集中力が削がれてしまいます。集中して仕事をするための貴重な数時間は、自分で守らなくてはいけません。

こうすることで、ドアが開いているときには、相手としっかり向き合えるようになります。職場がオープンプランでドアがない場合、ドアのある会議室を予約してみましょう。

（５）耳栓かヘッドホンをつける

会話、テレビの音、隣でやっている工事の音などがあると、今やっていることから意識がどうしてもそちらに持っていかれてしまいます。音のせいで注意力が削がれるのを最小限に抑えるために、耳栓をつかうか、ヘッドホンでホワイトノイズやＢＧＭを聞きましょう（オープンプランのオフィスの場合、こうすることで、実質的にあなたのドアは閉まっているという合図を同僚に送れます）。

（６）メールを閉じる

どれだけがんばっても、人はマルチタスクなど実際にはできません。ある研究では、自動的にこなせない複数のタスクを同時に行おうとしたところ、同時にはできず、一度に一つずつ交代でこなしていたことがわかりました。[155] 例えばある実験では、授業中にノートパソコンを開いた状態にしている学生の場合、学びが少なく、講義内容もあまり覚えていませんでした[156]（私が講義で「ノートパソコン／タブレット禁止」としているのはそのためです）。

そしてだからこそ、私は仕事をするときはメールを閉じるようアドバイスしています。メールを閉じることで、手早く返信して「やることリスト」の簡単なものを片付けてしまいたいという誘惑（さらには、ふと気付くと受信トレイをきれいに片付けるのに夢中になっていた、という状態）を避けられるのみならず、通知が来るたびにメールが気になることもなくなります。

（7）携帯電話をしまう

ただマナーモードにしたり、デスクに伏せて置いたりしただけではいけません。完全に視界の外へと、きっちりしまいましょう。この点は次で詳しく説明します。

フロー状態にはなかなか入れるものではありませんが、努力する価値はあります。自分のスキルをつかって何かに夢中になり、何かを作り出す、そんな最高の自分になれる時間なのです。我に返ったとき、実に幸せな時間だったと気付くでしょう。

その4　携帯電話をしまう

近年、私たちの注意力を散漫にさせる最大の原因は、携帯電話です。最近行われた研究で、アメリカ人は１日のうち少なくとも96回、スマホを手にすることがわかりました。つまり10分に１回です。18～24歳だと、この倍になります。[157]これだけの頻度ということはつまり、ディナー・デートや教会といった大切な活動を含め、スマホをいじらないときはないということです。[158]会議、子どもとの公園へのお出かけ、家族や友達との集まりはどれも、いつ携帯電話に邪魔されてもおかしくない状態にあります。

スマホによる集中力の阻害は、車の運転時にかなり危険であることに加え、個人にとっても対人関係にとっても、大きな代償を伴います。注意力散漫になることが幸せにどれだけ悪影響となるかはすでに触れましたが、**スマホをチェックするたびに、周りの人に、あなたの意識がほかのところにあるという合図を送ることになります。**相手には、あなたが全意識を向けるだけの価値がないと言っていることになるのです。スマホがただそこにあるだけで、意識が今その瞬間から少し逸れ、人とのつながり――人を最も幸せにしてくれる存在そのもの――をむしばむ恐れがあるのです。

この点は、社会心理学者のエリザベス・ダンのチームが行った実験で、シンプルかつ鮮やかに示されました。ダンのチームは、少人数からなる友達グループに対し、グループごとにカフェで食事を取ってもらいました。実験の主旨がバレないように話をうまく作り、参加者の一部にはスマホをしまってもらいます。比較として、ほかの人たちには（いつものように）スマホをテーブルの上に載せたままにしてもらいました。結果、スマホをしまった人の方が、食事を楽しめました。スマホが視界にある状態だった人は気が散ってしまい、そこまで食事を楽しめませんでした[159]。

ここでの学びはシンプルです。スマホをしまいましょう。

私の講座で最初に取り組んでもらう課題は、まさにこれです。ただし、単に食事のときにスマホをしまうだけでなく、6時間まるまる、デジタル機器の電源をすべて切ってもらいます。この課題は毎回必ず、抵抗に遭います。教え子たちは、自分には無理だと思うのです。しかも、メリットなどあるわけがないとも思っています。それでも私は断固として課題に取り組むよう求めており、科目修了後につける最終評価の5パーセントをこの課題に割り当てています。

デジタル・デトックス・エクササイズ

目が覚めているうちの6時間を「オフライン」で過ごすために確保しましょう。つまり、電話、メール、SNS、テレビ、その他いかなるインターネットもこの時間は禁止です（ストリーム配信の音楽やキンドルでの読書は、形式がデジタルというだけで活動そのものがデジタルなわけではないので問題ありません）。その後、デジタルから切り離された時間が自分の感情や考え、行動にどう影響したかを振り返って簡潔に書き留めましょう。

自分も、周りにいるすべての人たちも、常に携帯電話をつかうことが習慣になっているため、携帯が必要だと思い込むのも無理はありません。だからこそ、携帯を肌身離さず持ってしまうのです。先ほどのエクササイズの最後に書き留めた内容は、あとになって読み返すと、オフラインの時間にはいかに自分を変える力があったかを、思い出させてくれます。また私は、学生たちが書いたこの文章を読み、彼らがきちんと課題を実行したか否かを判断したり、エクササイズの結果幸せを手にしたことを（勝手ながら）嬉しく思ったりしています。

このエクササイズをして、腑に落ちる瞬間がどうやってくるかは人それぞれですが、みんなが共通して経験するプロセスもあります。まずは恐怖がやって来ます。人がせっかく連絡をくれても逃してしまうのではないかと神経質になり、オフラインになっている間に自分にできることが限られてしまう不満を、私にぶつけてきます。このイライラは最初の1時間ほど続き、その間、いつも携帯をしまっているところについ何度も手を伸ばしてしまいます。この初期の段階では、人と関わる場での居心地が悪く感じるという人もいます。イベント、カフェの列、講義が始まるまでの教室での待ち時間で、気まずさを避けるために何かやっているふりをしたいのです。

とはいえ、すぐに変化が訪れます。そのときにやっていることや一緒にいる人に意識が向くようになるのです。遠くで起きている物事から切り離され、**今という時間にしっかりつながることで、落ち着きと充足感がもたらされます**。学生たちは、連絡を取ろうとしてくる人など、現実には誰もいないことを悟ります。もしいたとしても、数時間後に返事をしたってよいのです*。携帯電話のように非常に手軽に物事を先延ばしにできるツールが手元にないと、これまで先延ばしにし続けてきた重要なタスクに、ずっと取りかかりやすくなることに気付きます。そのため、何もできなくなるという当初の恐れに反して、オフラインのこの時間は、生産性が上がるケースがほとんどです。

このエクササイズから得られる恩恵は、人付き合いの場にまで及びます。私の教え子たちは、逃げ場としての携帯電話がないと、知らない人と会話を始める可能性が高まると証言します。本書でも学んだ通り、知らない人との会話は意外にも楽しく、つながりを感じられるものです[160]。

また、クラスメイト同士のつながりも深まりました。ある教え子はクラスメイトとの食事について、デジタル・デトックス前は、お互いそれぞれインスタグラムのフィードを見て過ごし、どちらかが何か面白い投稿を見つけて相手に見せるときしか話さなかったと言います。食事中のこうしたシーンは、誰もが実際に経験したか、見たことがあるはずです。

ところがデジタル・デトックス中は、教え子が携帯電話をしまったところ、クラスメイトもしまってくれました。二人は前にも一緒に食事をしたことがあったけれど、今回は話したり笑ったりして、お互いをきちんと知ることができました。邪魔が入らない食事をするうち、二人はただのクラスメイトから友達になりました。

映画監督のティファニー・シュレインが、著書『24／6：週1日プラグを抜くパワー（24/6: The Power of Unplugging One Day a Week、未邦訳）』で書いたことと同じ指摘をした学生もいました。つまり、自分の家族やユダヤ人コミュニティは毎週金曜日の日没から土曜日の日没まで、デジタル・デトックスをしているというのです。彼は、自分が家族や友達と仲が親密なのは、ユダヤ教の安息日のおかげだとしており、この伝統をクラスメイトと一緒に共有できて非常に嬉しいと述べていました。

当初の抵抗と禁断症状にもよらず、多くの学生は、デジタル機器から離れた時間のおかげで人と深くつながれるようになったと感じます。そのためそうした学生は、短めではあるものの、自発的なデジタル・デトックスを習慣化するほどです。短くても効果はあります。すでにデトックスをしたことがあれば、オフラインになった効果はすぐに表れるため、短い期間でも満喫できるのです。

＊ただし、常に例外はあります。ある教え子の場合、デジタル・デトックスを終えたら、怒り心頭の母親と友達が待ち構えていました。もしあなたの人生に、即座の返事が当然と考える人がいる場合（上司はこのカテゴリーに入るかもしれません）、彼らにはあらかじめ、この時間はオフラインになる旨を伝えておいた方がよいでしょう。ただし、人が当然だと考えることを理由に、あなたがデジタル・デトックスをやめるべきではありません。このような場合、自分自身とつながり直すことは、なおさら大切です。わずかな間離れるからといって、あなたとの関係（あるいはあなたの生産性）すべてが損なわれるわけではなく、むしろ改善する可能性すらあることを、相手も学ぶでしょう。例えば夫ロブの職場のチームは、彼が金曜日の午後6時になるとログアウトし、日曜日の夜、子どもたちを寝かしつけたあとに、リフレッシュしてやる気満々になって再びログインしてくるものだと理解するようになりました。

邪魔されたいときだってある

本章では、注意力が散漫になることの悪影響を説明し、時間を最大限に活用するために、集中力を削ぐものを可能な限り減らす方法を提案しました。とはいえ、気を紛らわすものが欲しいときもあります。今いる状況が本当にひどい場合、少なくともしばらくは注意をほかに向けることで、救われる場合もあります。精神的に逃れることの必要性は研究にもはっきりと示されており、不景気なときほど気軽に読める本や笑える映画が好まれるという結果として表れています[161]。

また、気を紛らわすものを排除すると、あなたがいる環境の現実が如実に表れることになります。コロナ禍の隔離生活で気を紛らわせるものがないため、ひどい人間関係のなか自宅で身動きが取れなくなった人や、表現しがたいほどの孤独を感じている自分に気付いた人もいました。この時期は、不安の高まりとともに、うつやドメスティック・バイオレンスの割合も増加しました[162]。気を紛らわせるものがないと、自分自身や人生の根本を直視せざるを得なくなります。私の願いは、気を紛らわせるものを排除することで、自分のなかで何を変えるべきか、目を向けられるようになることです。さらには、実際に変えるための手段や強さを、誰もが持っていてほしいとも願っています。

第6章での学び

- [ ] 人は、心がさまよい、注意力が散漫になることがよくある。このせいで、今という瞬間の幸福度が下がる。そのため幸福度を高めるには、注意力を散漫にさせるものを戦略的に排除し、「イマココ」に焦点を当てるとよい。

- [ ] バカンスの時間を取ると幸せが高まり、創造性や職場でのパフォーマンスも高まる。

- [ ] 週末をバカンスのように過ごすだけでも、その時間にしっかり向き合うようになるため、幸せが高まる。

- [ ] 瞑想を実践することで、今という瞬間に意識を向けられるようになる。またそのおかげで、将来への不安が鎮まる可能性もある。

- [ ] 集中力を削ぐものから自分を守る環境を作り、フローの状態に入る可能性を高める。

- [ ] スマホがただそこにあるだけで、注意力は散漫になる。より幸せなひとときを過ごすには、スマホをしまうこと。

7

時間を費やすべき大切なことは何か？
——取捨選択する方法

時間とは、人生の貨幣だ。
あなたが手にしている唯一の貨幣であり、
どうつかうかはあなた次第。
ほかの人につかわせないように気をつけなさい。

カール・サンドバーグ（アメリカの作家）

ある教授が、満席になった教室に入ってくると、口が広くて透明な大きなガラス瓶を教壇に置きます。そして椅子の上に、大きなかばんを降ろしました。かばんからゴルフボールが入った箱を取り出すと、ボールをすべてガラス瓶に入れました。学生たちに向かい、教授はこう尋ねます。「ガラス瓶のなかはいっぱいかな?」　ゴルフボールは瓶の口まで来ているため、教室にいる全員が頷き、「イエス」と答えます。

教授も同意しているようです。ところがまたかばんに手を伸ばし、今度は小石が入った容器を取り出します。ガラス瓶に入れると、小石はゴルフボールの間に入り込み、瓶の隙間を埋めていきます。教授は「今度はいっぱいになったかな?」と聞くと、学生たちは再び頷きながら、「イエス」と答えます。

教授は次に、砂が入った容器をかばんから取り出すと、中身を瓶に注ぎます。砂は残りの隙間を埋めていき、ゴルフボールと小石を覆っていく。教授が瓶を少し揺すると、砂は重力でさらに瓶の底へと落ちました。「今度はどうかな?　瓶はいっぱいになったかな?」　学生たちは、教授が言わんとしていることを理解し、笑顔で頷きます。

瓶にはもう隙間がないため、教授の説明はこれで終わりかと思われました。ところが教授は今度、コロナビールのボトルを2本取り出し、教室全体が笑いに包まれます。教授はポケットから栓抜きを取り出すと、2本とも栓を開けます。うち1本をゴルフボール、小石、砂の上に注ぎ、もう1本から1口飲みました。

ビールを手に持ったまま教授は教壇の前に出て来ると、ガラス瓶の隣に浅く腰かけ、こう説明し

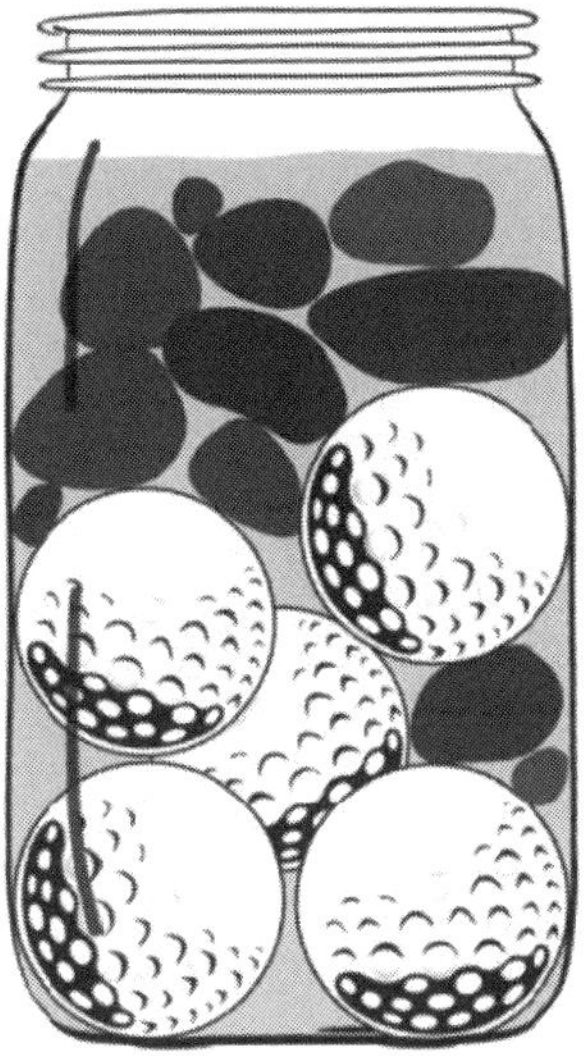

ます。「このガラス瓶は、君たちの人生を表しています。ゴルフボールは、大切なもの。つまり、家族や友達、健康、情熱だ。小石は、仕事や家など、そのほかの大切なもの。そして砂は、それ以外のものすべて、取るに足らない物事です。もしも砂を先に入れてしまったら、小石やゴルフボールが入る隙間がなくなってしまうでしょう。人生も同じ。取るに足らない物事にエネルギーと時間をすべて費やしてしまったら、自分にとって本当に大切なことをする時間がなくなってしまいます。ゴルフボールを先に入れましょう。優先順位をつけましょう。ほかはすべて、ただの砂なのですから」

学生の1人が手を挙げてこう尋ねます。「教授、ビールは何を表しているのですか？」。教授は笑い、こう答えます。「よい質問ですね。人生がどれだけいっぱいに見えても、友達とビールを数本飲む余裕は常にある、という意味です」

このショート動画はメイア・ケイが作ったもので、[163] 私はいつも講座の初日に学生たちに見せています。動画は、時間を意識的に割り当てなければいけないことを思い出させてくれます。私たちは誰もが、人生の時間を表すガラス瓶を持っています。そしてどの活動を瓶に入れるのか――つまり人生でどの活動がスペースを得るのか――よく考えて決めなくてはいけません。

時間の例えとして非常に役立つため、私自身も、何に時間を費やそうか決める際に、よく活用しています。「次のエピソードも続けて見ようかな？」「講演依頼を引き受けようかな？」「イベントに呼ばれたけど、参加しようかな？」「ＰＴＡの役員、ルーム・ペアレント〔訳注／教師とほかの保護者の橋渡し役などを行う〕、リタのサッカー・コーチ……引き受けようかな？」「急ぎの対応が必要なメールが入っていないか、受信トレイをちょっとだけ確認しておこうかな？」「ロブと一緒に週末は旅行に出かけようかな？」

短い動画ですが、重要な点を伝えています。**優先順位が大切**なのです。もしもあの教授が先に砂をガラス瓶に入れていたら、最も重要な活動――ゴルフボール――が入る隙間はなかったでしょう。同じように、取るに足らないことに時間をすべて費やしていたら、あなたにとって一番大切な活動――あなた自身のゴルフボール――にかける時間がなくなってしまいます。

何が大切かを知ってはじめて、そのための時間を確保できるようになります。あなたにとってのゴルフボールを先に入れるということです。週の予定に、大切な活動の時間を確実に確保してからようやく、ほかのやるべきことや新しいことを予定に入れたり、ゆっくり過ごしたりできます。

ガラス瓶のなかのスペースと同様に、時間は有限です。１日に24時間で、そのうち３分の１は寝て過ごします。残りはわずか16時間。一見、たっぷりあるように思えるかもしれません。けれど、仕事をする日は毎日、このうち半分を職場で過ごし、1時間を通勤で費やし（片道30分で往復1時間）、朝1時間を支度につかっていることを考えてみてください。ほかのすべてをやるのに残された時間は、わずか6時間——1日の4分の1——なのです。

「ほかのすべて」には、あなたがやらなければいけないことすべて（犬の散歩、食料品の買い出し、夕食作り、食器洗い、子どもを学校に送迎、子どもの寝かしつけ、洗車、洗濯、家の掃除、新しい靴を買う、忌々しい駐車違反の罰金を支払う、ヘアカット）や、本当にやりたいことすべて（ランニング、娘のダンス教室の見学、家族とゆっくり食事、子どもたちを寝かしつけるときの本の読み聞かせ、パートナーとのんびりワインを味わう）、さらには本当にできたらよいなと思うことすべて（旧友と飲みに行く、新しい友達と飲みに行く、読書会の課題本を読み終える、ネイルサロンに行く、あなたが好きそうだと思ってパートナーが切り抜いた記事を読む、靴下用の引き出しの整理）が含まれます。このすべてが、毎日6時間の可処分時間に収まらないのはあきらかです。実際には、週の予定に入るのは、ここから厳選した二つ三つくらいでしょう。

自分の時間を吸い取る「砂の罠」

シェリルという女性は、とにかく忙しい日々を過ごしています。医療管理者としてフルタイムで働いており、夜と週末はＭＢＡ取得に向けて勉強しています。第3章で取り上げた時間記録エクササイズを行い、自分が様々な活動（例：病院での勤務、講義への出席、ＭＢＡの課題）にどれだけ時間をつかっているか、2週間を振り返って算出してみました。その結果、自分がいかに多くの時間をSNSに費やしているかがわかり、かなりショックを受けました。

最初の週は12時間半、次の週は10時間半、SNSに費やしていました。ほかにやるべきことがどれだけあるかを考えると、このSNSの利用時間はものすごい長さではあるのですが、悲しいことに、実際はもっとSNSを利用していることも自覚しています。というのも、私は文字通り、日がな一日中、携帯電話をいじりっぱなしだから。ちょっとでも時間ができたら、すぐSNSをチェックしてしまいます。退屈したときもやっぱり、SNSをチェックします。ちょっと見るだけだと思っても、結局予定以上に時間をつかってしまい、こうした数分は記録に反映されていません。それから、SNSの時間のせいで、例えば朝の支度など、ほかのことにも時間がかかってしまいます。投稿を見たり、誰かにコメントを書いたり、自分の投稿にもらったコメントに返事を書いたりに夢中になってしてしまうからです。

デバイスに費やす時間は、多くの人にとって大きな「砂の罠」になっていることがわかります。シェリルが気付いたように、ほんの数分だけ携帯電話をいじるつもりが、週単位で見るとあっという間にものすごい時間になってしまう可能性があります。あるいは、第3章で紹介したシェリルのクラスメイトのように、1日の終わりにパートナーと一緒にリラックスするだけのつもりが、気付くと週の20パーセントもテレビの前で過ごしていた、なんてことになりかねません。

シェリルのSNSのつかい方や、クラスメイトのようにソファでボーッとしながら夜を過ごすなどは、特に珍しいわけではありません。調査によると、アメリカ人は平均で毎日3時間、スマホをいじっています。そしてこれは何も、スマホに中毒している若者だけの話ではありません。もちろん、1日のスマホ使用時間は、平均3・7時間のミレニアル世代〔訳注／1981〜1996年に生まれた世代〕の方が、平均3・0時間のX世代〔訳注／1965〜1980年に生まれた世代〕より長いですが、それほど違うわけではありません。ベビーブーマー世代〔訳注／1946〜1964年に生まれた世代〕もまた、スマホの小さな画面に平均2・5時間を費やします。[164]

統計からはさらに、どの世代の成人も平均で毎日5時間、テレビを見て過ごしているのがわかります。[165]つまり、毎週20〜30時間、受け身的に画面を見ながら過ごすのは珍しくないということです。

当然ながら、テレビ視聴やスマホ利用のすべてが時間の無駄というわけではありません。実際、何も考えずに画面を眺めて何時間も過ごしてしまうのと、意図的に過ごすのとでは違います。安全なメディアの利用について教えている非営利団体コモン・センス・メディアは、「デバイスをつかう時間がすべて同じというわけではない」と、はっきり述べています。教育したり、共感を高める物語を伝えたり、大切な人と積極的に関わったりする機会となる場合は、テレビやスマホの利用は好ましいものです。しかしそこにも、時間の問題は関わってきます。

もし時間的に余裕があるのなら、シェリルがスマホをいじって過ごした時間も、そこまで問題ではなかったでしょう。しかしガラス瓶の例え話が浮き彫りにしたように、時間は有限です。仕事と学業をやりくりする多忙なスケジュールを考えると、友達や妹と会う「時間がない」とシェリルは嘆きます。とはいえ、SNSに費やす時間（シェリルはこの活動に、幸せの評価点10点満点中、5点をつけていました）を減らせば、その時間をつかって友達と会ったり（平均で7・5点）、妹と一緒にディナーを食べたり（10点）できるでしょう。

あなたにとっての砂は何ですか？　何も考えずに時間を費やしてしまい、もっと賢明につかえばよかったと後悔で胸が痛くなるようなものは何でしょうか？

私の場合、メールの受信トレイが最大の砂の罠です。メールに返信していると、仕事の時間も家での時間も、あっという間になくなってしまいます。メールの返信に時間がかかりすぎ、実のあるものを何も達成できないままもう終業時間、ということがありすぎます。実のところ、「緊急」のメールに邪魔され続けたせいで、まさにこのページを書き上げるのに、丸一日かかってしまったくらいです。受信トレイを常に最新の状態に保とうとしたらきっと、（本1冊どころか）1章も書けないし、論文を仕上げることも、講義の準備さえもできないでしょう。

メールは私の生産性を脅かすのみならず、本当に楽しいことにつかう時間さえも脅かします。夕食後、未対応のメールがないか確認する衝動に駆られてしまうのです。というのも、常に新たなリクエスト、新たな質問、新たなメールが、返信を待っているからです。時間をかければかけるだけその時間を埋め尽くす、終わりなきタスクです。メールに時間をかけているせいで、ロブと一緒にワインを味わったり、近所の人たちと夜に散歩したり、好きな本を読んだり、映画を見たり、兄に電話して子どもたちは元気かと聞いたりする時間がなくなってしまいます。

メールという形か否かによらず、情け容赦なく投げつけられるリクエストのせいで、私たちのガラス瓶はあっという間にいっぱいになってしまいます。「この委員会に入ってくれますか？」「お願いがあるけどいい?」「アドバイスしてもらえないかな? コーヒーでも飲みながらどう?」「子どもたちを車で送ってくれない?」「パネルディスカッションに登壇していただけませんか?」「おやつ係やってくれる?」「私たちの分のプレゼントも手配してもらえる?」「イベントの企画お願いしていい?」……たいていは手遅れになるまで、自分がリクエストに埋め尽くされていることすら気付きません。たくさん抱え込みすぎて圧倒されてしまい、自分にとってどれがやるべき価値のあるものなのか(あればですが)、わからなくなってしまうのです。

この難題の原因は一つに、「頼まれたらイエスと言った方が楽に思えるから」があります。パネルディスカッションへの登壇やおやつ係を依頼され、今は一秒たりとも無駄にする時間はないけれど、きっとそのころにはもっと時間があるだろう、と考え引き受けます。でもそれならなぜ、パネルディスカッション当日や、おやつ係をするイベントの当日になると必ず、どうして引き受けちゃったんだろうと思いながら、必死に駆けずり回っているのでしょうか?

ガル・ザウバーマンとジョン・リンチという二人の研究者は、人が何かと抱え込みがちになる心理を説明する複数の実験を行いました[166]。ある実験では、参加者にその日の活動と可処分時間について考えるよう指示しました。次に同じ参加者に対し、1カ月後の同じ週の同じ曜日の活動と可処分時間について、考えるよう指示しました。今と未来、自分がどのくらい忙しいかを鮮やかに思い描いてもらったあと、可処分時間について、今日の方が多いなら1点、来月の方が多いなら10点という具合に、10点満点で評価してもらいました。この実験から、誰もが一貫して持つ思い込みがあきらかになりました。**「今日よりも来月の方が、ずっとたくさん時間がある」と思ってしまう**のです。

もちろん、このような考えはばかげています。現実としては、今日はほかの日と何も変わりなく、1カ月後の今日だってそれは同じです。同じように24時間しかなく、リクエストにイエスと言ったために相変わらずいろいろと抱え込みすぎているでしょう。とはいえ、将来的にはもっと時間ができているだろうというまさにその期待のせいで、私たちは今、イエスと言ってしまうのです。ガルとジョンはこの発見に、「イエス……しまった！効果」というぴったりな名前をつけています。

幸いにも、簡単に解決できる方法があります。原因となる心理を理解すれば、この効果に対抗できるのです。砂の罠に抗うこの戦略は、**もしそのリクエストが今日だったとしても受ける、と思えるものだけに「イエス」と答える**というものです。

この問題のもう一つ難しいところは、「ノー」は言いづらいという点であり、しかも女性は男性と比べ、かなり断り下手だという点です。[167] 学術界では実証ずみですが、こうした動きはどこでも、同じように見られます。サラ・ミッチェルとヴィッキー・ヘスリは、政治学部の教員1000人以上を対象に調査を行いました。女性の教授は男性の教授と比べ、何らかの委員を務めたり、名声の獲得やキャリアの前進につながらない業務を行ったりするよう依頼されがちであることがわかりました。ただしこれは、単に依頼される回数が多いというだけではありません。女性の方が、イエスと答える回数も多いのです。[168]

管理業務の依頼をしょっちゅう引き受けることで、研究する時間がなくなってしまいます。とはいえ、そもそも学術界でのキャリアを選ぶ第一の理由は多くの場合、研究するためです。研究を通して充足感が得られるし、昇進のチャンスに応募する際は、研究が評価の土台となります。だからこそ、女性の教員は、職位をなかなか上に進めないのかもしれません。

注目すべきは、アシスタント・プロフェッサー〔訳注／任期に期限がある、准教授の下の職位。助教〕の36パーセントは女性である一方、終身在職権のある正教授に占める女性の割合はわずか19パーセントという点です。つまり、ノーとなかなか言えないと、感情的にも職業的にも代償が高くつくのです。この調査結果は、お願いされるたびにイエスと言ってしまうことに対し、重要な警鐘となります。そのときはイエスと言う方が楽に思えるかもしれませんが、深刻なデメリットを伴うのです。

イエスと言いたいし、その価値がある依頼をされることは、今後必ずあるでしょう。「時間のガラス瓶」のスペースには限りがある、と認識すると役に立ちます。目の細かいフィルターをつかって、砂をふるい落とすべきだと思わせてくれるのです。**あなた自身の目的（有意義なことに時間を費やすこと）と、一番幸せになれる活動（楽しい時間を過ごすこと）に基づくフィルター**をつかいましょう。

「目的」でふるい落とす

第4章で、仕事に対して自分がどんな目的を持っているかを知ることの大切さを説明しました。つまり、なぜ今の仕事をしているのか、でしたね。自分にとっての目的を知るのが大切な理由は、それにより目標達成のカギとなるタスクに集中できるようになるうえ、こうしたタスクを行う楽しさやモチベーションが高まるからです。とはいえ、自分にとっての目的を知る価値は、仕事以外にも関係してきます。「自分はなぜそれをするのか」といった、もっと大まかな目的を知ることに価値があるのです。何がモチベーションになっていますか？　最終的なゴールは何ですか？
これまで、人との会話のなかで、私は様々な目的を耳にしました。

「発言力のない人たちに声を与えたい」
「私が想像する未来を現実にするため」
「よき父になること」
「人を楽しませること」
「人々の生活を向上させるものを作りたい」
「しらふでい続けること」
「友達を作ること」
「世界をもっとよい場所にしたい」
「人の役に立つため」

自分の目的を知ることは、砂をふるい落とし、やりがいがあって時間を割く価値のある活動が何かを判断する際に役立ちます。娘のリタは、砂浜で貝殻を集めるとき、プラスチック製のビーチ用のおもちゃをつかいます。高い視点から考える「なぜ」は、砂のなかから貝殻を見つけるこのおもちゃのように効果的なふるいとなり、価値ある活動だけを選り分けてくれます。どの活動を優先すべきか――つまりどれに時間をかけ、どれには応じないか――はっきりさせるのに役立つでしょう。

私を例にすると、ここまで読んだみなさんは、私のゴールが幸せを広めることだとわかっていますよね。第4章でお伝えした私の職業上の目的である「何が人を幸せにするかに関する知識の創造と拡散」に照らし合わせると、どの活動が楽しく、意義を感じられるかをもっと正確に予測できるようになります。

パネルディスカッションに登壇するよう求められたら、それが心身の健やかさに関する理解を広めるのに役立つか否かで、イエスかノーかを判断しています。あるいは、委員会のメンバーになるよう求められたら、私が大切に思う人たち（私の子どもやそのコミュニティ、あるいは私自身のコミュニティである同僚や教え子たち）の心身の健康が改善されるか否かをもとに決めます。このフィルターのおかげで、精神的な負荷が軽減され、リクエストに応える時間が短縮されます。何が自分にとって正解かはあきらかだからです。

「幸せ」でふるい落とす

第3章の時間記録エクササイズでは、日常生活でどんな活動から幸せを感じるか、そしてそうした活動に共通している特徴は何かを特定しました。ここで得た知識は、考えなしにガラス瓶を満たしてしまう恐れのある物事と、喜びをもたらしてくれる活動とを選り分けるフィルターの役目を果たしてくれます。

ここで再び、私を例に取ってみましょう。時間記録エクササイズのデータを分析していたとき、私が好きな活動に見られた特徴は、自分の子どもと一緒に何かをする、でした（子どものためにする活動は、そこまで楽しいわけではありませんでした）。これをフィルターとしてつかい、子どもに関連した時間のつかい方を選り分けられます。

　例えば、子どもの学校のイベント委員会に加わってくれないかと聞かれたときは、迷わずノーと答えました。この仕事では、リタともレオとも一緒にいる時間が一切ないからです。一方で、リタのクラスのルーム・ペアレントになってくれないかと聞かれたときは、オーケーしました。もちろん、保護者向けのメールを送ったり、クラスのイベントを企画したりしなければいけませんが、その1年間、娘のクラスのみんながポジティブな経験をするお手伝いができます。もっと重要なのは、こうしたイベントのときは娘と一緒に教室にいられるという点です。

　また、レオのクラスがグラミー博物館に社会見学に行くのに付き添いをお願いされたときも、イエスと答えました。レコード音楽の制作やパフォーマンスについて、レオや友達が学ぶのに一緒についていくのは、私にとって間違いなく、仕事を休んでまで行く価値があるものでした。息子と一緒に1日過ごすことができました。

　あまりにも多くの人が、時間貧乏です。私たちは、予定をつめ込みすぎてやることがありすぎ、すべてをこなすだけの時間が足りずにストレスを抱えています。でも砂をふるい分ければ、一番大切なもののために、時間のガラス瓶にスペースを作り出すことができます。

自分にとっての「ゴルフボール」は何か？

目的と幸せのフィルターがあるおかげで、リクエストされたときにどう反応するか決められます。とはいえ最終的には、時間をどうつかうか、もっと自発的に決められる方がよいはずです。時間のガラス瓶には、ゴルフボールを最初に入れなくてはいけません。次の章では、1週間のスケジュールにいかにしてゴルフボールを最適な場所に配置するかをお教えします。でもまずは、あなたにとってのゴルフボールが何なのか、見極めなければいけません。**あなたが心から幸せを感じられる、最も大切な活動は何ですか？**

　第3章の時間記録エクササイズは、データを駆使して、あなたのゴルフボールを特定します。このエクササイズを実際にこなすことを強くおすすめします。結果に驚かされるかもしれません。とはいえ、エクササイズをすべて行わなくても、自分のゴルフボールを選ぶこともできます。ここ2週間を振り返り、こう自問してみましょう。「一番のときめきをくれた活動は何だった？」

　これはちょうど、お片付けの達人である近藤麻理恵による、家を片付けるときのアドバイスに似ています。[169] 彼女は服を一つひとつ手に取り、それが心に語りかけてくるか、ときめきを感じるか、自問するようアドバイスしています。感じなければ、これまでありがとうと感謝し、手放します。でも、これは単に着古したTシャツだけに当てはまるわけではありません。最も貴重なリソースである時間をどうつかうかを見極める際にも、同じ質問がつかえます。

夫のロブが、自分にとってどの活動がときめくか見極めようと2週間の出来事を振り返ったところ、レオと一緒に『ハリー・ポッター』を読んでいるとき、とても深い幸せを感じることに気付きました。夜のうす暗い照明のなかで、レオが横たわるベッドに腰かけていると、ロブは満たされた気持ちになりました。この静かな空間のなか、ロブと息子のエネルギーは一つになり、無限の可能性を秘めた空想の世界へと、二人の心は一緒に旅立ちました。職場での容赦ない仕事量や、家庭でのバタバタした夜の時間にもかかわらず、レオと一緒に本を読むこの30分は、なんとしても毎日確保するだけの価値があると、ロブは気付いたのです。これが、ロブにとっての優先事項です。

私にとって義理の姉であるクリスティーナは、それまでの2週間を振り返り、友達との週末のハイキングに喜びを見出しました。体を動かして爽快になるのはもちろんのこと、屋外で人と交流する点が好きでした。頭上には広々とした空が広がり、仕事は一切忘れて、人の話を聞いたり、分かち合ったりする空間を満喫しました。人とつながっているこの感覚や幸せを感じるために、過酷なトレッキングを一日中する必要はありませんでした。むしろ、ただ外へ出て、一緒にいて楽しい相手とウォーキングする、それくらいシンプルだったのです。

私にとって、大きなときめきを与えてくれるものに、ロブとのデート・ナイトがあります。二人で外食するときは、いつもの習慣や配膳のわずらわしさ、さらには台所の片付けを忘れ、お互いに対して一番の意識を向けます。コロナ禍でレストランに行けないときでさえも、デリバリーを頼み、玄関の軒先に小さなテーブルをキャンドルとともにセッティングし、音楽をかけて食事しました。平日はお互いに肩を並べて生活したり仕事したりしているので、私たちはこのときに、お互いに向き合ってきちんと会話をします。日々の忙しさにかまけてすれ違わないようにするための時間なので、絶対に優先事項でなくてはいけません。

喜びに満ちた活動エクササイズ

これまでの2週間を振り返り、あなたにとって「ときめいた」のはどの活動ですか？

①

②

③

④

⑤

「シュルツ・アワー」を確保する

自分のためにつかう時間に加え、優先すべきゴルフボールがもう一つあります。「シュルツ・アワー」です。ニューヨーク・タイムズのジャーナリストであるデイヴィッド・レオンハルトは、ジョージ・シュルツ元アメリカ国務長官が、内省の時間に毎週1時間を確保していたエピソードを詳しく書いています。

執務室でメモ帳とペンを持って座った。扉は閉めてあり、秘書官には「妻か大統領」以外の誰かが連絡してきても、邪魔をしないよう伝えてある——と、シュルツは当時を振り返る。
シュルツは（中略）、ひとりで過ごす時間が唯一、仕事について戦略的に考えられる時間だと話す。さもなければ、その時々の目先の問題に常に引き込まれ、国益に関わる大きな問題にフォーカスすることなどできないだろう。そしてどの分野であれ、いい仕事をする唯一の方法は、その大きな問題について考える時間を見つけることなのだ。

私は、シュルツの外交政策を支持しているわけではありません。でも、シュルツの考える習慣は支持しています。ぜひ試してみてください。**静かに内省する時間を確保しましょう。** 1時間である必要はありません。心を思考で満たすためだけの時間を、まずは30分、あるいは15分からでもよいので、始めてみましょう。

「シュルツ・アワー」の間は、人やメール、テキスト・メッセージ、電話、ラジオ、テレビといった、集中力を削ぐものを排除します。フロー状態に向けたスペースを作るときと同じように、シュルツ・アワーでも、扉を閉めて携帯電話をしまいましょう。あるいは、デスクから離れて、外へ散歩に出るのもよいでしょう。

気が散るものを身の回りから排除することで喜びが得られる、という話はすでにしましたが、シュルツ・アワーの価値はそれを上回ります。注意を向けるべき重要な決定事項については、この時間をつかうことで、しっかり理解したり、アイデアを際限なく生み出したり、巧みな戦略を立てたりできます。重要な決定事項とは例えば、「恋人との関係をもう一歩先へ進めるか？」「恋人と別れるという難しい一歩を進むか？」「今いるところから、別の町／別の地域／別の国へ引っ越すべきか？」「次の仕事は決まっていないけど、辞表を出すべきか？」「大学に戻って勉強するか？」「どの伝統を家族で育んでいくか？」「もう一人、子どもを作るべきか？」「子犬を飼いたいという子どもの思いを受け入れるべきか？」「言いにくいあの話をそろそろ友達にするべきか？」などです。

こうした決断はすべて、時間のガラス瓶のなかでそれぞれのスペースを占める価値があります。急いで決めるべきではないのです。レオンハルトはこう述べます。「新しい情報を集めるのに時間をすべてつかってしまったら、その意味を理解するための時間がなくなってしまう」。思考の時間を優先させましょう。

「近視」的な行動、「遠視」的な行動

ダイアナとジャスティンは結婚のお祝いに、最高のプレゼントを受け取りました。サン・イシドロ・ランチでの2泊3日の宿泊券です。サン・イシドロ・ランチとは、カリフォルニア州サンタバーバラののどかな丘陵地帯にひっそりとたたずむ隠れ家で、つるが覆うコテージには、見事な景観のプライベート・ガーデンがついています。上質なリネンの上でのんびりと朝を過ごしたり、バスケットに入れて届けられる焼きたてのクロワッサンと手作りジャムを頬張ったりと、カップルで過ごすのにぴったりです。窓は開け放したままにしているので、ジャスミンやオレンジ・ブロッサムの香りや、ハチドリやミツバチが飛ぶ心地よい音が部屋のなかまで入ってきます。

ロマンティックな短期休暇に最適で、アメリカ版「ロイヤルファミリー」と呼ばれたジョンとジャッキーのケネディ夫妻も新婚旅行で滞在しました。また、ハリウッド・スターのローレンス・オリヴィエとヴィヴィアン・リーは、ここの木々の下で結婚の誓いを交わしました。古風な場所ではありますが、サン・イシドロ・ランチの宿泊費はかなりの高額です。言うまでもなく、とても嬉しいプレゼントであり、ダイアナとジャスティンは楽しみにしていました。

10年後、二人はこのプレゼントをまだつかっていませんでした。結婚は続いており、しかもとても円満でした。それなのに、10年経った今でも、二人きりでの小旅行の時間を取れていなかったのです。これは何も、お互いが相手だと楽しめないからとか、「焼きたてのクロワッサンを食べながら

の静かな朝」の魅力が薄れたからではありません。そして当然ながら、プレゼントだったのでお金が問題なわけでもありません。

ダイアナとジャスティンがサン・イシドロ・ランチに泊まりに行けていないたった一つの理由は、いつも何かしらが起きるからでした。何度かコテージを予約したものの、いとこの誕生パーティ、子どものサッカーの試合、仕事のプレッシャーなどが邪魔し、毎回予約をキャンセルするはめになりました。優先事項であるにもかかわらず、実際に優先したことがなかったのです。

私の専門分野である「行動的意思決定」において、ほとんどの研究者が取り組んでいるのは、近視的になった人が、近くて簡単なものの誘惑に負けてしまうという問題です。つまり、**人はすぐに楽しめる選択肢を選び、そのせいで将来的にやってくるネガティブな結果を無視する**のです。実際に大半の研究は、どうすれば人に「したい」よりも「すべき」を選ばせられるか、「悪徳」よりも「美徳」を選ばせられるかに注力してきました。

数多くの実験と数十年に及ぶ研究をもとに良書がいくつか出ており、その1冊に、ケイティ・ミルクマンの『自分を変える方法』（ダイヤモンド社）があります。同書は、自己管理能力を向上させるための方策――つまり、今すぐは楽しくないかもしれないものの、長い目で見たら今よりも健全かつ賢明な行動を取るための方策――を紹介しています。私はこれまで、食習慣や金銭のつかい方で自制心を発揮できない人が、大変な痛手を被る様子を目にしてきたため、この本が提唱する内容に同意します。

とはいえ、反対の問題に苦しむ人がいるのも同じくらい見てきました。**最高の結果を出さなかっ**

た場合に抱くであろう罪悪感を避けるために、目前の喜びを常に犠牲にしてしまう人がいるのです。競争の激しい学校制度や職業環境のせいで、遊ぶよりも働きたい、リラックスするより物事をやり終えたい、という強烈な衝動が存在します。そういう意味では私自身も、実現が一番難しい「新年の誓い」は、「毎日ジムへ行くこと」ではなく、「週末には仕事をしないこと」でした。

研究者のアナット・キーナンとラン・キヴェッツも、この現象を目にしました。二人は「遠視」という絶妙な呼び方でこれを表現しました。必要以上に遠くに焦点を合わせ、常に今よりも未来を選ぶ傾向のことで、過度に自制を効かせてしまいます。[170] 確かに、おやつにはチョコレート・ケーキよりもりんごを選んだ方が健康的です。そうは言っても、毎回りんごのような選択肢ばかりを選んでいると、チョコレートのような楽しさを経験する機会がなくなってしまう、と二人は指摘します。「したい」よりも「すべき」ばかり選んでいると、喜びを味わう機会などありません。そして「すべき」に駆り立てられた決断ばかり何年も繰り返していると、振り返ったとき、人生が与えてくれる幸せを逃してきたことに、激しく後悔するかもしれません。その幸せには、白いリネンのシーツの上でクロワッサンをボロボロこぼしながら食べることも含まれます。

キーナンとキヴェッツは、これを証明するために複数の実験を行いました。ある実験では参加者に対し、これまでに仕事をするか遊ぶか悩み、最終的にどちらかを選んだ状況を思い出すよう指示しました。仕事を選んだ人は、遊びを選んだ人と比べ、当時を思い出してかなり激しく後悔し、楽しいことを逃した感覚がしたと報告しました。

別の実験では、大学生に対し、前年の冬休みを振り返るよう指示しました。どう過ごしたかを学生たちに思い出してもらったところ、「もっと勉強すればよかった」という文章よりも、「もっと旅をすればよかった」という文章に同意する傾向がかなり強く見られました。

この後悔を避けるために、大切な活動を優先させましょう。自分のゴルフボールが何であるかを知って終わりではなく、実際にそれを時間のガラス瓶に入れることが大切です。ダイアナとジャスティンにとって、サン・イシドロ・ランチに予約を入れただけでは充分ではありませんでした。実際にそこへ足を運ぶ必要があったのです。

確かに私自身、終わらせようと思っていた仕事が金曜日の午後になっても片付かず、残業して終わらせたい気持ちになることもあります。ロブは私があれこれ同時進行でやっているのを理解しているので、デート・ナイトをキャンセルしてもまったく気にしないでしょう。しかも、彼自身も忙しかった1週間の仕事を終えてのんびりテレビを見るのもよいかなと思うかもしれません。時間を少し後ろ倒しにすればいいのでは？　ノーです。この時間を過ごさないという選択肢はあまりにも簡単に選べるからこそ、過ごす約束を全力で守るのが、ことのほか重要なのです。

約束を必ず守り、デート・ナイトを実行するために、私とロブは、行動経済学者が「コミットメント・デバイス」と呼ぶものを実践しています。**コミットメント・デバイスとは、目標を最後までやり遂げざるを得ないよう自分を仕向ける方法で、できなかった場合には自分にコストが降りかかってくる**ようにします。例えば、ダイアナとジャスティンは、サン・イシドロ・ランチでキャンセル不可の予約を入れることもできたでしょう。そうすれば、行かなければ宿泊券が無効になってしまいます。

私とロブのデート・ナイトでのコミットメント・デバイスとしては、私たちは毎週金曜日の夜にベビーシッターの予約を入れており、お金を払うことにしています。このおかげで、ベビーシッターを探すタスク（あるいは見つからないという言い訳）がなくなるのみならず、信頼のおける大人が金曜日の午後6時に我が家に必ず来てくれるため、私たちは外出せざるを得なくなります。そして必然的に、いったん外に出て、ほかに気がかりなことが手元からなくなってしまえば、ロブと私にとって後ろ髪を引かれるものが一切なくなります。

　このようなコミットメント・デバイスや、次の章でお教えする「予定を立てるための戦略」に加え、時間は有限だと悟ることでも、大切な時間をしっかりとつかおうという気になれます。第5章の「残り時間算出エクササイズ」が、喜びをもたらしてくれる時間をもっと大切につかおうと気付かせてくれたように、時間のガラス瓶の例え話は、喜びをもたらしてくれる時間を優先的に確保することに気付かせてくれます。

　ところで、ダイアナとジャスティンは、サン・イシドロ・ランチに泊まりに行きました。その数日後に私はダイアナと会ったのですが、彼女は輝いていました。ジャスティンは私の講座を受講しており、時間のガラス瓶の動画を見ていたのです。そして二人は、お互いにとって究極的に大切なことに時間を充てたのでした。

ゴルフボールを入れてから、砂を入れる

みなさんが自分の時間をどうつかうか決める際には、時間がいかに有限であるかを思い出すために、時間のガラス瓶の例え話に、ぜひ立ち戻ってください。配分できる時間には、限りがあります。もし砂――考えなく押し付けられたり、頼まれたり、誘いこまれたりするあらゆるモノ――で時間を満たしてしまったら、心から楽しめる有意義な活動のための時間は、足りなくなってしまいます。自分の時間をどうつかうか、意識しなくてはいけません。自分の時間のつかい方は、受け身ではなく積極的に決めましょう。最初にゴルフボールを入れて、自分が今そんな気分か否かや、砂が流れ込んできたか否かにかかわらず、そのための時間をきちんと守らなくてはいけません。

第7章での学び

- [ ] 人は、何の身にもならないような活動で日々の時間を無駄にしてしまいがちになる。

- [ ] 理由の一つに、頼まれたら「イエス」とつい言ってしまうことがある。将来的にはもっと時間ができるだろう、と（誤って）考えてしまうためだ。

- [ ] もう一つの理由は、人は多くの場合、目先の喜びよりも将来的な利益を選ぶからだ。

- [ ] とはいえ、楽しめる活動を常に先送りにしていると、深い後悔の念を抱くことになる可能性もある。

- [ ] そのため、有限である時間のガラス瓶のなかで、自分に喜びをもたらしてくれる活動のための時間を見極め、守り、優先させよう。

8

カンバスに、1週間を描いてみる
——スケジュールの最適化

波を止めることはできないが、波乗りを学ぶことはできる。

ジョン・カバット・ジン
（マサチューセッツ大学医学部名誉教授）

本書をここまで読んで、理論は理解したと思います。ここからは、実践の時間です。タイルをつなぎ合わせてモザイク画を作るように、みなさんが時間をつなぎ合わせて理想的な1週間を作れるよう、私がお手伝いします。時間を手作業《クラフティング》で作り上げるということで、このプロセスを**タイム・クラフティング**と呼びたいと思います。

時間をクラフティングする際、自分の日々の活動をモザイク用のタイルだと考えてみてください。様々な色とサイズで、ほかのものよりもともと魅力的なものもあります。本書のこの時点ではすでに、どれが一番魅力的なタイルか――自分にとって一番楽しく有意義であり、「ときめき」を与えてくれる活動か――わかっているはずです。

とはいえ、どのタイルであっても、視点を変えればもっと明るくなることも、あなたはわかっています。さらには、快楽順応を緩和したり、注意力を散漫にさせるものを取り除いたりすることで、すでに魅力的なタイルの美しさをもっと高める戦略も持っています。一番魅力的でないタイル（家事、仕事、通勤）を輝かせる戦略だってあります。

本章では、こうしたタイルをすべてつなぎ合わせ、壮大なモザイク作品を作り上げるにはどうすべきか、その最善策を考えるお手伝いをします。さらに、タイルをどう置けば最適な位置と並びになるかお教えします。このプロセスでは、お気に入りのタイルからの影響を高めつつ、好きではないタイルからの影響は最小限にとどめます。

できあがったモザイクは複雑ですが、時間をクラフティングしていくステップはシンプルです。本章では、これまで取り上げてきたコンセプトを振り返りながら、あなたにとって最適な週を作り上げるためのシンプルな応用方法を提案していきます。これはいわばスケジューリングの手法ですが、これまでの予定の立て方とは異なり、今のあなたは科学的な知識を持っているうえ、自分にとって何が優先事項で何が目的かを理解しています。どのタイルをどこに置くか、しっかりと意図を持って意識的に決め、最終的には、人生そのものをクラフティングしていくことになります。

タイム・クラフティング

何も記入していない1週間のスケジュール表は、あなたがタイルを置いていくカンバスとなります。ダウンロードして印刷したうえ〔訳注／319ページ「会員特典データのご案内」参照〕、手順にしたがい、鉛筆でタイルを下書きしてみてください。消しゴムを準備しておきましょう。というのも恐らく、進めていくうちに、決めたことを修正したくなるからです。

具体的な事例を見た方が作りやすいため、私が週のスケジュールをどうクラフティングしたかをお見せします。とはいえ、活動の内容やどう配置するかは、あなただけのオリジナルでなければいけません。あなたにとって楽しく、有意義だと感じるもの——あなたに喜びをもたらすもの——でなければいけないのです。またあなたの1週間は、自分自身が現実的に実施できることや、家族構成、仕事内容、さらにはその仕事がどれだけフレキシブルかによることに留意してください。

例えば、小さな子どもがいる私の場合、子どもが学校へ行っているとき以外の自分の時間につい

あなたのカンバス

	月	火	水	木	金	土	日
午前6時							
正午							
午後6時							
午後11時							

ては、子どもたち自身や子どもの世話をしてくれる人たち、さらには夫のロブと調整しなくてはいけません。子どもがいない人の場合、もっと自主的にスケジュールを立てられるでしょう。

一方で私は研究者なので、就業時間の過ごし方については、大半の職業の人よりも融通が利きます。教授としての責務の一部には教室で過ごすよう固定される時間もありますが、ほとんどの仕事は自分で決められます。

どのプロジェクトをするか、いつやるかを、私は自分で決めます。この点において、私は自営業のようなものです。そのため、就業時間に適用されるモザイクのデザイン要素の一部は、私と同じように勤務時間がフレキシブルな人にのみ当てはまります。

多くの人はこのようにフレキシブルには働けないことを考慮し、義理の姉であるクリスティーナのスケジュールも例としてお見せします。特別な支援を要する子ども向けの学校でプログラム・ディレクターをしている彼女は、就学時間中ずっと自分のオフィスにいなければいけません。この「本職」のほか、「家庭内セッション」を行っており、特別支援を必要とする生徒たちを個別にサポートしています。このセッションは、学年度を通してずっと毎週同じ時間に行います。ということで、クリスティーナの就業日のスケジュールはかなりきっちり固まっており、就業時間の自由度はほとんどありません。そのためクリスティーナの例は、特に就業時間後や週末の時間をクラフティングし、可処分時間を最大限に活用したいと思っている人の参考になるでしょう。

タイム・クラフティング戦略のなかには、当てはまらない人もいますが、基本的なステップは誰でも同じです。では、カンバスを印刷して鉛筆を手にし、一緒にやってみましょう。

ステップ1　固定タイルを置こう

恐らく、毎週決まった時間にこなさなければいけない活動があるのではないでしょうか。いろいろと決める前に、まずはこうした活動が何かをはっきり知っておくと役立ちます。固定された活動のタイルを記入すれば、クラフティングできる時間がどれだけ残っているかがはっきりします。

まず、これらの固定された活動をカンバスに記入していきましょう。その時間を枠で囲い、何の活動か書き入れます。クラフティングの過程で、この時間をもっと活用したいと思う機会があるかもしれないため、この時間を完全に固定してしまわないようにします。例えばこうした活動の一つを、もっと楽しめる活動と抱き合わせることにするかもしれません。あるいは、全体としての影響を考慮して、この時間をいくつかに分けたり、一つにまとめたりした方がよいケースも出てくるかもしれません。

自分にとって何が固定された活動かは、はっきりしているはずです。とはいえ、今自分が毎週ししていることをただ記入していけばいいというわけではありません。するか否か、いつやるかを自分で決められない活動のみ、固定された活動とみなすべきです。例えば、就業時間が決まっている仕事を自宅の外でしている場合、この仕事とそれに伴う通勤時間を、固定タイルとして配置します。あるいは、子どもを毎日決まった時間に学校に送迎したり、毎週決まった時間に会議があったり、緊急時以外は必ず守っている約束があったりする場合、これも固定タイルに含めましょう。

例えばクリスティーナは、マンハッタンにある学校に月曜日から金曜日の午前8時から午後3時

クリスティーナのタイム・クラフティング：固定タイル

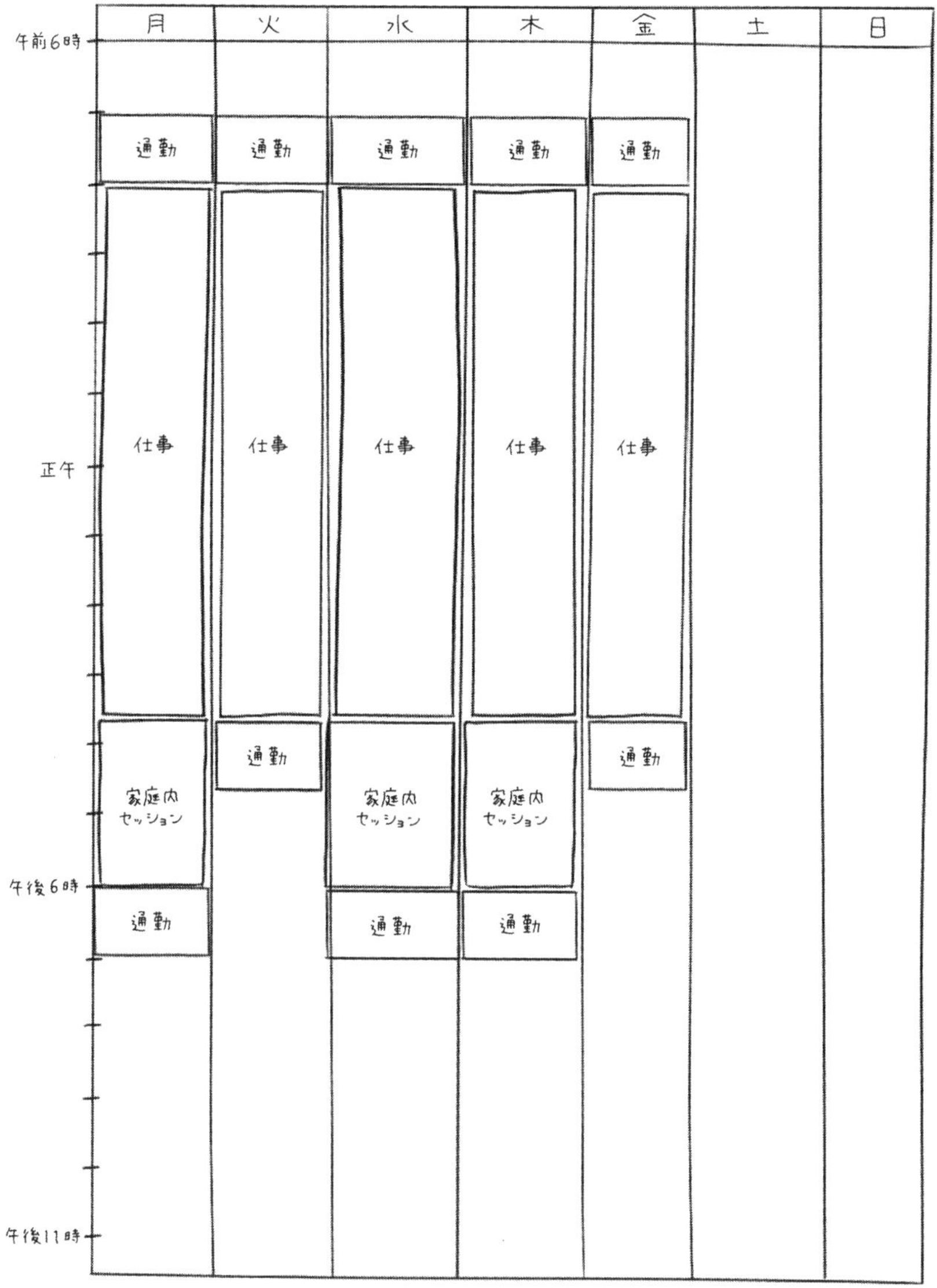

30分までいなくてはいけません。ニューヨーク郊外に住んでいるため、通勤には片道1時間かかります。さらに、月水木には一対一のセッションで生徒の自宅に行っており、帰宅は午後7時になります。クリスティーナの固定タイルはそのため、通勤時間と就業時間が含まれます。

私の例は、UCLAで教えている1カ月のうちの1週間をクラフティングしたものです。水曜日の午後1時～4時、水曜日の午後7時～10時、木曜日の午前8時30分～11時30分、教壇に立って教えている必要があります。学生が質問に来たときに備えて、講義が始まる30分前には教室に到着していたいし、講義後も通常は教室に少し残っています。そのため、講義のタイルを固定された時間としてカンバスに配置しました。さらに、毎週金曜日の朝からランチタイムにかけて、出席必須の教員会議とセミナーがあります。これらも、カンバスに配置しました。当然ながら、講義の準備や研究、管理業務にプラスして、そうした作業の合間に週数十時間は働きます。とはいえ、それをいつやるかはフレキシブルに決められるため、この時間は固定タイルには含めていません。

ステップ2　喜びのタイルを置こう

固定タイルが置けたら、クラフティングできる時間がどこかが見えてきます。次は、このプロセスで一番大切なステップです――まずは、喜びのタイルから置いていきましょう。

前の章では、本当に大切な活動を優先させることがいかに大事かを取り上げました。このステップは、時間のガラス瓶にまずゴルフボールを入れるのと似ています。違いは、ゴルフボールをガラ

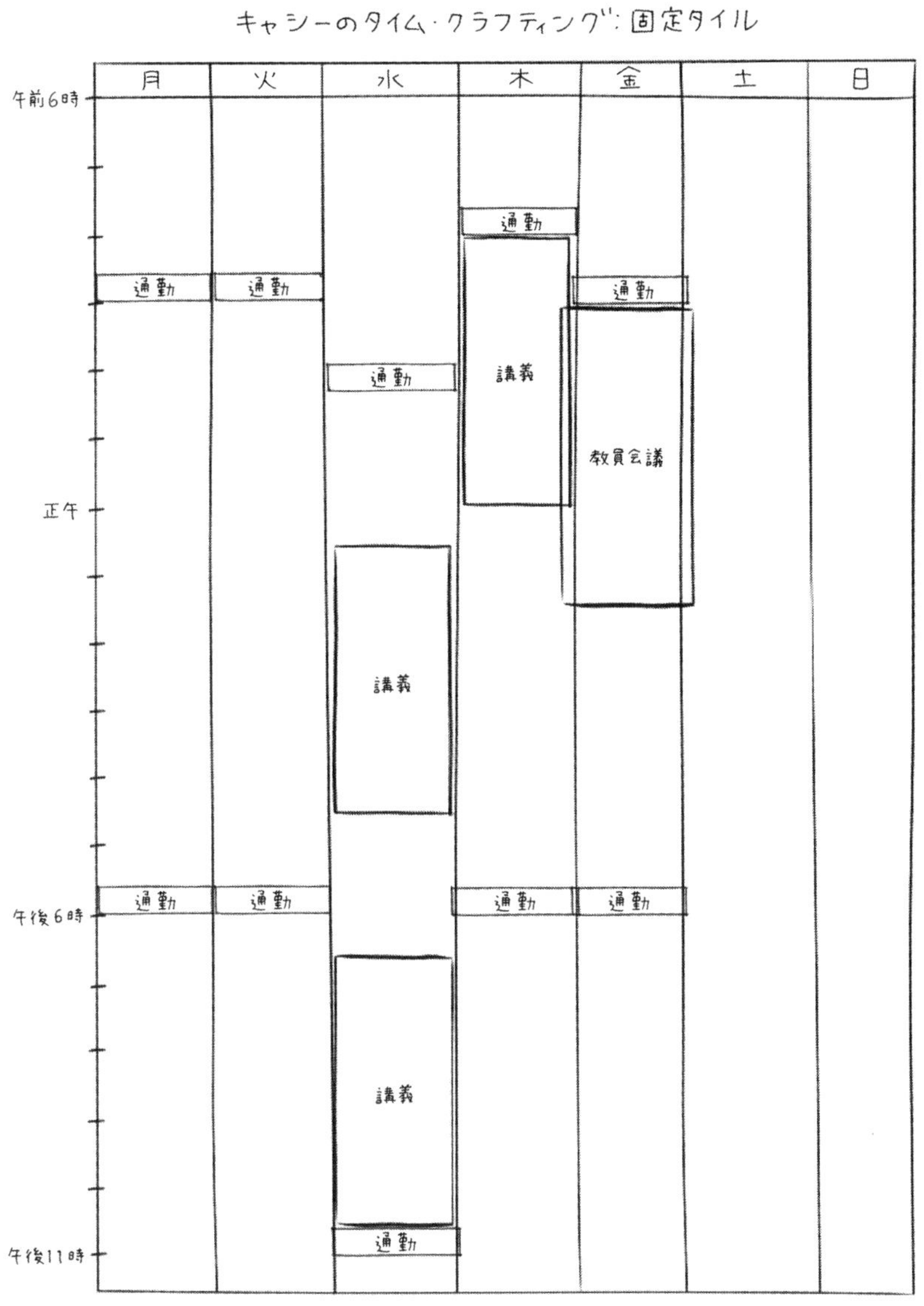
キャシーのタイム・クラフティング：固定タイル
月
火
水
木
金
土
日
午前6時
正午
午後6時
午後11時
通勤
講義
教員会議

ス瓶のどこに置くか、具体的に決める点です。時間をクラフティングする際は、あなたがベストでいられる時間を、一番意味のある活動に充てましょう。また、この時間は完全に固定させて確保してしまいましょう。こうすることで、きわめて重要なこの時間帯を、ほかの義務やリクエスト、何も考えずにデバイスをいじるなどの時間に奪われないよう確保できます。

このステップではまず、カギとなるタイル――「ときめき」を与えてくれる活動――を集める必要があります。心の底から楽しめるうえに有意義なので、絶対に時間を確保したいと思う活動です。どのタイルかを特定するには、第7章の「喜びに満ちた活動エクササイズ」と第3章の「時間記録エクササイズ」のパート2で洗い出した「最も幸せな活動」を振り返ってみましょう。

タイム・クラフティング
戦略1

人とつながる時間を確保する。

第3章で学んだ通り、喜びのタイルのなかには、人との交流に関するものもあるでしょう。あなたが（私と同じ）内向的な人なら恐らく、大好きな人たちと一緒に過ごすときが一番幸せなはずです。そして（私の息子のレオのように）外向的なら、それが誰であれ人と一緒なら幸せだと思うでしょう。

しかし忙しいスケジュールのせいで、人のためにつかう時間はなかなか取れないものです。やることがあまりにも多すぎ、友達や家族の声を聞きたいから電話をする、というシンプルな行為でさえ、ついおろそかにしてしまいます。常に気が急いてしまい、スピードを落として、周りの人たちと一緒にただ思い切り楽しむこともなかなかできません。これ以上、大切な人との関係を築いたり、楽しんだりすることなく日々が過ぎてしまわないよう、こうしたタイルをまずカンバスに置いていきましょう。１週間のスケジュールのなかに、この時間を確保して固定させましょう。

デート・ナイト――前述の通り、私にとってロブとの会話は、「人とつながっている」という感覚を深いレベルで感じさせてくれ、はかりしれないほど大きな喜びを与えてくれます。同じ屋根の下で暮らしているために、いつでも夜になれば話ができるから重要視する必要はない、と思い込んでしまうかもしれません。

ところがまさに、あまりにも簡単に思えるからこそ、危険なほど簡単に後回しできてしまうのです。そして現実としては、二人とも仕事に注意を奪われていないときは、子どもに注意を奪われてしまいます。そのため、一緒に過ごす時間を確保しなければいけないのです。私たちは「デート・ナイト」の予定を毎週入れることで、これを行っています。

時間を作ることに加え、このタイルを理想的な場所に配置するのも重要です。完璧なのは金曜日の夜です。私のカンバスの金曜日の夜は、特別な時間になっています。平日ずっと心待ちにするものができるうえ、良質なワインとおいしい食べ物のおかげで、お祝い気分で毎週末をスタートできます。また、翌朝早起きして生産的に動かなくてもよいため、仕事絡みの不安で楽しみが削がれることもありません。

デート・ナイトのタイルがあるため、ロブと私は仕事でのディナーや友達とのお出かけなど、夜の予定はほかの曜日に入れ、子どもたちも参加する交流イベントは、土日のどこかに入れています。

タイム・クラフティング戦略2

「電話禁止ゾーン」を作り、集中力を削ぐものから大切な時間を守る。

前述の通り、スマホがあると、今していることへの集中力が削がれ、楽しみが低下します。最大の喜びをもたらしてくれる活動のさいちゅうに集中力を削がれたくはないはずなので、この時間を守るために、週のなかに「電話禁止ゾーン」を作りましょう。携帯電話をしまい、視界からなくします。メールやSNSを覗かなくなるため、人とのつながりをより深く感じられるようになります。

家族とのディナー――現職中のバラク・オバマ大統領は、仕事が終わることなど絶対ないものの、妻、義母、娘二人（サーシャとマリア）と一緒に食卓につけるよう、毎晩午後6時30分きっかりに執務室をあとにしていました。そこからサーシャとマリアを寝かしつけるまでの2時間は、大統領を邪魔してはいけないと、職員もわかっていました。オバマ大統領の全意識は、国家や世界の未来を案ずることにではなく、娘たちに向けられました。娘たちが話す遊び場での出来事や、学校で何を学んだか、どんな曲が流行っているかに、しっかりと耳を傾けました。退任後のインタビューでは、こうした家族とのディナーの習慣が、自身の命綱になっていたと話していました。[17]

私も、ディナーの時間で得られるホッとするひとときや人とのつながりを大切にしています。そのため、（講義が入っているときを除き）午後5時30分には、仕事のキリの良し悪しにかかわらず家に向かいます。ロブも同じです。我が家の習慣であるディナーの時間は午後6時、音楽をオンにしたときにスタートします。

そこからの2時間は、電話禁止ゾーンとして守られているため、ロブと私は携帯電話を玄関に置いておきます。クリスティーナは、タイム・クラフティングする際に、夜を電話禁止ゾーンにするのが最強の戦略だと感じました。その効果は「人生を変えるほど」だと言い、子どもたちをこれまで以上に理解できるようになったと話します。携帯電話という注意力を削ぐものをわずか数時間、手元から離すだけで、失われた数年を埋め合わせているように感じたのです。

タイム・クラフティング戦略3

雑用をアウトソースして喜びの時間を最大化する。

我が家では、ディナーを食卓に出すまでにかかる時間は約15分です。仕事から帰宅してからレオとリタの就寝時間まであまりにも時間がないため、子どもたちを置いて食材を買いに行ったり苦労して夕食を作ったりするよりも、子どもたちと一緒に過ごす時間を優先させることにしました。そのため、おいしくて健康的なディナーを自宅まで配達してくれるミールキットにお金を払っています。こうすることで、子どもたちがテーブルの準備を整えるころには温かい食事が完成します。

タイム・
クラフティング
戦略4

よいことに集中する時間を割り当てる。

オバマ一家と同様に、我が家のディナーでの会話も、お互いの日々を詳しく知るための機会になっています。私はさらにこの時間をつかって、家族の意識を幸せな出来事に向けるようにしています。複数の研究から、定期的に日々を振り返って感謝することを書き留めている人は、生活のなかで感じる幸福度が高く、人生全体の満足度も高いことがわかっています。[172]

感謝日記をつけると、人生や世の中のよい点（たくさんあります）に意識を向ける訓練になるため、効果的です。これを実践すると実際に、「コップが半分空だ」と自然と考えるタイプの人でも、永続的によりポジティブに変わる可能性があります。さらにどのタイプの人にとっても、快楽順応を軽減し、シンプルな喜びに気付く手助けになります。私は自分の家族に感謝日記をつけるよう求めてはいませんが、食事中に、その日にあった一番嬉しかったことやよかったことを聞いています。ポジティブな面に焦点を当てた話をすることで、お互いの経験を夢中になって聞くようになるうえ、ポジティブな経験を聞いて幸せも高まります。

私の友達は、自分の子どもと一緒に学校から帰宅する車のなかで、これに似たとても微笑ましいことを始めました。みんながシートベルトを締めたら、それぞれにバラ（その日にあったよかったこと）とトゲ（その日にあった嫌だったこと。問題解決に向けた対話のきっかけとして役立ちます）、さらには蕾《つぼみ》（ワクワクしていること）を話すよう促します。

これは子どもでなくてもつかえます。私の教え子の１人は、親友と似たことをしていると話してくれました。毎週している電話でのデートのはじめに、その週あった嬉しいことをお互いにシェアしているのです。またこれは、誰かと一緒でなくても実践できます。いつもの習慣——例えば寝る前の歯磨きの時間など——の数分間を、よいことを振り返る時間とするのです。いつ、どう実践するにせよ、ポジティブなことに焦点を当てる時間を作ることで、満足感が高まるでしょう。

タイム・
クラフティング
戦略５

定期的に一緒に過ごすという伝統を作る。

第５章で学んだ通り、家族の伝統として年末年始の過ごし方が決まっている家族は、その時期に集まってお祝いする傾向が強く、しかもそのような伝統がない家族と比べ、その時期をより楽しく過ごします。理由の一つは、伝統があるおかげで、何が起こるか予測ができるからです。そのため、楽しみにしながら、みんなでそこに向けて計画を立てられるのです。また、こうした伝統のおかげで、家族が次回再び集まるという意思がはっきりし、時間を超えて家族のつながりが継続し、帰属意識が高まります。あなたにも、家族や友達と作れそうな伝統はありませんか？　毎週同じ時間に予定を立てて、特別な儀式の時間にできそうなイベントはありませんか？

木曜朝のコーヒー・デート――第5章で、「木曜朝のコーヒー・デート」という、私がリタと守っている伝統をお話しししました。木曜日の朝に、車の相乗りでレオたちを学校に見送ったあと、リタの保育園と私のオフィスに向かう前に、二人でプロフェタというカフェに寄ったものでした。ところが、リタが小学校に上がり、レオと一緒に車を降りるようになると、二人だけで過ごす時間をほかのタイミングで作る必要が出てきました。土曜日の朝はたいてい、サッカーの試合や誰かの誕生パーティがありバタバタしているため、時間が取れません。

しかし家族のなかでも早起きの私たちは日曜日の朝に、レオとパパに寝坊してもらって、デートすることにしました。ということで現在は、朝7時30分になるとスウェットを着てサンダルを履くと、玄関をこっそりと出ていきます。カフェまで800メートルほどの道のりを、手をつないでおしゃべりしながら歩いていきます。列の先頭に立ち、朝8時のオープンを待ちます。

タイム・クラフティング戦略6

友情を育む時間を作る。

私はペンシルベニア大学ウォートン校にアシスタント・プロフェッサーとして着任後しばらくして、職場にいた女性の先輩（憧れの存在でした）にアドバイスを求めました。「どうやったらそんなふうにすべてをこなせるのですか?」。この女性は高名な研究者で、教員としても羨望の的だったのですが、それだけにとどまらず結婚生活は円満で、すでに成人した二人の息子との関係も良好でした。さらに、彼女がキャリアをスタートさせたころはビジネススクールに女性の教授は今より少なく、つまり今よりも多くの困難に直面していました。にもかかわらず、すばらしい手腕でキャリアを築いており、彼女の成功から学びたいと私は思ったのでした。

私の質問への彼女の答えは、「ただ自分の仕事をこなしただけ」とあっさりしたものでした。この「ただこなした」には、出産からわずか5日後にMBAの（主に男子）学生で溢れる教室で教鞭を執ったことも含まれると、私は人から聞いて知っていました。運よく政策が改定され、私にとっての「ただこなす」は、ずっとやりやすくなりました。彼女の現実主義は参考にはなったものの、それより私が影響を受けたのは、彼女がこのあとに口にした言葉でした。「キャシー、私はすべてをこなしたわけじゃないの。女友達と友情を育む機会は持てなかったから」

この言葉が心に響いた理由は、20年後、まったく同じ状況に陥っている自分をいとも簡単に想像できたからです。私の時間と精神的なエネルギーの大部分は、子どもとロブ、さらには仕事に持っていかれてしまい、ほとんど残っていません。また、良好な友情を作り育てるには、時間と精神的なエネルギーのどちらもかなり必要です。にもかかわらず、憧れの先輩の警告を聞き入れるため、そして私が大好きで尊敬する女性たちと一緒に過ごす時間のおかげで元気になれるとわかっているため、私は女友達と一緒に過ごす時間を優先的に確保しています。

リタのダンス教室――木曜日の午後は、2時に研究室を出て、リタを学校に迎えに行きダンス教室へ連れて行きます。娘が友達と一緒にぴょんぴょん飛び跳ねる姿はかわいいものです。とはいえ、この時間を確保する本当の理由は、ほかのママたちと知り合い、友情を育むチャンスだからです。
読書クラブ――毎月第1木曜日の夜は、読書クラブに参加しています。楽しむために本を読みたい、というモチベーションを持ちたいからです。とはいえここでもやはり、この時間を確保する本当の動機になっているのは、一緒にいて楽しく、学ぶところの多い女性たちと交流するためです。

こうした私の「女友達との過ごし方」についてあなたは、「ちょっと待って」と思ったかもしれないし（「ダンス教室は、リタと一緒に過ごすためじゃなかったっけ？」）、あるいは「退屈だ」と思ったかもしれません（「悪いけど、女友達との夜のお出かけなら、お酒飲んだりダンスしたりするべきじゃない？」）。でも私にとって最近は、友達とこういう時間の過ごし方をするのが、心の底から楽しいのです。

女友達とのタイルを木曜日に配置するのが理想的なのは、週のこのくらいになると担当する講義はすべて終わっており、ストレスが軽くなっているからです。また、金曜日の夜はロブと過ごす時間としてすでに確保してあり、週末はロブと子どもたちのためにとってあるからでもあります。

タイム・クラフティング
戦略7

確実に行うために、「やりたい活動」と「やらなければいけない活動」を抱き合わせる。

第4章で、雑用をこなすモチベーションを上げるために、活動を抱き合わせる《バンドル》大切さを学びました。ここでは、楽しめるタスクのために時間を確実に取る方法として、抱き合わせすることを提案します。やりたい活動（例：友達と話す）と、やらなければいけない活動（例：通勤）を結び付ければ、やりたい活動をやるために、やらなければいけない活動にも時間をつかう可能性が高くなります。

もっとよいのは、やりたい活動二つ（例：友達と話すことと外にランニングへ行くこと）を抱き合わせる方法で、この時間は絶対に取らなければ、と考えるようになるし、実際取るようになるでしょう。念のためお伝えすると、タイム・クラフティングは、単に効率を上げるためではなく、価値あることに意図的に時間をつかうためのエクササイズです。とはいえこの場合は「価値あることに効率よく時間をつかう」ため、どちらも実現できます。

電話デート——私の親友の何人かは、遠くに住んでいます。そこで、お互いの生活の一部であり続けるために、電話でのデートをスケジュールに組んでいます。とはいえ、みんなキャリアや家族との時間を忙しくやりくりしており、手をとめて電話で話す時間的余裕はほとんどありません。そのため、職場から歩いて帰宅するときなど、移動中に電話の予定を組むようにしています。

友達とのランニング——前の章で、クリスティーナのゴルフボールの一つを紹介しました。2週間を振り返ったとき、クリスティーナは友達とのハイキングに大きな喜びを感じると気付いたのでした。屋外で活動的かつ健康的に過ごしたり、人と交流したりする時間が大好きなのです。

そのため、運動と友達に会うことをもっと定期的に一緒にできる方法を工夫しました。現在は、火曜日と木曜日の朝、仕事の支度を始める前に、友達と早朝ランニングをしています。朝5時30分に目覚ましをかけて起きなければいけませんが、それだけの価値はあります。ランニングがある曜日は、喜びで1日が始まります。

タイム・
クラフティング
戦略8

目的を達成するために、注意散漫にならない時間を確保する。

仕事の活動のなかには、目的意識が高まるため、意義深さや満足感をもたらすものがあります。理想的な1週間にするために、あなたにとって高次の目標に貢献する仕事（報酬の有無によらず）はどれか、見つけてみましょう。何が自分にとって高次の目標かを知るために、第4章の「五つの『なぜ』エクササイズ」に立ち戻ってもいいでしょう。

1週間のスケジュールのなかで、あなたの気力が一番満ち、注意力散漫になる外の刺激を一番抑えられるときを、この仕事をする時間として確保します。あなたにとって仕事のゴールデンタイムがいつかを判断するために、1日のうちに（カフェインの助けなしに）自分が一番冴えているときはいつか、そして気が散るものを最も遮断できるときはいつか、観察してみましょう。

タイム・
クラフティング
戦略9

集中力を要するものは、自然と一番集中できる時間に予定する。

集中力を要する大切なタイルは、カンバスのどこに置くのが最適か、考えてみましょう。目が覚めている時間が毎日16時間あり、それが週7日あっても、このすべての時間を常にベストな状態でいられるわけではありません。精神的に一番元気があるのはいつですか？　生産性が一番高まる時間帯はいつですか？　その時間に、ベストな状態で挑むべき活動を割り当てましょう。

ハッピーな仕事――朝型の私は、1日のはじめに集中力が一番高まります。博士論文のほぼすべてを、明け方に書いたと言ってよいくらいです。目覚めるとすぐベッドにノートパソコンを引っ張りこんで、朝食が食べたくなるまで書き続けました。でも今は、朝食が必要な子どもがいるため、朝5時から正午までベッドで作業することは合理的ではありません。とはいえ、今も1日のはじめの時間帯はやはり、思考力を一番必要とする作業のために確保しています。

平日は毎日できる限り、午前9時から午後1時までは研究と執筆――私の人生の目的であり、私にとって「ハッピーな仕事」――に充てるようにしています。

タイム・クラフティング
戦略10

生産的でいたい時間には、注意力を散漫にさせるものを排除し、フローに入りやすくなる環境を作る。

私はスケジュールのなかで、生産的でいたい時間を確保し、その時間は注意力を散漫にさせるあらゆるものから離れるようにしています。そして第6章のアドバイスにしたがい、フローに入るための適切な環境を作っています。その時間は、メールを閉じ、携帯電話の通知を切り、研究室の扉は閉めます。

さらには、お昼のお弁当も用意しておき、お腹が空いても仕事を続けられるようにしておきます。同僚と毎日一緒にお昼を食べた方がよいのでしょうが、ロブや子どもたちと過ごす夜や週末にまでかからずに研究を進めるには、自分の生産性が上がる時間を確保する必要があるのです。そして午後——気力が下がってくるころ——研究室のドアとスケジュールをオープンにして、会議や受信トレイの片付け、事務作業といった「仕事らしい仕事」をこなします。

ステップ3　時間的余裕を取ろう

芸術家は、色彩のなかにどう空間を取り込むかを意識しています。ときには、カンバスの一部分における視覚的なインパクトを高めるため、何も描かない部分を残す場合もあります。同様に、時間をクラフティングする際には、**1週間のうち何も入れない時間を作ることを検討してみましょう**。とはいえ、この空間が色彩（あるいは砂）で埋もれてしまわないようにするために、「何も入れない時間」を実際に予定に組んでしまう必要があるかもしれません。あなた自身が休憩し、深く考え、そのときの思い付きで好きなように過ごすための時間です。

キャシーのタイム・クラフティング：喜びのタイル

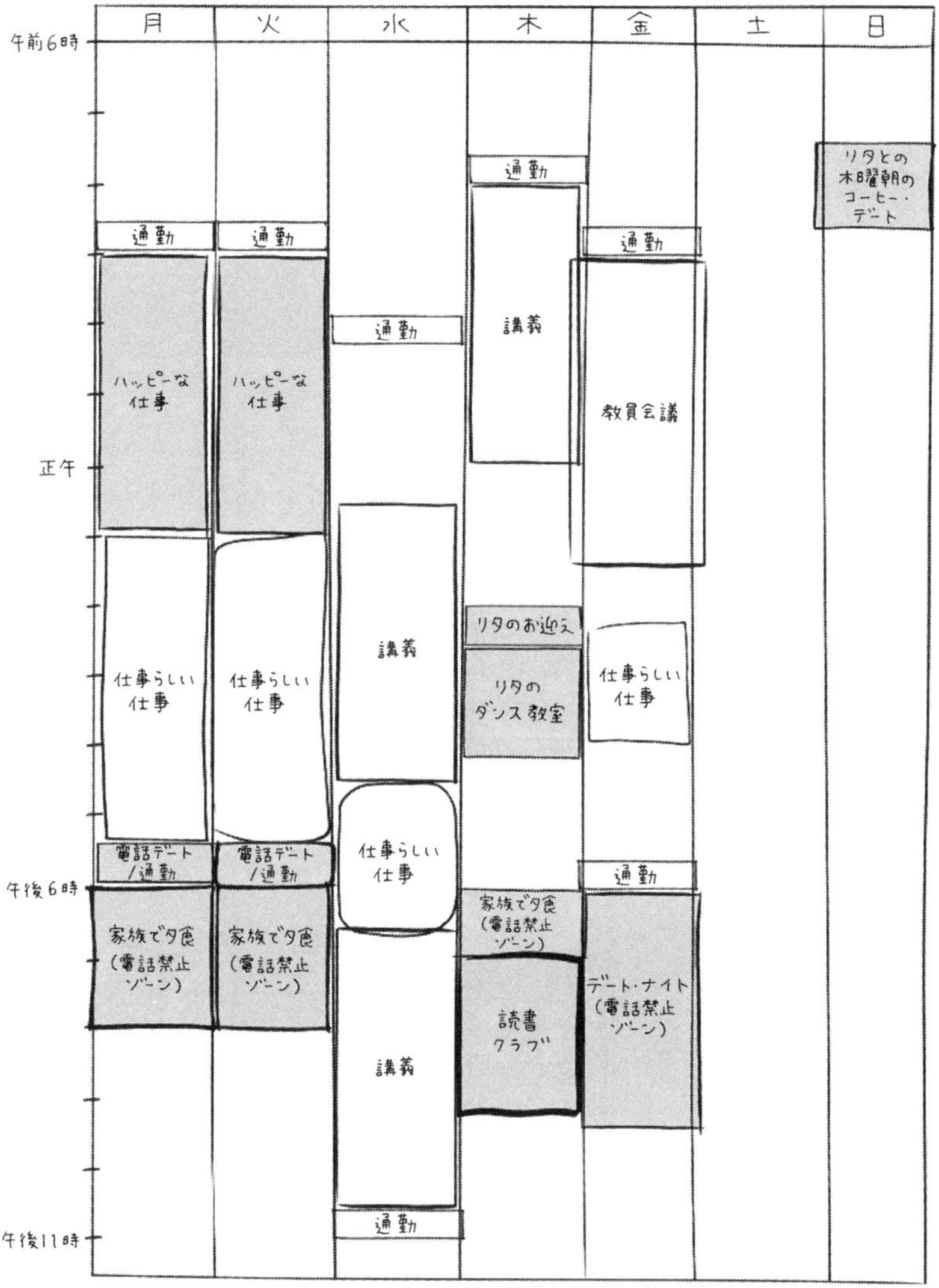

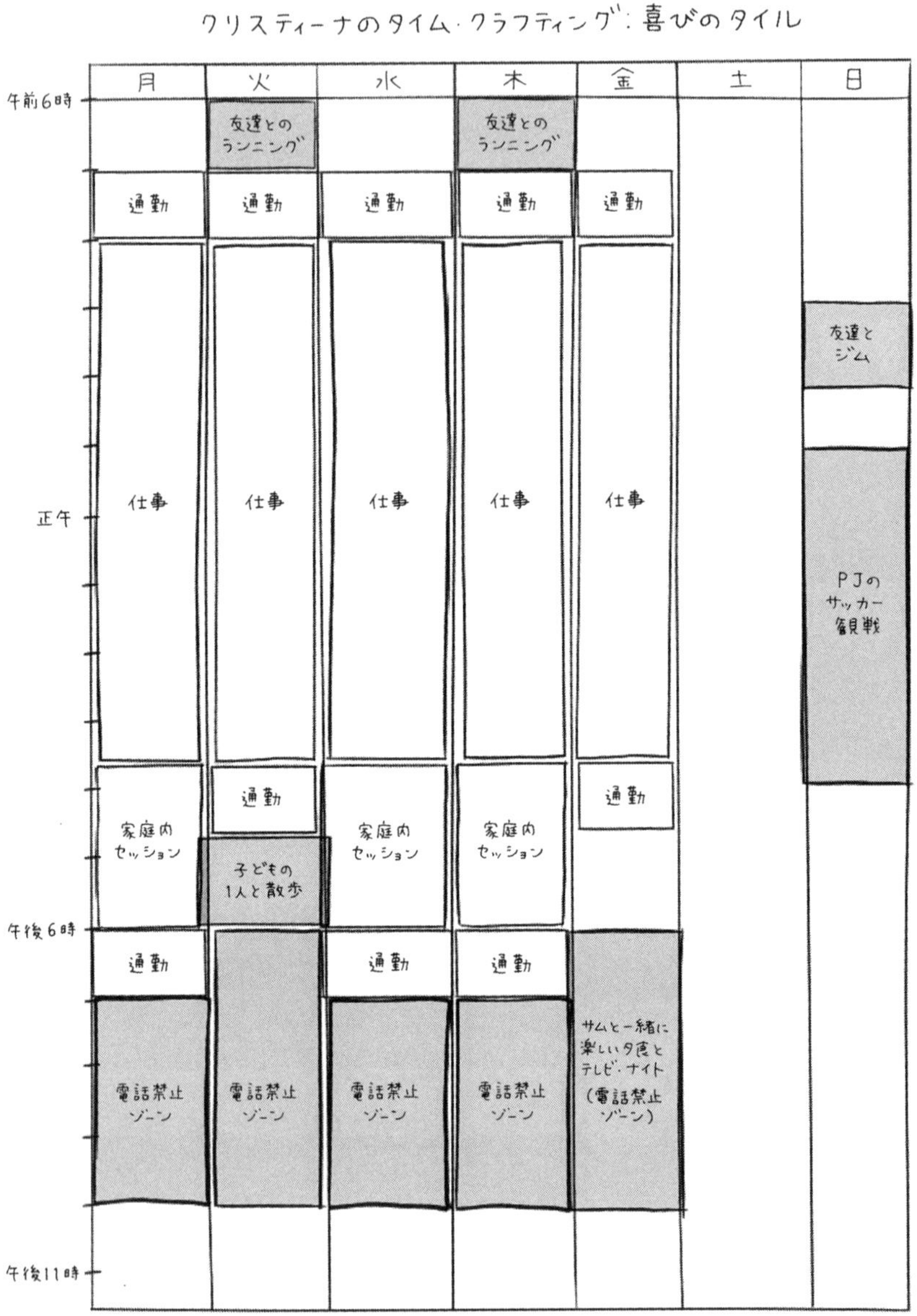
クリスティーナのタイム・クラフティング：喜びのタイル
月
火
水
木
金
土
日
午前6時
正午
午後6時
午後11時
友達との
ランニング
通勤
仕事
家庭内
セッション
子どもの
1人と散歩
電話禁止
ゾーン
サムと一緒に
楽しい夕食と
テレビ・ナイト
（電話禁止
ゾーン）
友達と
ジム
PJの
サッカー
観戦

タイム・クラフティング
戦略11

好きに過ごせる時間を作る。

小さな子どもを持つ親には、やらなければいけないことが常にあります。ご飯を食べさせ、お風呂に入れ、歯を磨かせ、服を着せ、宿題を手伝い、学校に持っていくかばんを準備し、お弁当を用意し、予定を立て、遊び、教え、(デバイスから離れて)飽きさせず、家をきれいな状態に保ち、冷蔵庫の食べ物を常に補充しておくなど、休む時間はほとんどありません。常に誰かのニーズに気を配ってもいます。家の外で働いている人は、何もしていない時間がさらに少ないかもしれません。たとえ今、抱えている頼まれごとがなかったとしても、やらなければいけない全タスクを考え、心がざわざわしてしまうでしょう。カンバスのなかで埋まっていない部分は、何もしない時間というわけではまったくないのです。

だからこそ、小さな子どもを持つ親は、全人口のなかで最も時間貧乏であり、また、父親より母親の方がさらに時間がありません。[173] 研究によると、自宅以外で働いている共働き夫婦で子どもがいる場合、育児や家事は父親よりも母親が担う傾向にあります。[174] そのため新型コロナのパンデミック中、キャリアに最も痛手を受けたのは母親だったのも驚きではないでしょう。[175] 子どもが学校に行けず自宅にこもらざるを得なくなったとき、母親ばかりがアンバランスなほどに労働力から脱落し、そのまま戻れない状態となりました。

アシュリー・ウィランズ率いるチームは、コロナ禍での時間のつかい方に関するデータを、世界の3万人から集めました。結果は、パンデミックでみんなが家にいたとき、母親は父親と比べ、かなり多くの時間を家事に費やし、育児の役割も多く担いました。また母親の幸福感は、著しく低かったことも示されました[176]。

朝のオフタイム――子どもができてから一番、失われて悲しいのは、平日の朝です。私の活力が一番みなぎっている時間であり、外へランニングに行きたいとウズウズし、やりがいのある作業をやりたいと思う時間でもあります。自分にとって生産的な朝が、子どもたちを起こして支度をさせ、学校に行かせるバタバタした朝に変わってしまったときは、不満でした。ロブも私と同じくらい貢献しようと、出張が入っていない日はそばにいて手を貸してくれました。でも統計結果と同じように、私たち夫婦の場合も、最終的に家事や育児を担うのは私でした。ロブもそれをわかっており、私は自分じゃなければよかったのに、と思っていました。

そこでロブと私は、スケジュールの立て方を工夫して解決しました。毎朝二人で子どもを支度させる代わりに、曜日で分担することにしたのです。毎朝の担当を決め、子どもの朝の準備をすべて引き受ける「オン」の人と、自分の好きなように（ランニングしたり、仕事に早めに取りかかったり、友達とコーヒーを飲みに行ったりなど）その日のスタートを切れる非番の「オフ」となる人とに分けることにしたのです。

「オフ」の朝は、相手が子どもの世話をどうするか、口出ししてはいけないことになっています（口出ししたくなるのはたいてい私なのですが）。リタの髪がきちんとブラッシングされていなくても、レオの服が上下チグハグでも、気にしないようにしなくてはいけません。シェリル・サンドバーグが言う「母親の管理者意識」[177]は、許されないのです。

イヴ・ロドスキーはその著書『フェア・プレー』(Fair Play、未邦訳)のなかで、夫婦間での平等な家事の分担に関するルールを定めており、私たち夫婦もこれにしたがっています。[178]その日の子ども担当を相手に託すということは、完全に任せることである、という理解でロブと私は同意しています。ロブはちゃんとできるし、子どもたちの心配などしなくていいことを、私はわかっています。この解決策には、レオがときおり左右違う靴下で学校に行ってしまうというマイナス面はありますが、それを大きく上回るだけのプラス面もあるのです。

週のなかで、自分だけの時間として確保できる部分を見つけることが大切です。例えば、クリスティーナは土曜日の朝にヨガ教室へ通うことが、自分のための時間として理想的だと気付きました。穏やかな1時間半を過ごしたあとリフレッシュした気分で、週末の残りを家族や友達と一緒に過ごそうとワクワクしながら帰宅します。あなたの時間は、あなたが好きなように過ごせます。絵画やテニスのクラスに申し込むなど、個人的な趣味につかうのもよし。街を歩きながらウィンドウショッピングするもよし。あるいは、お気に入りの椅子に身を沈め、読書するのもよいでしょう。

自分のニーズを満たし、興味を広げるための時間は、他人の世話で消耗してしまいがちな女性には特に重要です。自分の時間を取ることに罪悪感を抱いてはいけません。自分を大切にできてはじめて、愛する人を本当の意味で大切にできることを、忘れないでください。飛行機で緊急事態になったら、大人はまず自分の酸素マスクをつけるよう指示されるのと同じです。

タイム・
クラフティング
戦略12

考える時間を作る。

シュルツ・アワー――第7章で、静かに内省するために確保する1時間、「シュルツ・アワー」の価値について説明しました。あれこれこなそうとバタバタ過ごす真っ只中に、立ち止まって、深く、広く、クリエイティブに考えるための時間です。カンバスのなかにシュルツ・アワーの時間を作りましょう（30分や15分しか取れなくても大丈夫です）。

私は月曜日の朝（私にとって週最初の「オフ」の朝）、ランニングに出ます。第2章で説明した通り、やろうと決めたことをこなせる自信が一番深まるのが、この時間なのです。時間貧乏の感覚が一番薄れる時間でもあります。

私はこの月曜朝のランニングに、シュルツ・アワーを抱き合わせています。こうすることで、人生や仕事について何か重要なことを決める際に、前向きに取り組めます。様々な選択肢について、単に実行可能か否かではなく、やりたいか否かで検討できるようになるのです。

シュルツ・アワーは、客観的にも主観的にも最も自分が急いでいる可能性が低い空き時間に配置しましょう。クリスティーナは金曜日の午後、仕事から帰宅した時間を割り当てています。子どもたちが帰ってきて週末の家族団らんに飲み込まれてしまう前に、飼い犬のスラッシュをリードにつなぎ、30分の散歩に出かけます。スラッシュが運動する間、クリスティーナはその週を振り返ったり、1年の戦略を立てたりします。

あるいは、シュルツ・アワーの名のもととなった、ジョージ・シュルツのように過ごすこともできます。オフィスのドアを閉め、メモ帳を置いて、電話の通知音を切って過ごすのです。ほかの活動を抱き合わせるにせよ、単体のタイルにするにせよ、シュルツ・アワーを作って1週間のなかで考える時間を取りましょう。

タイム・クラフティング戦略13

何もしない時間を確保する。

ご存知の通り、人は予定をつめ込みがちです。ノーとなかなか言えず、将来的にはもっと時間ができるだろうと考え、イエスと言いすぎてしまいます。加えて、人は生産的かつ社交的になるよう駆り立てられています。意図を持って計画しないと、時間のガラス瓶はあっという間にいっぱいになってしまうでしょう。意図を持っていても、カンバスはすぐに覆い尽くされてしまいます。

でもそれだと、消耗してしまうし、そのときの思い付きで予定外の何かをする時間がなくなってしまいます。その瞬間を全力で生きる余裕が持てないのです。イマココにいるための時間を作るために、予定を入れない時間を予定する必要があるかもしれません。

カレンダーを空けることがいかに大切かは、新型コロナのパンデミックではっきりしました。各個人の活動のために離れて過ごすことがなくなり、多くの夫婦や家族はこれまでより親密になりました。どこかへ行かなければならないというプレッシャーがないため、誰もが、スピードを落とさざるを得なくなりました。家の外での娯楽がなくなり、自分で自分をどう楽しませるかを考えなくてはいけなくなりました。

そして以前よりもクリエイティブになりました。ボードゲームのモノポリーをする、昼寝をする、あるいはまったく何もしないなど、その瞬間にできそうなことはなんでもできる時間が生まれたのです。とはいえ、予定が入っていないカレンダーという安堵感を経験したにもかかわらず、行動制限が解かれ、普通の生活が戻って来た途端に、私たちはまたすぐにカレンダーに予定をつめ込んでしまいました。

何もしない――予定が入っていない時間を家族が一緒に味わった雰囲気を維持するために、私の家族は、日曜日の午後は予定を入れないようにしています。そのときにやりたいことをしたり、まったく何もしなかったりするための時間です。またこの時間は、無駄につかわないように電話禁止ゾーンにしています。

ステップ4　タイルを並べよう

固定タイル、喜びのタイル、時間的余裕を取るためのタイルや、週の間にしなければならない活動としたい活動のタイルなどがどれかわかったら、次のステップは、すべてを一つにまとめること

キャシーのタイム・クラフティング：取っておく時間

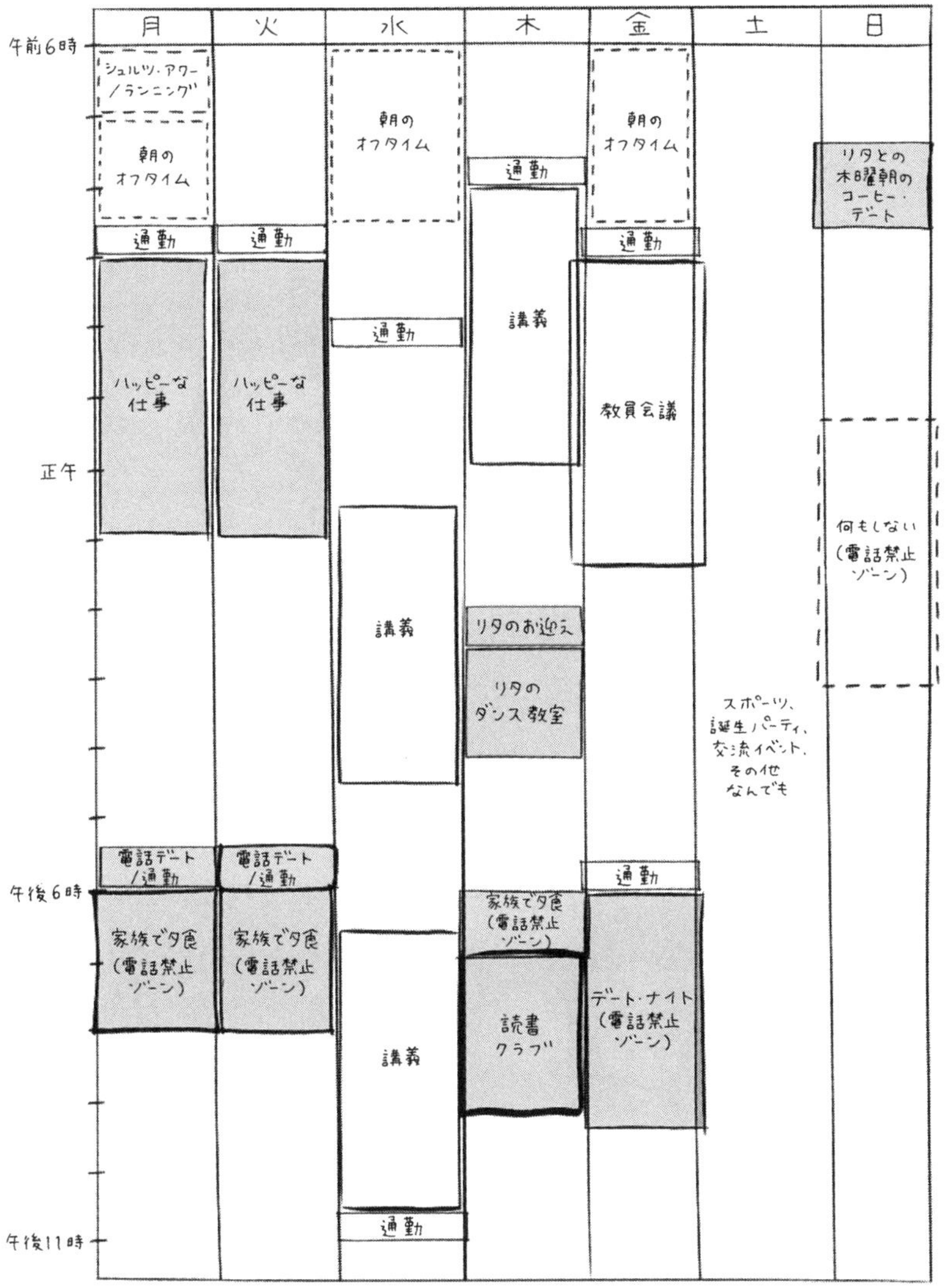

です。ここでは、ポジティブな時間からの影響を最大限にし、雑用のように感じてしまう時間からの影響は最小限にすることを念頭に、カンバスにタイルを並べていきます。これにより、全体的にこれまでよりも幸せで満たされた気持ちになる1週間ができあがります。

タイム・クラフティング
戦略14

楽しめる活動を分割して広げる。

第5章では、快楽順応が長年かけてどう作用して、結婚などの大きなイベントに対する感情的な反応に影響するかを説明しました。同じパターンは1週間でも、そしてテレビ視聴といった普通の活動では数時間でも起こります。

人は時間をかけて物事に慣れていくため、何かしら活動を始めたばかりのときはとりわけ敏感です。一番注意を払っているのがこのはじめの段階で、その活動を最も強烈に経験します。そのため、**快楽順応を活かすには、好きな活動を分割して「はじめ」をもっと作り、飽きてしまわないようにする**とよいでしょう。こうして好きな活動を分散させれば、楽しみが増えることにもなります。

わかりやすい例として、テレビの視聴があります。楽しい活動ではあるものの、快楽順応のせいで、全体としては期待したほど満たされた気分になれません。テレビを見始めたころは、集中しているし心から楽しんでいます。ところがテレビの前に長く座り続けていると、ボーッとし始め、見ているのがそこまで楽しくなくなってきます。先が見たくなるような形でエピソードを終わらせるハリウッド作家のスキルがなかったら、恐らく次のエピソードも見ようとは思わないでしょう。

とはいえ、先ほどの戦略を当てはめ、テレビを一気に5時間見る代わりに、1週間のうちに1時間ずつ5回見るように分けたら、同じ5時間でももっと楽しめるでしょう。実際にある研究では、コマーシャルが実質的により多くの「はじめ」を作るおかげで、人は番組をより楽しんでいることが示されました。[179]

ハリウッド作家の影響から逃れるための戦略をもう一つ試すなら、私の友達がつかっているテクニックを試してみるのもよいでしょう。エピソードが終わる10分前に、テレビを消すのです。こうすることで、一晩中番組を見続けてしまうのを食い止められるだけでなく、次にその番組の続きを見るときは、ドキドキワクワクのエンディングから始まり、その後の展開をすぐに見ることができます。

タイム・クラフティング戦略14を採用する際は、**一つの活動を最大限に楽しむには、どのくらいの時間が最適か考えてみましょう**。始めてから慣れるまでに時間がかかる活動もあり、それを分割したくはないはずです。例えば、活動を小さく分割することで、フロー状態に入るのを邪魔したくはないでしょう。デート中に深い会話ができるようになってきたのに、そこでとめたくもないはずです。

私がジョーダン・エトキンと行った、多様性に起因する幸せに関する研究では、人は数時間の間にあまりにも様々な種類の活動をしようとすると、幸福感が下がることがわかりました。[180] 活動をあれこれ変えることで、結局何もきちんとできていないという感覚になるのです。とはいえ、1週間全体を通じて様々な活動を取り入れると、人は関心を持ち続け、集中し続け、幸せが高まります。

タイム・クラフティング
戦略15

楽しくない活動をまとめる。

楽しくはないもののやらなければならない活動については、同じ心理学の考え方によると、複数回を一つにまとめるとよいというアドバイスになります。これにより、強烈に嫌な気持ちになる「はじめ」を減らせます[181]。

例として家事を考えてみましょう。あなたがもし、アウトソースしましょうという私の提案にしたがったとしても、やらなければいけない作業はまだあるはずです。私の知人は、毎日少しずつすればそこまで嫌ではない、と言っていました。とはいえ、快楽順応があるので、これはよいアドバイスとは言えません。家事に着手するというイライラが週のあちこちに散りばめられることになり、1週間ずっと、「やらなければ」という嫌な気持ちを抱き続けることになります。

むしろ、科学的証拠に基づくアドバイスをするなら、「家事をすべてまとめる」方がいいです。こうすることで、効率よく片付けることができます。そして快楽順応のおかげで慣れてくるため、いったん着手してしまえば、そこまで嫌に感じなくなるでしょう。

家事——クリスティーナはこの戦略をつかい、洗濯と家の掃除のために水曜日の夜を確保しました。家事が積もり積もって日曜日の夜にやらざるを得なくなる代わりに、家事のタイルをまとめ、よく考えて配置したことで、この忌々しい活動で頭がいっぱいのまま週末を過ごすことがなくなりました。私はさらに輪をかけて家事が気になってしまうタイプなので、月曜日の夜を割り当てています。

タイム・クラフティング
戦略16

楽しい活動を家事と抱き合わせる。

クリスティーナは水曜日の家事の面倒臭さを軽減するために、第4章でご紹介した、「バンドル戦略」を活用しています。同僚や友達にすすめられていたポッドキャストがあり、ずっと聞きたいと思っていました。視野を広げることに時間をつかうチャンスでした。そこで、友達の提案を受け入れ、掃除や洗濯物をたたんでいる間に聞くことにしました。この戦略はうまくいきました。クリスティーナはこの時間をクラフティングし直し、気が重い時間を喜びに変えました。

タイム・
クラフティング
戦略17

ネガティブな活動の直後にポジティブな活動の予定を入れる。

特定の活動から経験する幸せあるいは不幸せは、その活動を実際にしている時間よりもずっと長く影響する可能性があります。これを知ることで、慎重にタイルを並べて、この「持ち越し効果」をうまく活用することができます。

例えば、活動のなかには、終わるころにはたいてい不快な気持ちになるものがあるのではないでしょうか。残念なことに、ストレスであれ、怒りや悲しみであれ、こうしたネガティブな感情はその後も続き、その日さらにはその週の間ずっと影響してしまいます。いつまでも続くこうした影響を軽減するには、気分が上がるとわかっている活動を、嫌な気分になると思われる活動の直後に入れることです。これにより、活動後に抱く嫌な気持ちの持続時間を短縮するだけでなく、嫌な活動が終わったら楽しいことが待っている、と思えることで、嫌な活動に着手し、やり通すモチベーションになります。

タピオカティー・ウォーク——私は、全校教員会議に出ると、たいていストレスでへとへとになってしまいます。同僚と一対一で話すのは心から楽しいと思えるのですが、大人数になると、なぜか不安を感じるのです。そのため、カレンダーに全校教員会議が入っているのに気付くと、会議のあとに同僚の1人と散歩をしながらタピオカティーを飲みに行く予定を入れます。友達である同僚と一緒に、二人の職場である美しいキャンパスを歩いていると、会議のストレスがすぐに消えてなくなります。

タイム・クラフティング 戦略18

ポジティブな経験を何度も思い出す。

これまで学んできた通り、物質的なモノよりも経験の方が、永続的でより大きな幸せをすぐに生み出すことが、多くの研究でわかっています。理由の一つは、自分の棚を埋め尽くす所有物には順応する一方で、経験は何度も心のなかで訪れることができ、そのたびに毎回、新鮮な感覚を抱くためです。[182] そのため、感謝日記をつける際には、このような「嬉しい経験」も盛り込みましょう。**すでに時間を投じた喜びのタイルについて、頻繁に考えるようにしましょう。**

この戦略は、非常に重要です。このおかげで、時間の質によるインパクトの方が、時間の量によるインパクトよりも、満足度に強く影響するようになります。これは、もっと時間が欲しいと思っている時間貧乏の私たち全員にとって、きわめて重要です。

もちろん私は、ロブや子どもたち、友達ともっと長い時間を一緒に過ごせたらよいのに、とは思います。けれども、デート・ナイトや、リタと私が日曜日の朝にしている「木曜朝のコーヒー・デート」、読書クラブでのディスカッション、そしてレオの寝かしつけで歌いながらのひとときを過ごすときに、それぞれの相手と深くつながっている感覚を抱きます。この感覚は週の間ずっと続き、それぞれの経験を思い出すといっそう強くなります。そのため、たとえそれ以外のときに落ち込んだりストレスを感じたりしても、自分の心を楽しいひとときに連れ戻すことができるのです。

自分のカンバスを一歩下がって見る

近くで見ると、タイルそのものは美しいかもしれないし、そうでないかもしれません。でも、タイルは一つだけ置かれているわけではありません。その一瞬だけを生きているわけではないのです。あなたは、たくさんの瞬間を生きています。こうしたたくさんの瞬間をつなぎ合わせたものが、あなたの日々の質感、週の模様、人生のモザイクを作り上げています。一歩下がり、複雑な色彩を見てようやく、あなたが手にしている時間の本当の美しさを味わうことができます。

残念なことに、私たちは一歩下がることをあまりしません。今目の前にある一つのタイルに意識を向けたままにしてしまうのです。時間が流れていくプレッシャーを感じながらも、差し迫った関心事に気を取られてしまいます。自分の手元にある時間に夢中になり、その時間がもっと大きなものの一部であることや、組み合わせるともっと壮大な何かになることを忘れてしまいます。

こうした近視的な見方は、自分が手にしている時間をどう過ごすかという疑問を、「オール・オア・ナッシング」で決めるよう枠にはめ込んでしまい、葛藤と罪悪感と後悔を抱かせます。やりたいことかやるべきことか、どちらを選ぶにせよ、選ばなかった方に時間をかけなかったことを結局は後悔するのです。友達と一緒に夕食に行かず残業をすることにした場合、友達がいのない自分や、友情を深める機会を棒に振ったことに罪悪感を抱きます。もし仕事がまだ終わっていないのに、友達と会うために職場をあとにした場合は、仕事に真剣に向き合っていない自分に罪悪感を抱くでしょう。どちらにせよ救われないのです。

とはいえ、一歩下がって自分のモザイクを見れば、それぞれの瞬間はより大きな作品の一部であることがわかります。１週間を作っているそれぞれの時間（そして1年を作っているそれぞれの週、一生を作っているそれぞれの年）すべてを俯瞰的に捉えると、**時間のつかい方を決める際の疑問は、「するか否か」ではなく「いつするか」**に変わります。

もはや、その時間に何をするかという葛藤はなくなります。というのも、心の底から大切に思うことにどの時間を割り当てるかを決める機会を、今のあなたは手にしているからです。自分に喜びをもたらしてくれる活動すべてを「いつ」行うか、選ぶことができるのです。友達との夕食があなたにとって喜びの源であるなら、そのための時間を確保して、そこに時間を費やせます。また、それについて罪悪感を抱くこともありません。なぜなら、週を見渡せば、大切な仕事のためにしっかりと時間を確保していると、すぐにわかるからです。この時間もきちんと過ごすとわかっているので、安心できます。ただし、もしその夕食が義務のように感じ、人とつながっている感覚があまり得られないのであれば、自分のカンバスに場所を取るほどの価値がないことを、以前よりはっきりと感じるでしょう。

自分の時間をモザイクとして見ることで、たった1時間の過ごし方が、あなた自身やあなたの人生の価値を決めることなどない、とはっきりわかるようになります。たった1時間の過ごし方が、あなたが何者かを定義することはありません。**あなたが何者かを定義するのは、あなたが大切に思うすべてと、あなたの側面すべてを表す時間が、どう組み合わさっているか**なのです。

優先事項や喜びの源は、複数ある可能性もあります。「デート・ナイト」や「家族のディナー」、「友達とのランニング」「ハッピーな仕事」「朝のオフタイム」は、喜びをグラデーションのように発していています。色を一つだけ選ぶなんて、しなくてよいのです。**よき親であることかキャリアの追求、どちらかを選ぶなんてことも、しなくてよいのです。**

「するか否か」ではなく「いつするか」という疑問に答えることで、人生で深いつながりを育みながら、同時にやりがいのある仕事に取り組めるようになります。そのため、「子どもを学校に迎えに行くために午後3時に職場をあとにする」という決断は、葛藤に駆られ、罪悪感に苛まれた、あなたという人物が何者かを定義してしまうものではありません。自分のモザイクを見てみれば、子どもと過ごす時間と並行して、自分がいかに多くの時間をまじめに仕事に捧げているか、一目瞭然です。あなたのカンバスは満たされているし、充実もしています。

この視点こそ、私があの運命の夜に電車のなかで探し求めていたものでした。もちろん、1時間のなかですべてをこなしたり叶えたりなど私にはできません。でも、1週間のなかで時間をかければできるし、人生のなかで複数年をかければできます。あなただってそうです。

このようなものの見方には、恩恵がもう一つあります。それぞれの時間をもっとしっかりと過ご

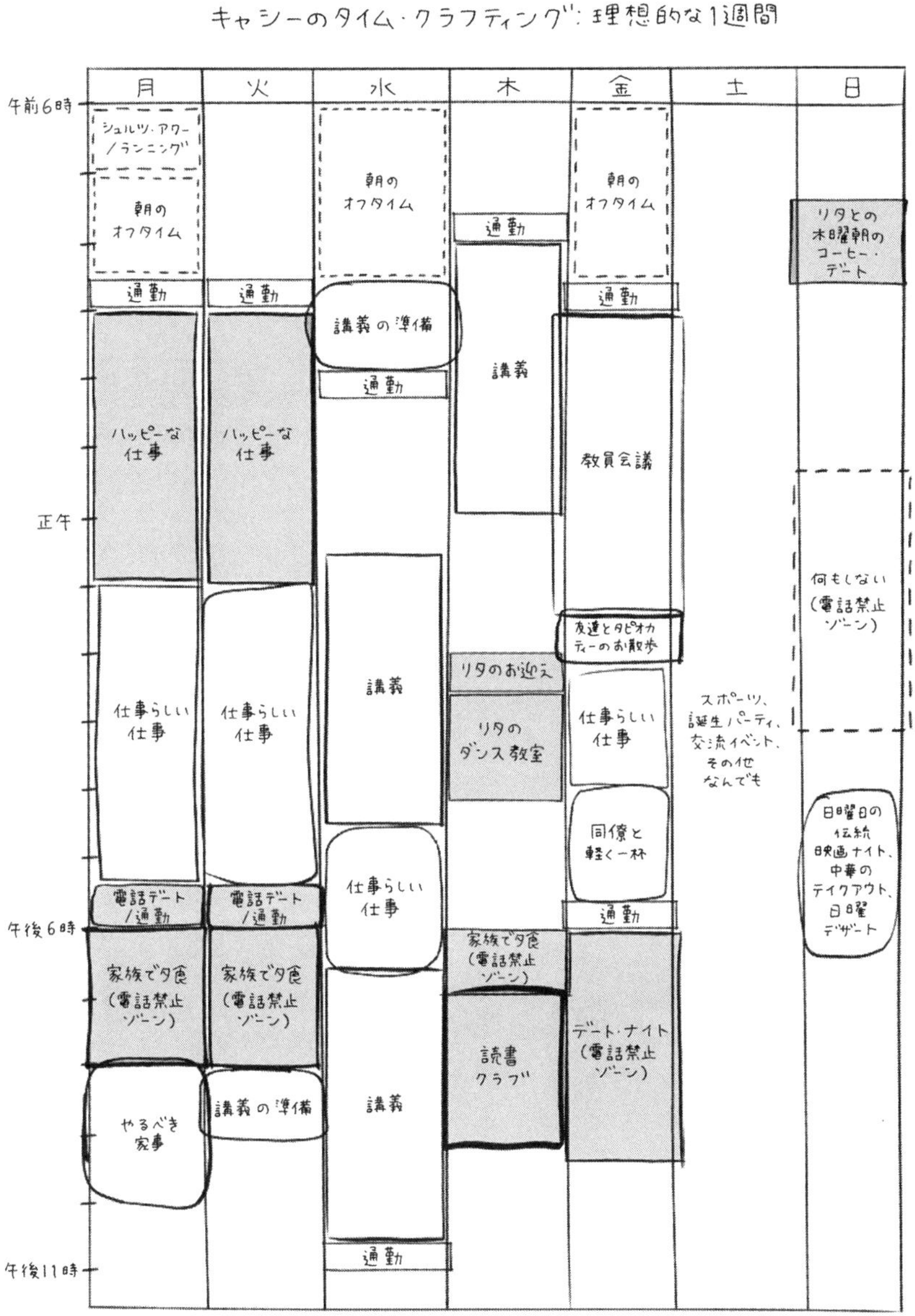
キャシーのタイム・クラフティング：理想的な1週間
月
火
水
木
金
土
日
午前6時
正午
午後6時
午後11時
シュルツ・アワー／ランニング
朝のオフタイム
通勤
ハッピーな仕事
仕事らしい仕事
電話デート／通勤
家族で夕食（電話禁止ゾーン）
やるべき家事
通勤
ハッピーな仕事
仕事らしい仕事
電話デート／通勤
家族で夕食（電話禁止ゾーン）
講義の準備
朝のオフタイム
講義の準備
通勤
講義
仕事らしい仕事
講義
通勤
通勤
講義
リタのお迎え
リタのダンス教室
家族で夕食（電話禁止ゾーン）
読書クラブ
朝のオフタイム
通勤
教員会議
友達とタピオカティーのお散歩
仕事らしい仕事
同僚と軽く一杯
通勤
デート・ナイト（電話禁止ゾーン）
スポーツ、誕生パーティ、交流イベント、その他なんでも
リタとの木曜朝のコーヒー・デート
何もしない（電話禁止ゾーン）
日曜日の伝統映画ナイト、中華のテイクアウト、日曜デザート

せるようになるのです。タイル一つひとつは、モザイクのなかで目的を持った場所に配置されることで、より明るく輝きだします。そこにあるほかのタイルも目にすることで、「すべてできるのだろうか」という不安が軽減されます。なぜなら、**モザイクを見れば「いつやるか」がわかる**からです。もはや、もっと早くこなそうと慌てて物事を片付ける必要はなくなります。なぜなら、今のその時間は、その活動のためにすでに割り当てたものからです。

スピードを落とし、今していることに集中して楽しめます。価値のあることに時間を割り当てることで、あなたの時間そのものが価値あるものになります。タイム・クラフティングは、ほかの時間管理法のアプローチとは異なり、効率を追求するものではありません。あなたにとって大切なことに時間をかけ、その時間で経験する喜びを追求することなのです。

もっと言うと、ここでのあなたはアーティストです。受け身的に見ている、単なる観察者ではありません。これはあなたの時間です。あなたがタイルを選び、配置します。週のなかでどう並べるのが最適か、あなたが決めます。あなたが作り出すモザイクは、あなたが生きる壮大な人生なのです。

クリスティーナのタイム・クラフティング：理想的な1週間

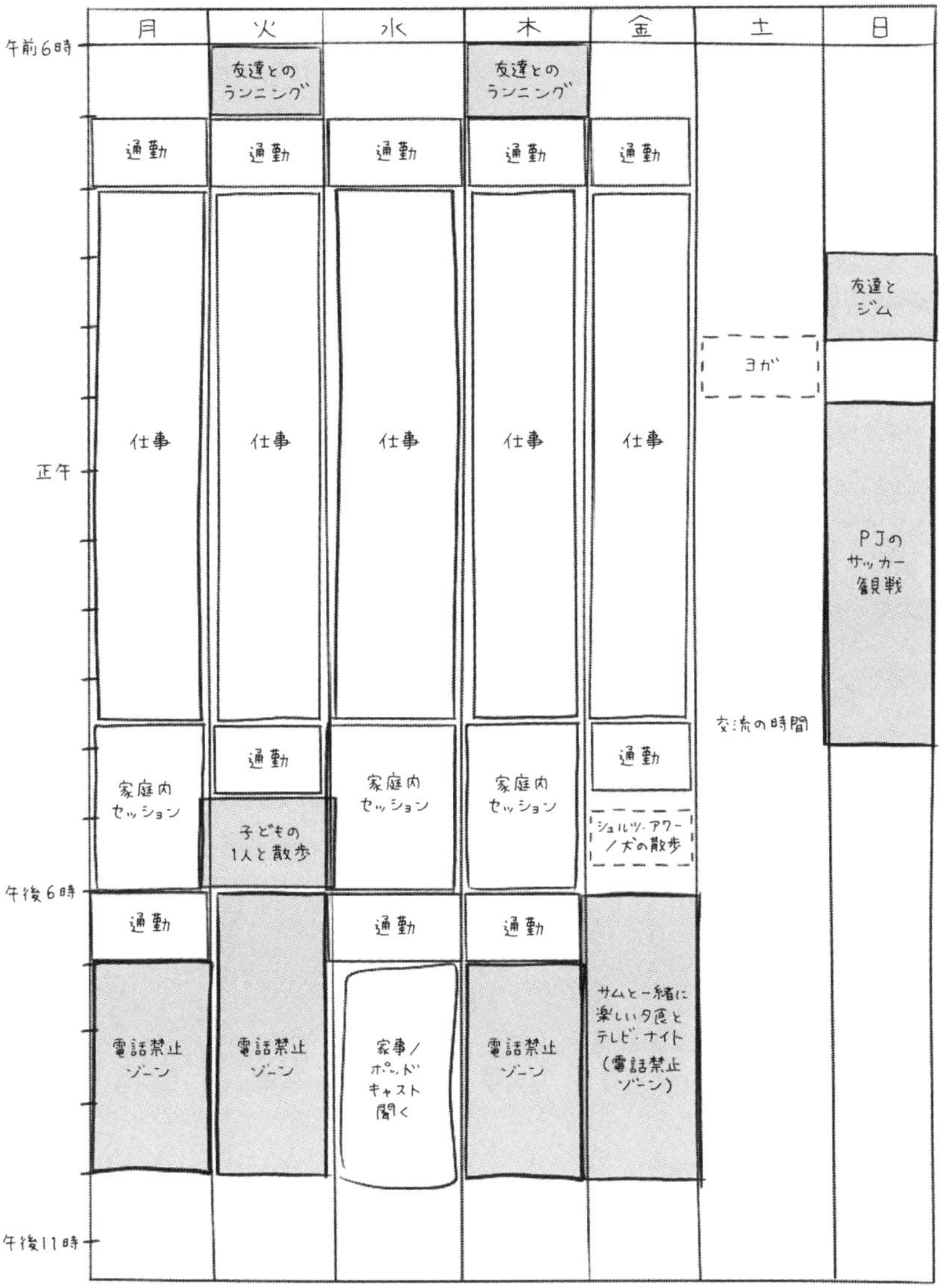

第8章での学び

- [ ] できれば視覚的に時間をクラフティングしてみよう。モザイク画を作るアーティストのように、理想的な1週間を作るために、活動を選び、置く場所を決め、並びを考える。
- [ ] ポジティブな時間からのインパクトを高め、家事からの影響は最小限にするべく活動の予定を組む。
- [ ] 最も重要な活動のための時間（つまり、あなたにとって最も人とのつながりを感じられる活動や、目的を叶えるのに役立つ活動のための時間、考える時間、何もしない時間、自分のためだけの時間）を確保する。
- [ ] こうした時間は「電話禁止ゾーン」にして、その間は気が逸れないようにする。
- [ ] やりたいことに必ず時間をつかえるよう、「やりたい活動」を「やらなければいけない活動」と抱き合わせる。
- [ ] 家事をもっと楽しめるようにするために、「やらなければいけない活動」を「やりたい活動」と抱き合わせる。
- [ ] 幸せになれる活動を週全体に分散させ、その活動をする際に味わう喜びを高めたり、心待ちにする時間を増やしたりしよう。
- [ ] そこまで幸せになれない活動をまとめて、猛烈にわずらわしいと感じたり、考えるだけで嫌な気持ちになったりする時間を最小限に抑えよう。
- [ ] 1週間を全体として見ることで、時間をどうつかうか決める際に、ある活動を「するか否か」ではなく「いつするか」へと捉え直すことができ、葛藤や罪悪感を緩和できる。

9

人生全体を俯瞰してみる
——長い目で見ることの効用

時間とは、待つ者には遅すぎ
恐れる者には速すぎ
嘆く者には長すぎ
喜ぶ者には短すぎる。
しかし愛する者にとって、時間は永遠に続く。[183]

ヘンリー・ヴァン・ダイク(元アメリカ外交官)

ある人物を追悼するために集まった私たちは、人生とはいかにすばらしいものとなり得るか、改めて気付かされました。感情を抑えきれない様子の喪主は、少し震えながら、挨拶をするために部屋の正面に向かって歩いていきます。メモ紙を取り出すと、演台の上に置きました。

ニコールを偲ぶために集まったみなさんに、この葬儀が、彼女の遺志に反するものであることを、はっきりとお伝えしたいと思います。ニコールは亡くなる前に、こう言っていました。「凝った葬儀を出そうとしているってわかっているけど、注目の的になるのは嫌なの。土に埋めてくれればそれでいいから。あぁそれから、みんなにちゃんと食事出してね。来客に配る記念品は、手作りグラノーラの缶詰なんかいいんじゃない？」

これがニコールという人でした。目立たない生き方を好み、ちょっとした喜びの瞬間や、愛する人たちに囲まれた時間に充足感を見出していたのです。育児に熱心で愛情豊かな母親でありつつ、子どもを抑えつけすぎないよう常に気を配っていました。長男が「大学に行きたくない」と言い出したときは、肩をすくめてこう言いました。「いいんじゃない？　あなたの学費にと貯めておいたお金が少しあるから、自活しながら幸せに生きられる計画を立てたら教えて。そのお金あげるから好きにつかえばいい」。みなさんご存知の通り、彼女の子どもたちは二人とも自活しながら、幸せで元気にしています。

ニコールは愛情豊かな妻でしたが、著書であるエッセイ『アイデアの再考』のなかで、週5日制の結婚のあり方を提唱した際は、かなりの話題を集めました。週2日の別居から、誰もが恩恵を得られると書いたのです。ニコールと夫は貯金をはたいて小さなマンションを購入し、交代でつかえるようにしました。週5日制の結婚は二人にとってうまくいったようで、円満な結婚生活は45年も続きました！

彼女は常に、物事に疑問を持っていました。「なぜ人は、動物をその家族から引き離して自宅に閉じ込め、動物の排尿スケジュールにすべて合わせて生活しているのか？」と、ペットの不合理性をエッセイに記していました。また、こんな疑問も呈しました。「なぜ人は子どもを持つ前に結婚するのか？　なぜまず子どもを作り――実質的には、結婚そのものより子どもの存在の方が夫婦の絆を強める――、15〜18年過ごしてから、人生の後半も一緒に過ごしたいか否かを検討しないのだろうか？」。『アイデアの再考』はまさに、ニコールの遺産です。私たちが当たり前だと思っている物事について、違う捉え方をするよう、彼女は周りの人たちに働きかけました。

ニコールはまた、人のためになることをしたり、人が自分自身のために行動できるよう支援したりすることに、全力で取り組んでいました。彼女が立ち上げた慈善事業団体クッキング・ウィズ・エルダーズは、料理を学びたい若者と、収入源がない高齢者とをつなぎました。基本的に、高齢者が得意な料理を若い人たちに教えることで収入を得るというプログラムでしたが、それだけにとどまらない利点がありました。孤独な高齢者に交流の場を提供しつつ、自宅にいながらにしてお金を稼ぐことで、尊厳を感じられるようにしたのです。食べ物を囲んで地域社会の絆を深める活動でしたが、参加した高齢者の半数以上が外国生まれであり、他民族への寛容や感謝の念がここから生まれたのは、偶然ではありません。

ニコールがいなくなって寂しいですが、彼女の遺志は、彼女の子どもたちや『アイデアの再考』、クッキング・ウィズ・エルダーズ、さらには彼女が丹精込めて育てていた美しい菜園のなかに生き続けます。ニコールを偲び、どうかみなさんも、これまでずっと「当たり前」だと思っていた何かについて、考え方を改めてみようと思ってくだされば嬉しいです。あぁそれから、参列いただいたお礼の品として、手作りグラノーラの缶詰をお忘れなくお持ち帰りください。

ニコールの人生を追悼することで、私たちも人生を精一杯生きなければいけない、と改めて気付かされます。

でも、どうすればよいのでしょうか？　どう生きれば、満たされた人生になるでしょうか？　時間を意義深いものとして経験するには、どう過ごせばよいのでしょうか？　後世に何を残したいですか？　どんな選択肢を選べば、最期に幸せを感じるでしょうか？　本章では、このような人生の大きな疑問に取り組みます。そしてそれは、本書の目的の根底にある疑問でもあるのです。人生全体を俯瞰することで、毎時間・毎日を最大限に活かすにはどうすべきかが明確になります。

数年、数十年という単位で考える

ここまで、どの活動に時間をかけるべきか、そうした時間を1週間のなかでどうすれば最適に組めるかについて学んできました。本章では、もっと広い視点を持ち、数年、数十年という単位で考えます。この「俯瞰する」という戦略には効果があることをデータが示しています。

私は、テイラー・バーグストローム、ジョーイ・リーフ、ハル・ハーシュフィールドとともに調査を行い、自分の時間をどう思うか、数百人に尋ねました。[184] すると、**大局的なものの見方をしがちな人ほど幸せである**ことがわかりました。年齢や人口統計的な属性にかかわりなく、時間を俯瞰的に捉える人はそうでない人と比べ、生活のなかでよりポジティブな感情を抱き、ネガティブな感情は少ないことがあきらかになったのです。また、人生全般への充足感も高く、生きがいも強く感じていました。こうした人たちはまた、次のような言葉に強く同意することもわかりました。

「私は、自分の時間を俯瞰し、人生におけるすべての瞬間を上から全体として見下ろしている」
「自分の時間を考える際は、まるでカレンダーを見下ろすように、日、週、月が目の前に広がっているかのように見る」
「自分の時間について、時間単位ではなく年単位で、大局的に見るようにしている」
「決断を下す際は、人生全体を考える」

すべてを一度にこなす必要はない

広い視点で時間を見ると幸福感が高まる理由は、いくつかあります。一つは、モザイクの美しさです。第8章の終わりに、週全体の時間をタイルの組み合わせとして見ること――そして、一つのタイルと一つの色という限界に捉われないこと――から得られる恩恵についてお話ししました。時間や週からさらに視点を離し、数年や数十年という単位で俯瞰することで、こうした恩恵はさらにはっきりとしてきます。自分が今いる場所は、より大きな全体の一部でしかないのだと悟るのです。不幸な1年は過去のものとなり、不幸な数年もやはり過去になるでしょう。難しい人間関係、恋愛関係の難しい時期、自分に合わない仕事、愛する者の死、世界的なパンデミック……あなたのカンバスには、新鮮なスタート、新たなパターン、これからの人生を受け入れるだけの余裕がまだあります。

数年という規模で時間を見渡すと、日々そこまで焦って生きる必要などないと気付きます。大学卒業から退職まで、40年以上あるのです。ミレニアル世代は一つの仕事を平均4年続けますが、つまりこれは、キャリアを通じて10ほどの仕事に就く人が近年はほとんどであることを意味します。私の教え子たちのように、卒業後にはじめて就く仕事にプレッシャーを感じている人たちに、大切なことを思い出させてくれます。最初から理想の仕事を見つけなくてもよいのです。

またこれは、親が覚えておくべき大切な点でもあります。あなたに子どもがいるなら、あなたのキャリア40年のうち、子どもがあなたの家で暮らすのはわずか18年ほどしかありません。つまり40年の半分にもならないのです。そして夜中に起きて世話をしなくてはいけないのは、そのうちわずか数年です。疲労困憊する時期も最高に幸せな時期も、驚くほどあっという間です。

そして、この40年のキャリアのあと、仕事を引退してから過ごす25年があります。このように俯瞰することで、これまで生きてきた鮮やかな数々の年が見えるようになると同時に、これからクラフティングすることになる年数すべてに光が当たります。

この大きなカンバスは、無数の色彩を受け入れます――その色彩とは、複数の関心事や優先事項に費やす時間からなるものです。**すべてを一度にこなすことはできませんが、生涯をかけてなら、様々な物事を成し遂げられます。**覚えておいてください。この見方は、時間をどう過ごすかを決める際に投げかける質問を、「するか否か」ではなく「いつするか」へとシフトするのに役立ちます。あなたはいつ、家族のため、仕事のため、ほかの人のため、学ぶため、冒険するため、自分のため（それが何であれ）に、もっと時間を充てるのでしょうか？　もっと言うと、自分の時間を、単色の大きな塊ごとに分ける必要はありません。クリエイティブなセンスを発揮して、編み込む色彩の量をフェーズごとに変えながら、生涯の年月のなかにこのすべてを編み込んでいくこともできます。

年齢を重ねれば幸せの形も変わる

また、人生全体を見ることで、それを構成するフェーズを理解できるようにもなります。今あなたが頭を悩ませている心配ごとは、十代のころに悩んだものとは違うし、晩年に眠れないほど悩むであろう難題ともまた異なるでしょう。日記をつけている人なら、今書いている内容と昔書いた内容とを比べて、この違いに気付いたかもしれません。あるいは、自分とは違うライフステージにいる家族が今抱えている悩みを聞くうちに、この点に気付いた人もいるでしょう。

「デジタル時代の日記」であるブログを読んでも、これは明白です。[185] セプ・カムヴァルとジョナサン・ハリスは、ブログ圏（SNSの前身となる、ブログのつながりでできた世界）をクロールし、あらゆる感情表現を瞬時に集めるプログラム「ウィ・フィール・ファイン」を作りました。このプログラムは、「私は〜と感じる」とか「私は〜と感じている」などと書かれたありとあらゆる文章を捉えました。そのブログを書いた人のプロフィール情報をつかい、ウィ・フィール・ファインは、誰が何を感じているかをリアルタイムで特定できたのです。[186]

数百万件に上るこうした感情表現を分析することによって、人が歳を重ねていくなかで、悩みがどう変わっていくかを包括的に捉えました。思春期の自分探しや自信喪失の悩みは、20代になると実績や成功に対する不安へと変わり、30代は結婚、体力の低下、子どもを持つことで生じる悩みとなり、そして人生の後半では、家族やコミュニティに対する責任などの悩みへと変化します。

このデータソースに興味をそそられ、私はあるバーベキュー・パーティで列に並んでいたときにセプに話しかけ、このデータから幸せについて何がわかるか尋ねました。その後、セプと私がジェニファー・アーカーとともに行った研究プロジェクトで、年齢は悩みごとのほかに、幸せにも大きく影響することがわかりました。人が人生でどれだけ幸せを感じるかについて、そのときの年齢が影響するか否かはこのデータからはっきりとは読み取れませんが、この調査——およびその後に私たちが行った研究——から、**「人が何に幸せを感じるか」と「幸せをどう感じるか」のどちらも、生涯を通じて変化する**ことがわかったのです。[187]

アミットと私が、お互いの幸せな週末を比較したのを覚えていますか？　このときの研究では、普通の経験と特別な経験、どちらに幸せを感じるかは、年齢の違いが影響することがわかりました[188]。若い人にとっては、特別な経験（人生の節目、一生に一度しか経験できないようなバカンス、文化的なイベント）の方が大きな幸せを生みます。しかし歳を重ねた人にとっては、普通の経験（愛する人と一緒に過ごす何の変哲もないひととき、おいしいごちそう、自然の美しさに気付く）もまた、お金がかかるうえにそこまで簡単に味わえない特別な経験と同じくらいの幸せをもたらすのです。つまり、人は歳を重ねていくと、人生の平凡なひとときのなかに幸せを見つけるようになるし、見つけるのがうまくもなります。**歳を重ねるにつれ、シンプルな喜びを味わうのが上手になる**のです。

前述のブログのデータからさらに、年齢は単に人がどの経験を一番幸せだと感じるかのみならず、幸せをどう経験するかにも影響することがわかりました。若いころの幸せは「ワクワク」――派手でエネルギーに満ちたポジティブな感情として経験します。これは、ティーンエイジャーや20代の人たちが、幸せを次のように表現する傾向にあることからもわかります。

「めっちゃ嬉しい！　信じられないくらいハッピーだよ！」
「すごくワクワクするし幸せ」
「幸せだし、スカッとするし、ワクワクする。ストレスも感じるけど、でもこういう人生で嬉しい」

とはいえ人は歳を重ねていくと、幸せは「平穏な落ち着き」――静かで穏やかで満たされた感情

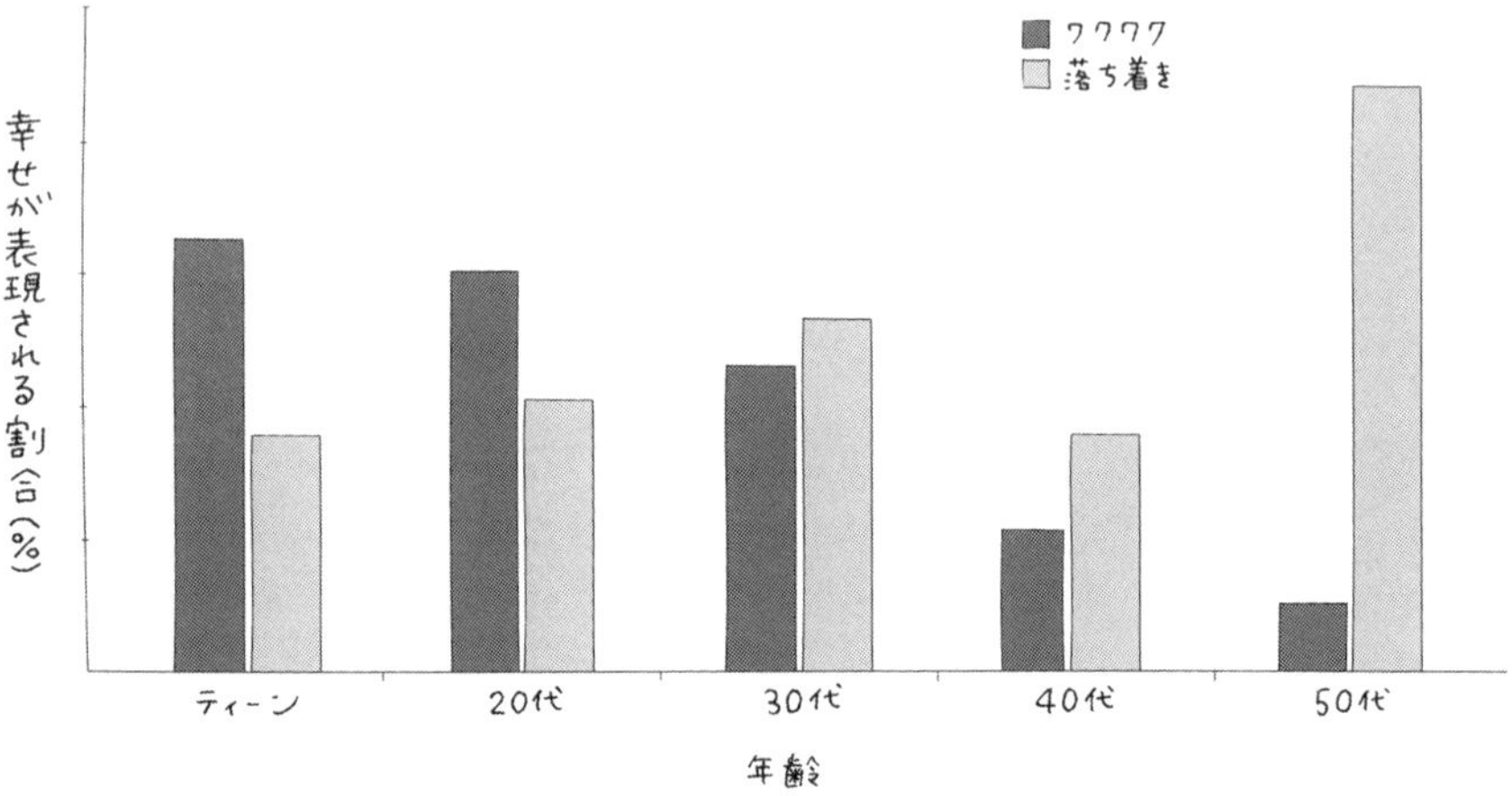

として経験します。30代の人は、どちらのタイプの幸せも同じくらい表現する傾向にありますが、40代、50代、そしてそれ以降になると、落ち着いた充足感を表現するようになっていきます。

「幸せを感じてリラックスしているし、心穏やかです」
「今とても穏やかな気持ちで幸せです」
「週末はストレスなくゆっくり休めたので、今日はとても穏やかで幸せな気持ちです」

ワクワクも落ち着きも、どちらもポジティブなものですが、グラフからわかる通り、これら二つの幸せの形は、人生を数十年と進んでいくうちに、割合が変わっていきます。

この結果が示唆するのは、20歳と50歳が幸せを表現するとき、恐らくそれぞれまったく異なる感情を抱いているであろうという点です。これを知ることで、年齢の異なる他者の（そして自分自身の）感情に対する理解を深められます。そしてこのおかげで、若かったころの自分のレンズを通じて、今の自分を判断しなくなります。

「何が楽しい土曜日の夜か」は、実際に変わるのです。「何が幸せな人生か」もまた、まだ変わっていない人の場合は、今後変わるでしょう。これは悪いことではありません。さらにこれを知っていることで、将来的な人生のフェーズをクラフティングし、前のフェーズからうまく移行できるようになります。幸せは少しだけ違って見えるかもしれませんが、それぞれのライフステージでたくさんの幸せがあります。

緊急性より重要性

広い視点で時間を捉えるべきもう一つの大きな理由は、年単位で考えることが、自分の時間をどうつかうかを決めるうえできわめて重要だからです。つまり、人生全体を考えることで、自分の価値観が浮き彫りになります。そしてそのおかげで、時間をどうつかうかという目の前の決断を、うまく下せるようになるのです。

実際、私がテイラー、ジョーイ、ハルと一緒に行った調査に話を戻すと、時間を俯瞰的に捉えると答えた人たちは、単に今急いでしなくてはいけないことよりも、大切だと感じることに、１週間のうち多くの時間を割いていました。[189]しかも別のチームが行った研究によると、人は日々のなかで焦りを感じると、重要性にかかわりなく、緊急性の高いものに時間をかけてしまいがちなのです。[190]

こうした複数の調査結果は、時間を広い視点で見るよう訴えかけてきます。**人生全体を考えることで、急を要すると思えるものだけでなく、大切なことにも時間をかけなくてはいけない、と気付かされます。**こうした視点の変化のおかげで、時間が足りないことで経験する制約が軽減されたり、頭のなかの「今すぐやることリスト」のせいで気が散るのに抗ったり、時間のガラス瓶が砂で満たされないようにしたりできるかもしれません。

さらに、こうした見方は、自分にとって何が大切なのかを見極めるのにも役立ちます。ここまでの章で、「ときめき」を感じる活動や、高次な目的の達成に役立つ活動を見極める方法についてアドバイスしてきました。それに加え、自分にとって最高の人生を生きるには、自分の価値観――究極的に何が大切か――と一致する時間はどれかを知る必要があります。

次の二つのエクササイズは、まさにこの点を扱います。一つ目は、人生の終わりに立つ自分を想像して、そこから人生を振り返ります。二つ目は、満たされた人生を生きて、それを振り返っている人から学びます。どちらのエクササイズも、人生を全体として考えるよう働きかけることで、あなたにとって意義深く大切な人生とは何か、という洞察を深めるようになっています。

人生の終わりを想像してみる

自分の死後、人々の記憶にどう残りたいですか？　人生の最期で振り返ったとき、人に何と言ってもらいたいですか？　あなたのどんな物語を人に語り継いでもらいたいですか？　シンプルに言い換えると、どんな遺産を残したいですか？

答えを見つけやすいようにするため、私が教え子に出している課題をあなたにもお出しします。自分の追悼文を書く、という課題です。簡単ではありません。自分自身の命の有限性について考えるのは、不快以外の何ものでもないでしょう。とはいえ、そこにはものすごいポジティブな可能性もあります。**死は避けられないとはっきり認識することは、人生を満喫する方向へと自分を強力に追い込む方法の一つ**です。先ほどのような質問に答えることで、究極的に自分にとって何が大切なのか――自分の価値観――を明確にできます。今日、明日、そしてその後続く日々をどう過ごすかが、その答えからわかります。

追悼文エクササイズ

あなたは、人々の記憶にどう残るでしょうか？　世の中やあなたが愛した人たちに、どのような影響を与えるでしょうか？　どのような目標を達成したでしょうか？　何を作り出したでしょうか？　どう貢献したでしょうか？　あなたを表現するために、どのような言葉がつかわれるでしょうか？

追悼文とは、あなたの死後、あなたに残された人たちが書き、あなたを追悼して人前で述べる言葉です。このエクササイズでは、自分で自分の追悼文を書きます。その際、自分以外の人物の視点に立ち（子どもや配偶者、友達、仕事仲間など）、あなたが90代まで生きたと仮定して書きます。

実は、本章の冒頭にあった追悼文は、私の教え子のニコールが書いたものです。もう一つ、教え子のジャスティンが書いた追悼文もよい例なのでご紹介します。

父は、私が欲しいものを常に与えてくれたわけではありませんでした。でも、私が必要なものを必ず与えてくれました。どうしても欲しいものがあるときは不満だったけれど、今振り返ってみると、これが人生で最も大切な教えだったことがわかります。手にする価値があり、手にしたいと情熱を傾けるものとは、お金で買えるものではなく、愛、努力、献身の賜物なのです。

父は非常に献身的な夫であり、父であり、友人でした。常に子どもたちの仕事ぶり——仕事の成果ではなく——を褒めてくれました。また、小さかったころの私は少しイライラさせられたのですが、人生で一番つらかったときに乗り越えられたのは、「お前はがんばっているのだから、必ず乗り越えられる。この問題は理由があって起きているのだから」という父の言葉が常に耳に残っていたからでした。だから私はがんばれたし、乗り越えられたのですが、そんなとき常に父を思い出していました。

父は家にいたときはいつも、私を寝かしつけてくれました。毎晩、「特別な言葉」（と私たちは呼んでいました）を耳元でささやいてくれました。「特別な言葉」はきょうだいでそれぞれ違ったので、私は自分の言葉しか知りません。その言葉は常に、私がいかに特別な存在で愛情深く、思いやりと勇気があって、探求好きで忍耐強い女の子かというものでした。父と母が私をどれだけ愛しているか、いかに誇りに思っているか、さらにもっと大切なこととして、いかに自分に誇りを持つべきか、という言葉もありました。そして父は常に、私の父でいることがどれだけ幸せか、明日も私と一緒に過ごせることをどれだけ楽しみにしているか、と言って「特別な言葉」を締めくくっていました。もう父と一緒に明日を過ごすことはできなくなりましたが、同じ献身と愛情、勇気を私の子どもたちに引き継いでいきたいと思います。

パパ、あなたの行動一つひとつが、大きな喜びと幸せと愛情をもたらしました。情熱と理解と献身、さらには、あなたの周りにいる誰もがずっと賢明になれるような考え方をもたらしてくれました。パパ、愛しています。

この二つの追悼文は、今回の課題にどう取り組めばよいかのヒントではありますが、追悼文はあなたにとって意味があり、あなたについて書かれたものでなければいけません。

ニコールとジャスティンの追悼文からは、それぞれが自分の何を大切にしているかがわかります。どんな人生を生きたいかが、はっきり伝わってきます。実はこの二人は、すでにこうした人生を生きていません。もちろん、ここに書かれている人生経験の一部（子ども、結婚、本の執筆）はまだ起きていません。でも、ニコールはまさに考える刺激を与えてくれる人だし、ジャスティンは献身的です。どのように人の記憶に残りたいかを書くことで、価値観や何を大切にしているかがはっきりします。ニコールは、広い視野を持つことを大切にしています。ジャスティンは、勤勉でいることと子どもたちを大切にしており、また、勤勉であるよう子どもたちに教えることも大切にしています。同様に、自分の追悼文を書くことで、いろいろなことがわかり、インスピレーションも得られます。**自分のなかで最も大切にしている個人的資質——究極的に自分にとって何が大切か——がはっきりします。**自分が世の中とどう関わるか、どこに努力するか、時間をどうつかうかを指し示してくれるでしょう。

私の講義では、このエクササイズにはもう一つ、ステップがあります（自分の追悼文を書くだけで充分大変ではあるのですが）。それぞれが書いた追悼文を、同じクラスの別の学生が声に出して読み上げるのです。緊張はしますが、このステップが非常に大切な理由はいくつかあります。

まず、自分の追悼文を人のものと一緒に聞くことで、「自分がどうありたいか」は人によって異なるとはっきりわかります。これは、成功とは何かを測る自分自身の基準を確立するのに役立ちます。自分が人生をうまく生きているかは、（他人が願うことではなく）この基準でのみ測るべきです。そして、自分の今の居場所と本当に生きたい場所とのギャップに気付いたときに、変わりたい、もっと努力したいというモチベーションになるのは、あなた自身の物差しだけであるべきです。

このステップで、自分の価値観がクラスメイトとは異なることがあきらかになると同時に、人と重なるのがどこかもわかります。共通の価値観に気付くことは、より大きなつながりや帰属意識を築く助けとなります。そしてご存知の通り、この「人とつながっている」という感覚は、間違いなく幸せを高めてくれます。

最後に、自分の追悼文を人に読み上げてもらうことで、人の心のなかに自分がどう存在するのかに気付かされます。あなたは、どんな影響を与えており、今後与えたいと思っていますか？　それにしたがって行動するよい刺激となります。

先人の経験に学ぶ

自分の追悼文を書くことで、人生の最期を想像し、そこから振り返るよう促されます。次のエクササイズでは、人生の最期へと少しだけ近づいた人に目を向け、その人に振り返ってもらうよう促します。自分自身の時間は、自分が手にしているリソースのなかで最も貴重なものの一つではありますが、人が経験した時間もまた、紛れもなく貴重なリソースです。憧れている誰かに、その人の経験や考え、人生での学びを聞かせてもらうことは、貴重な機会となります。

私は、自分が心から尊敬しており、（私から見ると）人生を成功させた人にインタビューしました。ジェインは時代を先んじていた女性で、１９６４年、大学の出版部という男性中心の職場で働き始めました。40年のキャリアで、彼女が誇れることは多々あります。長年働くなかで、書籍編集者とパブリッシング・エグゼクティブを務めました。まだ足りないとでも言わんばかりに、ジェインは定年退職後、著者として新たなキャリアをスタートさせ、書籍を4冊出しました。

それでも、82年の人生のすべてを振り返り、一番の誇りの源は何かと尋ねたところ、間髪を入れずに「子どもたち。あの子たちの人柄」だと答えました。そして、こう説明してくれました。「息子が二人おり、どちらも非常に成功しています。でも一番大切なのは、彼らがどんな人間かということ。母親として、そして今やおばあちゃんとしての私の仕事の一つは、子どもの道徳心を育むことです。私の家族は、成功しています。私の両親は、移民の子として、ニューヨーク市のローワー・イースト・サイドでの極貧生活から這い上がりました。そのため成功は重要です。でもそれより、自分が何者か、どう振る舞うか、人をどう扱うかがすべてです。私の遺産、そして私らしさは、子どもや孫たちの人柄に受け継がれていると願っています」

次の課題では、学生たちにも同じことをするよう指示します。つまり、憧れの人にインタビューするのです。

憧れの年長者から学ぶエクササイズ

幸せな人生をどう生きていくかを考える際に、すでに幸せな人生を生きてきた人から学べることは多くあります。あなたが憧れる生き方をしてきた年長者を見つけて、どんな経験をしてきたかをインタビューしましょう。

これまでの人生で、何を達成し、どんな間違いを犯し、どんな選択をしたかを振り返ってもらいましょう。ここから、あなた自身の今後の人生における選択肢について何か学べるかもしれません。特に、あなた自身が今どのように時間を過ごせば、のちに人生を振り返ったときに満足できるか参考にするために、彼らの誇りと後悔がどこから来ているかも聞いてみましょう。

次の二つは必ず質問します。

- 人生全体を振り返り、一番の誇りは何ですか?
- 人生全体を振り返り、一番の後悔は何ですか?

もしまだ時間があれば（当然ながら相手の時間に配慮したうえで）、次の質問をしてみるのもよいでしょう。

- これまでの人生で下した決断で一番重要だったのは何ですか?
- プライベートとキャリアで葛藤があったことはありましたか? それはいつで、結局どうなりましたか?
- 予想以上に大切だったと気付いたことは何ですか?
- 予想したほど大切ではなかったと気付いたことは何ですか?

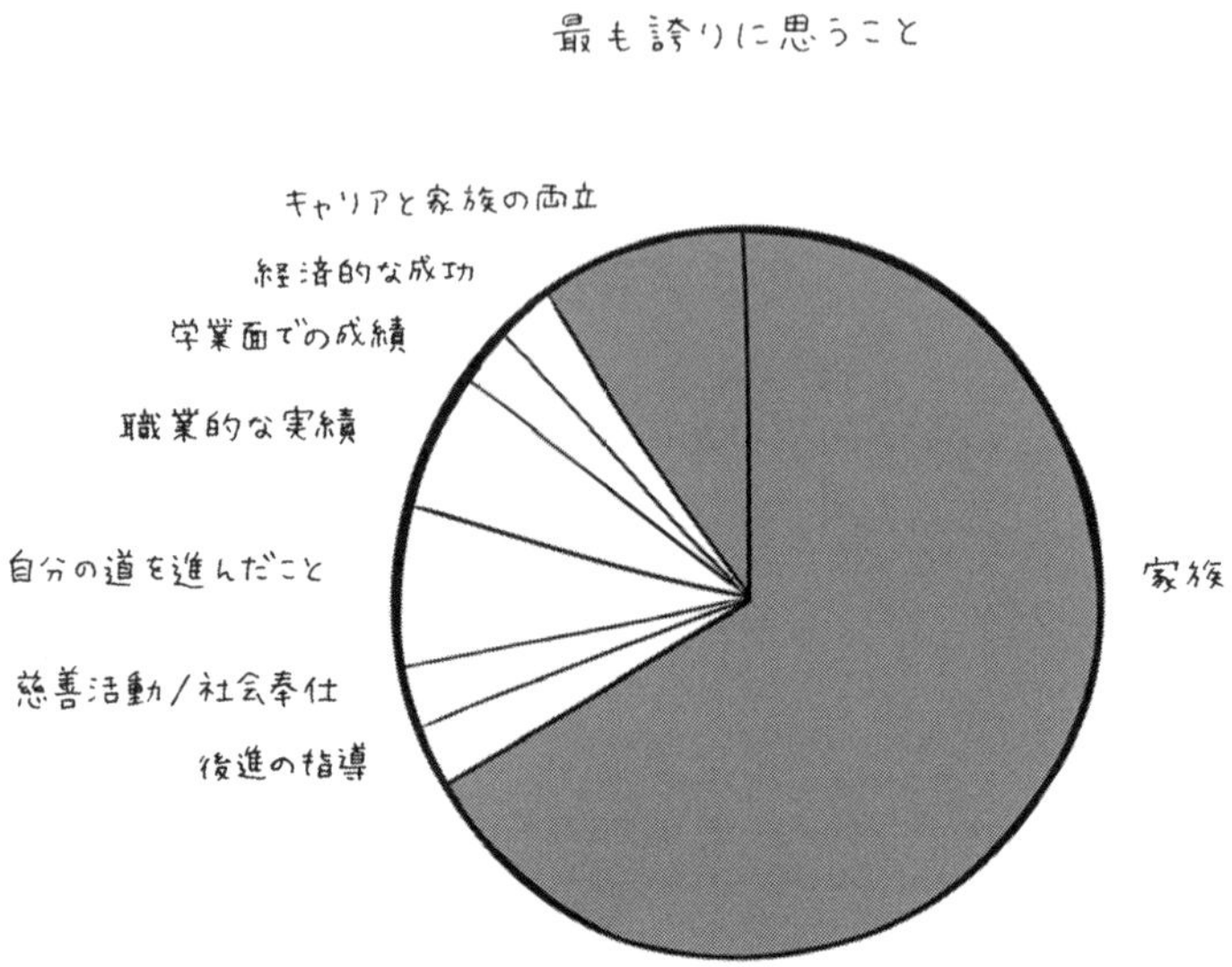

学生たちは次の授業で、インタビューで聞いた話をシェアします。

憧れの年長者として最も多かったのは、家族（例：親、祖父母、義理の親）、家族ぐるみで付き合いのある友達、あるいは仕事上の相談相手でした。男女は半々、国籍は様々（例：アメリカ、インド、中国、韓国、コロンビア、イギリス）、職業も様々（家族の世話をするために家で働く人も含め）でした。

多様なバックグラウンドによらず、人生で最も誇りに思うこととして挙がったものには驚くほどの一貫性がありました。またジェインと同様に、**一番多かった答えは家族**でした（67パーセント）。尊敬を集めるこれらの年長者は、家族との強い絆や、子どもたちがどんな大人に成長したか、自分がよい親あるいは祖父母であること、そして大事なときに家族関係を最優先させたことを最も誇りに思っていました。さらに9

最も後悔していること

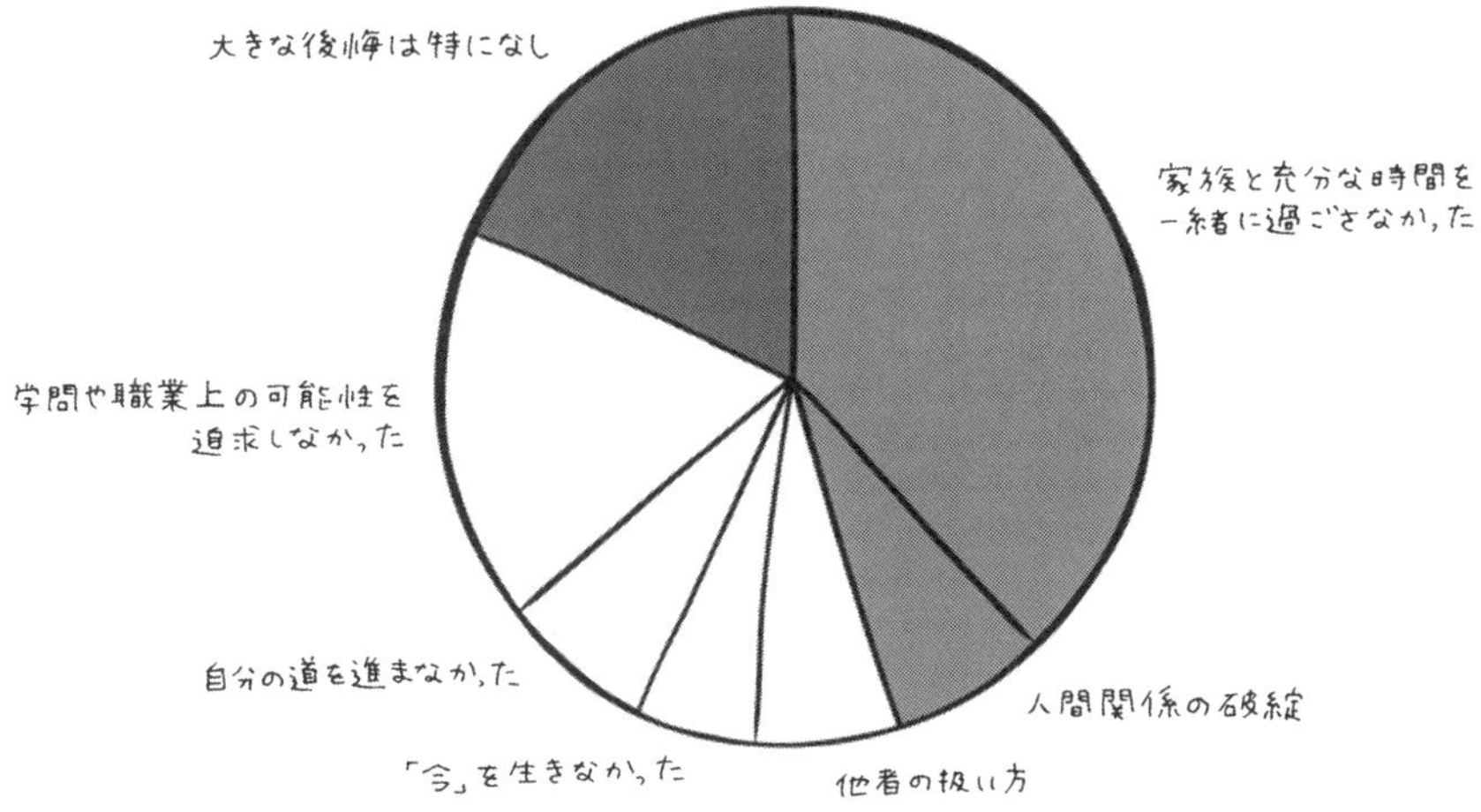

パーセントの人たちは、キャリアを追いかけながらも子育てができたことを誇りに感じていました。そのため合計すると、最も誇りに思っていることとして家族を挙げたのは、インタビューを受けた人の76パーセントを占めました。

家族が最も多く挙がりましたが、誇りに思っていることとしてほかにも、個人としての成功――学業（2・5パーセント）、職業（6パーセント）、経済面（2・5パーセント）――や、自分の道を進んだこと（7・5パーセント）、後進の指導（2・5パーセント）、慈善活動（2・5パーセント）がありました。

MBA生が憧れる対象というかなり偏ったサンプルではあるものの、この円グラフに表れているのは、史上最も包括的と言える長期研究が導き出した結論と驚くほど一致しています。[191]「ハーバード成人発達研究」という名称のその研究では、青年男性を集め、75年間にわたり追跡しました。参加者にはハーバード大学の学生もいれば、ボストンのブルーカラー地域に住む人たちもいました。研究者らは数年おきにこれらの男性を調査し、どこにいるか、何をしているか、どうしているかを聞き取りました。

現在この研究の責任者を務めるロバート・ウォールディンガーは、調査結果をTEDトーク「人生を幸せにするのは何？」でシェアしています。どうやら、**幸せで満たされた人生を予測する唯一にして最大の因子は、富でも名声でもありません。自分を支えてくれる強力な人間関係の存在です。**それは、家族（あるいは家族のように感じられる友達がいること）なのです。

では、後悔はどうでしょうか？　インタビューを受けた人たちが最大の後悔として挙げたものを見てみると、やはり同じ答えにたどり着きます。二つ目の円グラフが示す通り、最もよくある後悔は、家族と充分な時間を一緒に過ごさなかったことでした（38パーセント）。ほかに、結婚の失敗や子どもやきょうだいとの絶縁といった、人間関係の破綻（7パーセント）や、学問や職業上の可能性を追求しなかったこと（18パーセント）を挙げた人もいました。それでも、先ほどの円グラフに加え、個人的にやりたいことを優先させて家族を選ばなかったことが最もよくある後悔だと考えると、強力な人間関係を育むことが、明白な最優先事項だと言えそうです。

「よい人生を生きるにはどうしたらよいか」という問いへのこの結論は、本書で何度も繰り返し到達したものと同じです。愛する人のための時間を確保して、それを守りましょう。そしてその時間は、気を逸らさず全身全霊でそこにいましょう。携帯電話はしまいます。当然ながら、人間関係には時間がかかります。でもそれだけの時間を投じる価値は、間違いなくあります。

後悔なしの人生を歩むには？

人生の旅路で、後悔はナビゲーターとして役立つ可能性があります。後悔とは、間違ったときに湧き上がってそれを知らせてくれる感情であり、次回はどうしたらもっとよい決断ができるかを教えてくれます。とはいえ、一度しかない人生、未解決のままの大きな後悔を抱えて、最期の瞬間にたどり着きたい人などいません——そこにはもう「次回」などありませんから。だからこそ、誰かが実際に経験して得た知見を活用するとよいのです。

ジェインに一番の後悔を尋ねたところ、後悔はないと言っていました。私は当初、信じませんでした。もちろん、ジェインはすばらしい人だと思いますが、完全無欠ではありません。そんな人はいません。けれども、学生たちのインタビューでも多くの人がそう答えているのを見て（18パーセント）、ここにはもっと何かがある、と気付きました。

ジェインは、他人の行動について残念に思ったことはあると認めています。「当時の学術出版界にいたほとんどの女性と同様に、私も二流市民のように扱われた事実を残念に思うか？　もちろんです。でもそれは私にはどうすることもできません。今も当時も私にできることは、自分自身の間違いに対処することであり、それはちゃんと取り組んできました」

ジェインは、自分が間違いを何も犯さなかったと言っていたわけではありません。間違いはしたのです。でも誤ったときは、修復するべく努めました。いつまでも引きずる後悔がないのは、すでに対処したからなのです。ジェインが後悔をどう扱うかは、心理学研究によってあきらかになったことと一致しており、後悔を避けたいと思うすべての人に有益かもしれません。

後悔とは、過去にもし違う決断をしていたら、もっとよい結果になっていたかもしれない、との気付きからくる、ネガティブな感情です。ある研究者らが、人々に今抱いている後悔について聞いたところ、後悔には2種類あることがわかりました。[192] すべきではなかった（例：「言わなければよかった」「この仕事を引き受けなければよかった」）ことに関する、「した後悔」。そして、すべきだった（例：「何か言えばよかった」「あの仕事に応募すればよかった」）ことに関する、「しなかった後悔」です。

どちらも同じくらいよくあることですが、この2種類の後悔は、時間的にはっきりと異なる軌道を描きます。**短期的には、「した」方がより多くの後悔を生みますが、長期的には、「しなかった」方がより多くの後悔を生みます。**このようなパターンになる理由は、「した後悔」の方がひどい結果を生む傾向にあるため、本人はなんとか修復しようとするからです。例えば、言うべきでないことを言ってしまった場合、すぐに気付き、状況を修復しようと相手に謝ります。あるいは、あきらかに引き受けるべきでなかった仕事を引き受けてしまったとき、（可能な状況なら）その仕事を辞退するはずです。「した後悔」が（ありがたいことに）短くすむ理由は、このように私たちには、急な間違いを正そうとする傾向があるからです。

一方で「しなかった後悔」は、当たり障りのないものでありがちです。たいていは、あきらかに修復すべきものは存在しません。そのため不幸にも、気付かぬうちに後悔が忍び寄り、長く引きずってしまいます。例えば仕事のチャンスを逃した場合、改めて挑戦してみようという気にさせる出来事はそうそうありません。また、何も言わずにそのまま流してしまうのも、よくありがちです。

何も言わずにすまされがちだけれど非常に大切なのが、「ありがとう」です。ありがたいと思っているのに、感謝を伝えられないまま手遅れになり後悔するのは、絶対に避けたいところです。

私の講座では、必要なきっかけを教え子たちに与えるために、彼らの人生にいる誰かに宛てて感謝の手紙を書いて渡す、という課題を出しています。この課題に取り組んだ教え子たちの経験を聞いたり、自分でも複数回やったりした経験から証言できるのは、このエクササイズは、書いた人と受け取った人の双方に、深い影響を与える可能性がある、ということです。そこで、みなさんにも経験してほしいと思います。

感謝の手紙エクササイズ

きちんとお礼を伝えていない誰かに、感謝の手紙を書きましょう。この手紙をどう渡すかは、あなた次第です。直接会ったり電話したりして読んで聞かせてもよいし、シンプルにメールで送るのも、昔ながらの郵送で送るのもよいでしょう。

先ほどの調査に話を戻すと、そこであきらかになった、後悔に至るまでの時間的な軌道は、「最も後悔していること」の円グラフに対する理解を深めてくれます。「した後悔」は修復されるのに、「しなかった後悔」はいつまでも引きずるという動きを見れば、インタビューされた人たちが抱える

「最も後悔していること」はなぜ、「しなかった後悔」が多いのか——家族ともっと一緒に過ごさなかった、学問または仕事の可能性を追求しなかった、自分の道を進まなかった、「今」を生きなかった——の説明がつきます。

とはいえこれは、学生たちがインタビューした憧れの年長者だけに当てはまるわけではありません。別の研究チームが老人ホームの住人に調査を行い、似たような結果になっています。人生の終わりから振り返るとき、人が一番後悔するのは一般的に、やらなかったけれどやればよかったと思うことです。[193]

- 家族や友達と充分な時間を過ごさなかった
- 教育を受ける機会を逃してしまった
- チャンスを活かしきれなかった
- 恋愛の機会を逃した

私たちは、年長者から学び、彼らの経験を肝に銘じるべきでしょう。彼らの経験から、**人生最大の後悔は行動を起こさない——大切なものに時間を割かない——こと**だとわかります。また、こうした間違いを修正するきっかけとなるようなものは、恐らくないという注意点も、年長者は教えてくれています。そしてだからこそ私は本章で、人生という旅路の終わりを、あなたも考えるよう働きかけています。ここで出しているエクササイズは確かに難しいですが、その意図は、自分の選択肢に対して受け身でいるとどんな結果を引き起こすか、あなたに気付いてもらうことです。その結果は、かなり残酷です。様々なひとときや喜びを見逃し、すべての終わりに残るのは、後悔だけ。こんな不幸を避けるために、どうか行動してください。

私が本書を書いたのは、その方法をみなさんにお教えするためです。今すぐ始めるためのツールを、みなさんにすでにお渡ししています。時間が足りないという感覚や、自信のなさに邪魔されてはいけません。親切を行動に移したり、体を動かしたりするために時間をかけてください——そうすれば、手にしている時間でどれだけを成し遂げられるか、気付くはずです。

時間は、賢明につかいましょう。画面を眺めながら何時間も無駄に過ごす代わりに、喜びをもたらしてくれる人や経験のため、そして目標（あなたが決めたもの）を達成するためにつかいましょう。あなたの人生をよくしてくれる人たちに感謝を伝え、彼らとの時間をよりよいものとするために、一緒にいられる残りの時間を数えましょう。人々の記憶に刻みたい通りの生き方をするため、そして後悔のない人生を生きるために、遅すぎることなどありません。

すべての時間が幸せでなくてもいい

後悔のない人生は、一様にポジティブというわけではありません。幸せな人生におけるすべての時間が幸せでもなければ、その必要もないのです。自分の人生がどれだけ満たされて有意義かという評価は、実際にどんな行動をするかのみならず、何に焦点を当てるかによって決まります。そこから何を得て、どんな物語を語るかです。

意義があれば嫌な経験も悪くはない

人生全般を見るとき、幸せを感じたいし、有意義な人生だとも思いたいはずです。運よく、この二つの目標は、相反するものではありません。私はリア・カタパノ、ジョルディ・クォドバック、ジェニファー・アーカーとともに、123カ国に住む50万人以上の人々が経験した幸せと意義深さを分析しました。その結果、人生における幸せと意義深さは、非常に関連性が高いことがわかりました。[194]

とはいえ、人生の意義深さを経験する（すなわち、自分の人生は重要で、目的があり、理にかなっていると見る）ために、常に幸せである必要はありません。[195] むしろ**ネガティブな経験も、それを乗り越え、そこから学び、おかげで以前より幸せになったという物語が作れれば、意義を見つける手助けとなる場合もあります。**[196]

例えば私は、結婚が破棄されて夢が粉々に破れたとき、事態を修復し、立ち直りました。そして、自分自身や自分の幸せに対して自信を与えてくれた重要な教訓、つまり「私には選択肢がある」ということを学びました。持ち前の明るさや理想的な環境がないと、人生に満足できないわけではありません。自分が何に意識を向け、何をするかについて、自分で決められるのです。どれだけの幸せを感じるかについて、かなりの部分を自分でコントロールできる（誰もがそうです）、と気付いた今の私の方が幸せです。

あなたが人生で痛みを経験しないよう救ってあげられたらとは思いますが、残念ながら悲しみは避けられません。とはいえ、実際に悲しいことがあっても、必ず乗り越えられます。そしてそう理解することで、これまでよりも早く立ち直れるようになるはずです。あなたには必ずできると、私は確信しています。なぜなら、あなたはこれまでもすでに乗り越えてきたからです。

新型コロナのパンデミックは、客観的に見て誰にとっても恐ろしい経験だったし、人よりつらい思いをした人もいるでしょう。でも、あなたはこのパンデミックを切り抜け、今しっかりと立っています。さらに私たち誰もが、「物理的に離れていても、本当の意味でつながり続けることはできる」という大事な教訓を得ました。一緒にいるすべての瞬間が貴重です。そして予定表にぽっかりと空間ができてしまったら、その時間を、考え、遊び、何かを作り出すことにつかえます。私たちには、しなやかな強さがあるのです。

このようなつらい時期を乗り越える際には、モザイクの例えに戻るとよいでしょう。こうした障壁は、あなたのコラージュに色どりを与えてくれるタイルとして見ることができます。重要なのは、これらのタイルを、そのコラージュの模様にどう取り込むかです。こうしたネガティブな出来事を、「試練があっても切り抜け、さらに飛躍さえもした」と受けとめ、人生全体の物語に取り入れる必要があります。

記憶に残ることは何か？

ノーベル賞受賞歴のあるダニエル・カーネマンは、TEDトークや書籍『ファスト&スロー』（早川書房）のなかで、幸せには物語が大きな役割を果たすと提言しています。私たちは、記憶に基づいて自分の人生を語ります。こうした物語はその後、のちに自分が思い出すことや究極的に抱く幸福感に影響します。

詳しく説明しましょう。カーネマンは、幸せに関する二つの評価を「経験」と「記憶」として区別しています。経験する幸せとは、「人生で幸せ」な状態で、その時々でどのくらいポジティブに感じるかです。記憶する幸せとは、「人生について幸せ」な状態で、振り返ったときにどう思うか、その時々を概してどう感じると評価するかです。

カーネマンは、「経験」と「記憶」の違いについて、休暇という短い時間枠に当てはめて説明しました。ここでの「経験する幸せ」とは、休暇の一日一日でどう感じるかです。あなたが経験する幸せを私たち研究者が測定するなら、今どう感じているかを（ちょうど時間記録エクササイズでしたように）毎日一日中記録してもらうでしょう。一方でここでの「記憶する幸せ」とは、休暇後に振り返ってどう思うか、そして休暇全体をどう評価するかです。

当然ながら、自分が経験したことが、自分の記憶となります。活動にかけた時間は、どちらの形の幸せにも寄与します。例えば、気のおけない友達とのおいしいディナーは、幸せなものとして経験し、記憶に残るでしょう。これは、私が行った実験でもはっきりと見て取れました。[97]

実験参加者を二つのグループに分け、一つには、自分が経験する幸せを最大化することを目標とした場合、これからの1時間をどう過ごすか質問しました。もう一つのグループには、自分の記憶に残る幸せを最大化することを目標とした場合、これからの1時間をどう過ごすか尋ねました。結果は、どちらのグループもほぼ同じ活動——家族や友達と一緒に過ごす、おいしいものを食べる、屋外に出る——を挙げました。

しかし、経験する幸せと記憶する幸せは結び付いてはいるものの、両者ははっきりと異なります。カーネマンのチームは、（大腸内視鏡検査から休暇、映画に至るまでの）様々な出来事について、人がそれを経験している間にどれだけポジティブに感じたか、そしてそれとは別に、その後にその人たちがどれだけ満足感を抱いたか、測定しました。その結果、人がその時々に抱く感情は、その出来事を振り返ったときの評価の合計とも平均とも一致しないことがわかりました。むしろ**人々の記憶を決めるのは、出来事のピークと終わり方**でした。[198]

つまり、休暇で抱いたその時々の感情を単に合計しても、その休暇全体の評価を完全に予測するものにはなりません。記憶は、最も極端な瞬間（ポジティブであれネガティブであれ）と最後の瞬間によって、極端に歪められてしまうのです。これは休暇に限った話ではありません。自分が過ごす時間すべてを合計しても、人生全体にどれだけ満足しているか（あるいは将来的に満足するか）にはならないのです。自分の人生をどんな物語として見るかは、ピークと終わり方によって大きく変わります。

「幸せな時間」から「幸せな人生」へ

喜びを持って経験したり振り返ったりする人生を作り上げていくには、これを理解することが非常に重要です。こうした洞察は、幸せな時間から幸せな人生にしていくにはどうすればよいかを教えてくれます。

過ごしたすべての時間のうち、思い出すのは特定のわずかな瞬間だけと知った今、最も幸せな瞬間を確実に「ピーク」として実現し、味わえるようにしなければいけません。そして、特別な時間がもたらす奇跡とともに、普通の時間から得られるであろう喜びも忘れてはいけません。

そうした経験に気付きましょう。

それを味わい、祝福しましょう。

その経験を儀式にしましょう。

そのための時間をスケジュールのなかに確保しましょう。

夕食を囲んでそれについて語り合いましょう。

この時間を過ごす間、注意力が散漫にならないようにしましょう。

取るに足らないと感じるひとときでも、人生の満足度に大きく影響する可能性もあります。

もう一つの重要な知見に、終わり方が非常に大切だという点があります。そのため、生涯を通じて、終わりをもっとうまくつかいましょう。時の流れのなかで、人生の一つの章が終わるときが来ます。

楽しい瞬間のすべてを、自分にとって最後のように扱いましょう。そして、実際に最後が近い可能性に気付くために、残りがあとどれくらいか数えてみましょう。

自分はみんなの記憶にどう残りたいかを思い出しましょう。

感謝を伝えましょう。

後悔を残さず終わりましょう。

終わり方の重要性を認めつつ、新たなスタートを切ってください。あなたの前には、たくさんの時間、日々、年月が待っています。喜びをもたらしてくれるものに費やしましょう。自分の目的を叶えるのに役立つであろうものに時間を投じましょう。充分な時間を割り当てなかったり、その時間に注意を払わなかったりしたために、経験し損なわないようにしてください。このような後悔を人生に残さないようにしましょう。よいことに焦点を定めましょう。

私の研究でも、本書でも、幸せとは自分次第であることをあきらかにしています。幸せは、選択なのです。毎日、毎時間選んでいくものなのです。本書で説明した戦略をつかえば、どうすればそのような選択――単なる一般論ではなく、あなた個人のための選択――ができるかがわかるはずです。本書を読んでくれたあなたの時間に感謝しつつ、これからもあなたがたくさんの幸せな時間を手にすることを、私は願ってやみません。

第9章での学び

- [ ] 時間を俯瞰することで、幸福感や満足感が高まり、人生の意義が深まる。なぜなら、俯瞰することで、単に緊急な物事にではなく、大切な物事に時間を費やそうという気になるため。

- [ ] こうした大局的な見方のおかげで、一番幸せを感じる経験は何か、そして幸せをどう経験するかは、歳とともに変化することがわかる。特別な経験から普通の経験、ワクワクから落ち着きへと変わる。

- [ ] 人生全体の満足度を上げる唯一にして最大の予測因子は、自分を支えてくれる強力な人間関係（家族または家族のように感じる友達）があることである。

- [ ] 「した後悔」（つまり「しなければよかった」という後悔）はひどい結果になりがちであるため、すぐに対処でき、長引かない。

- [ ] 一方、「しなかった後悔」（つまり「すればよかった」という後悔）は、気付かぬうちに忍び寄って来ていつまでも引きずり、人生最大の後悔となる。そのため、あとで大きな後悔にならないよう、今すぐ行動を起こして対処すること。

- [ ] 人生における幸せと意義は密接につながってはいるものの、ネガティブな経験の意味を理解し、そこから学ぶことができれば、ネガティブな出来事を乗り越えることもまた、人生の意義につながる可能性がある。

- [ ] 人は、ある経験のピークや終わりの瞬間に最も影響を受け、そうした瞬間を最も鮮明に記憶する。そのため、最も幸せな時間に焦点を当て、それを祝福できるように自分の時間を作り上げよう。

謝辞

まずは、本書制作チームのみなさんに大きな感謝をお伝えします。彼らがいなければ本書は存在しませんでした。これ以上望めないほど完璧ですてきなエージェントのマーゴ・フレミング。私の懸念をよそに、本を書くよう勇気を与えてくれ、本書が仕上がるまでありがたくもチアリーダーとして寄り添ってくれました。私を理解してくれたこと、幸せの拡散に手を貸してくれたことに感謝します。鋭敏で洞察力のある編集者、キャリン・マーカス。私のビジョンを理解してくれ、わかち合ってくれ、それを現実のものとするために的確に導いてくれてありがとう。ジェイン・アイセイ、執筆のプロセスで与えてくれた指導はきわめて重要で、これ以上ないご褒美でした。単に物語をどう語るかのみならず、よい人生をどう生きるかという面でも、多くを学びました。あなたは、私たち仕事を持つ母親全員に刺激を与えてくれる存在です。よき指導者でいてくれることと友情に感謝します。そして思いやりに溢れたエキスパート集団である広報チーム、アイリーン・ボイル、ジル・シーゲル、サリー・マーヴィン。本書がより多くの人たちに届き、より多くの人たちがもっと幸せになれるようにしてくれたすべてのことに……そして私がＳＮＳに時間を費やさないようにしてくれたことに感謝します。才能豊かなデザインの天才であり我が家のベビーシッターでもあるハンナ・サンダース。本書にぴったりのグラフィックスを作ってくれて、そして私が執筆に時間を取れるようレオとリタの面倒をよく見てくれて、ありがとう。あなたのおかげで、家じゅうに声が響くなか、オフィスの扉を安心して閉めることができました。几帳面な研究助手、ジョアンナ・ゾバック。注意深い読者でいてくれて、参考文献をまとめてくれて、ありがとう。

共同で研究をしたすべての研究者に、心より感謝します。みなさんのおかげで、幸せに関する知識の創造のプロセスがよりずっと幸せなものとなりました。その知性とひたむきさから、あなたたち一人ひとりを尊敬しています。そして仕事の時間をずっと楽しいものにしてくれてありがとう。本書で触れたプロジェクトの順番から、次の人たちに心からの感謝を申し上げます。ジェニファー・アーカー、セプ・カムヴァル、ハル・ハーシュフィールド、マリッサ・シャリフ、マリア・トゥルピア、イザベル・エンゲラー、ユリ・バルネア、フランチェスカ・ジーノ、ゾーイ・チャンス、マイク・ノートン、リア・カタパノ、ジョルディ・クォドバック、シンディ・チャン、アミット・バッタチャルジー、ジョーダン・エトキン、コリン・ウェスト、サンフォード・デヴォー、テイラー・バーグストローム、ジョーイ・リーフ。

私の講座を取ってくれた、UCLAアンダーソン経営大学院のすべての学生にも心から感謝しています。さらなる充足感とつながりに向けて、プライベートな人生の歩みを非常にオープンにシェアしてくれてありがとう。特に、本書に自身の物語をシェアしてくれた人たち――ジャスティン・スターンバーグ、ニコール・シュワルツ、ギャビー・コーニグ――そして私の心と記憶に残るエピソードを聞かせてくれて、本書に掲載することを許可してくれたみなさんにも格別のお礼を。また、私の講座のゲストスピーカーとして、良質な睡眠や瞑想の実践から得られる精神面での大きな恩恵について教えてくれたアロン・アヴィダン博士とサラ・タッカー、そして組織のなかで幸福感を培う方法を教えてくれたジェフ・ブエンロストロに、それぞれお礼を申し上げます。

刺激を与えてくれ、支えになってくれるすばらしい友達のみなさんへ――「よい友達の存在が、すぐに手に入る永続的な幸せのカギである」とする数多くの研究を、あなたたちは一貫して裏付けてくれました。私の時間を笑いと冒険、理解で満たし、ずっとすてきなものにしてくれました。また、自分の時間を惜しみなく割いて本書に経験談を話してくれた友達にも感謝します。アシュリー・ケイパー、シャオリー・セン、コレット・バーナード、ケイティ・ミルクマン、カレン・ブレイク、イアン・マグワイア、ジュリー・マグワイア、アリソン・マッケンジー、ダン・レヴィン、アリ・ワインバーガー、エルザ・コリンズ、アラナ・ケイガン、マット・ケイガン、スー・トラン、チャールズ・シェイ、キム・トリップ、オーウェン・トリップ、クリスティ・フリードリックス、ジェイソン・フリードリックス、ミ・レイ・グエン、クリス・アダムス、マット・スペッツラー、ジャッキー・スペッツラー、ディアナ・キーホー、ビアンカ・ラッセル、アンディ・ラッセル、ダイアナ・スターンバーグ、カーラ・セイルズ、リンダ・ゲレロ、ブレット・バーコウィッツ、アンナ・グロス、デイヴィッド・グロス、みなさんの友情にお礼を申し上げます。イヴ・ロドスキー、サラ・ムリノフスキには、本制作プロセスの舵取りに関するアドバイスと友情に感謝します。そしてマット・セイルズ、アレックス・ワインバーガー、ライリー・アーリックには、あなたたちが仕事に抱いている目的を聞かせてくれたことに感謝します。それぞれが天職を見つけたのはあきらかで、誰にとっても刺激になります。またスコット・フィッツウォーターには、モザイク作りの技術について説明してくれたことにお礼を申し上げます。

そして私の家族へ――これまで長年一緒に過ごしてきたすばらしい時間に、そして私が本書を書き終えられるよう、ここ数年は一緒に過ごすのをときおり諦めてくれたことに、ありがとうとお伝えします。兄であり親友でもあるサム・モジルナーには、子どものころから今に至るまでずっと笑わせてくれていることに感謝します。義理の姉であるクリスティーナ・グールドには、兄との笑いに加わってくれ、常に私たちのそばにいてくれることにお礼をお伝えします。母親であるヴィッキー・モジルナーには、すべての瞬間（それがいかに普通のひとときでも）を祝福すべき時間に変えることの大切さを教えてくれたことに感謝します。そして義理の両親であるアイリーンとロックのホームズ夫妻、義理の兄弟姉妹であるアン・ホームズ、アメリア・ルナ、アーロン・ルナには、変わらぬサポートにお礼を申し上げます。姪のローリー・モジルナー、甥のP・J・モジルナー、レンゾ・ルナには、いつも楽しませてくれて感謝します。

何よりも、夫と子どもたちには感謝の気持ちでいっぱいです。ロブ、レオ、リタ、あなたたちはすばらしい存在です。私の人生をこれほど楽しく有意義な時間で満たしてくれて、感謝してもしきれません。ロブ、私との幸せを毎日選んでくれて、そしてあらゆる行動で私にインスピレーションを与えてくれて、私のあらゆる行動をサポートしてくれて、ありがとう。レオ、あなたの満面の笑み、そしてお腹の底からの笑い声とユーモアは、私に果てしない喜びをもたらしてくれます。立ち止まってバラの香りを楽しむことを、毎日思い出させてくれてありがとう。リタ、あなたが世界に対して抱く喜びが、私たちの日々をさらに明るいものにしてくれます。私たちの「木曜朝のコーヒー・デート」は、それが何曜日であれ、私は永遠に宝物のように大切にします。

言への同意は、持続的な幸福、人生における意義、人生への充足感、ポジティブな影響といったものの高まりと、ネガティブな影響の低下に関連している。この結果は、その人物の年齢や子の有無などの人口統計学的変数を調整したあとも有効である。

185 Jennifer Aaker, "Jennifer Aaker: The Happiness Narrative," Future of StoryTelling, August 31, 2015, Vimeo video, 4:59, https://vimeo.com/137841197.

186 Sep Kamvar and Jonathan Harris, *We Feel Fine: An Almanac of Human Emotion* (New York: Scribner, 2009), http://www.wefeelfine.org/.

187 Cassie Mogilner, Sepandar D. Kamvar, and Jennifer Aaker, "The Shifting Meaning of Happiness," *Social Psychological and Personality Science* 2, no. 4 (July 2011): 395–402, DOI: 10.1177/1948550610393987; Cassie Mogilner, Jennifer Aaker, and Sepandar D. Kamvar, "How Happiness Affects Choice," *Journal of Consumer Research* 39, no. 2 (August 2012): 429–43, DOI: 10.1086/663774.

188 Amit Bhattacharjee and Cassie Mogilner, "Happiness from Ordinary and Extraordinary Experiences," *Journal of Consumer Research* 41, no. 1 (June 2014): 1–17, DOI: 10.1086/674724.

189 Bergstrom et al.(working paper). 参加者に対し私たちは、「重要だからタスクを行うときもあるし（すなわち、重大な結果となるもの）、緊急だからタスクを行うときもある（すなわち、すぐに終わらせなければならないもの）。タスクは重要かつ緊急でもあり得るが、重要でも緊急でもない場合もある。しかしまた、緊急だが重要でないもの、重要だが緊急でないものもある」と伝えた。参加者にはその後、「この1週間で、重要なタスクにどのくらい時間を割いたか？」および「この1週間で、緊急のタスクにどのくらい時間を割いたか？」について、1（なし）から7（常に）の7段階で評価してもらった。緊急のタスクにつかった時間による影響を排除すると、人生を俯瞰した4つの言葉に同意する人は、重要なタスクに時間をかけると予測できた。ただし、重要なタスクにつかった時間による影響を排除すると、4つの言葉に同意する人は緊急のタスクに時間をかけるとは予測できなかった。つまりこのことから、俯瞰する視点が高い人は、緊急ではなく重要なタスクに時間をかけることがわかる。

190 Meng Zhu, Yang Yang, and Christopher Hsee, "The Mere Urgency Effect," *Journal of Consumer Research* 45, no. 3 (October 2018): 673–90, DOI: 10.1093/jcr/ucy008.

191 Robert Waldinger, "What Makes a Good Life? Lessons from the Longest Study on Happiness," TEDx Beacon Street, November 2015, TED video, 12:38, https://www.ted.com/talks/robert_waldinger_what_makes_a_good_life_lessons_from_the_longest_study_on_happiness?language=en.

192 Mike Morrison and Neale Roese, "Regrets of the Typical American: Findings from a Nationally Representative Sample," *Social Psychological and Personality Science* 2, no. 6 (November 2011): 576–83, DOI: 10.1177/1948550611401756.

193 Thomas Gilovich and Victoria Husted Medvec, "The Experience of Regret: What, When, and Why," *Psychological Review* 102, no. 2 (May 1995): 379–95, DOI:10.1037/0033-295X.102.2.379.

194 Rhia Catapano et al., "Financial Resources Impact the Relationship between Meaning and Happiness," *Emotion* 22 (forthcoming).

195 Laura A. King, Samantha J. Heintzelman, and Sarah J. Ward, "Beyond the Search for Meaning: A Contemporary Science of the Experience of Meaning in Life," *Current Directions in Psychological Science* 25 no. 4 (August 2016): 211–16, DOI: 10.1177/0963721416656354.

196 Kathleen Vohs, Jennifer Aaker, and Rhia Catapano, "It's Not Going to Be that Fun: Negative Experiences Can Add Meaning to Life," *Current Opinion in Psychology* 26 (April 2019): 11–14, DOI: 10.1016/j.copsyc.2018.04.014.

197 Cassie Mogilner and Michael Norton, "Preferences for Experienced versus Remembered Happiness," *Journal of Positive Psychology* 14, no. 2 (April 2018): 244–51, DOI: 10.1080/17439760.2018.1460688.
このプロジェクトの一環として成人600人に行った実験で、「幸せを経験すること、あるいはすぐ（1年後／10年後）に振り返って幸せを感じることを目標とした場合、これからの1時間をどう過ごしますか？」と質問した。実験参加者にはその後、カーネマンらが行った1日再現調査からの22種類の活動を見せ、どのくらい時間をかけるかを7点満点で評価してもらった。その人たちがどう過ごすかを因子分析した結果、幸せな過ごし方として次の6つの要素があきらかになった：受動的余暇（テレビ、インターネット、読書）、能動的余暇（運動、スポーツ、アウトドア）、友達や同僚との交流、恋愛相手とのやり取り、家族との時間、仕事かリラックス（対極的な過ごし方）。「経験する幸せ」か「記憶する幸せ」の違いが表れたのは、仕事かリラックスの要素のみだった。ほかの要素はすべて、経験でも記憶でも同程度だった。つまり浮かび上がってきた唯一の違いは、記憶を追求する人は、経験を追求する人よりも仕事をすると言及する可能性が高く、一方で経験を追求する人は、リラックスすると言及する可能性が高かったことだ。

198 Ed Diener, Derrick Wirtz, and Shigehiro Oishi, "End Effects of Rated Life Quality: The James Dean Effect," *American Psychological Society* 12, no. 2 (March 2001): 124–48, DOI: 10.1111/1467-9280.00321; Barbara L. Fredrickson and Daniel Kahneman, "Duration Neglect in Retrospective Evaluations of Affective Episodes," *Journal of Personality and Social Psychology* 65, no. 1 (July 1993): 45–55, DOI: 10.1037/0022-3514.65.1.45; Daniel Kahneman et al., "When More Pain Is Preferred to Less: Adding a Better End," *Psychological Science* 4, no. 6 (November 1993): 401–405, DOI: 10.1111/j.1467-9280.1993.tb00589.x; Donald A. Redelmeier and Daniel Kahneman, "Patients' Memories of Painful Medical Treatments: Real-Time and Retrospective Evaluations of Two Minimally Invasive Procedures," *Pain* 66, no. 1 (July 1996): 3–8, DOI: 10.1016/0304-3959(96)02994-6; Derrick Wirtz et al., "What to Do on Spring Break?: The Role of Predicted, On-Line, and Remembered Experience in Future Choice," *Psychological Science* 14, no. 5 (September 2003): 520–24, DOI: 10.1111/1467-9280.03455.

169 Marie Kondo, *The Life Changing Magic of Tidying Up: The Japanese Art of Decluttering and Organizing* (Berkeley, CA: Ten Speed Press, 2014). 近藤麻理恵著『人生がときめく片づけの魔法 改定版』(河出書房新社)

170 Ran Kivetz and Anat Keinan, "Repenting Hyperopia: An Analysis of Self-Control Regrets," *Journal of Consumer Research* 33, no. 2 (September 2006): 273–82, DOI: 10.1086/506308.

第8章

171 Barack Obama and Bruce Springsteen, "Fatherhood," March 29, 2021, in *Renegades: Born in the USA*, produced by Spotify, podcast audio, https://open.spotify.com/episode/6yFtWJDdwZdUDrH5M0lVZf.

172 Martin Seligman et al., "Positive Psychology Progress: Empirical Validation of In terventions," *American Psychologist* 60, no. 5 (July 2005): 410–21, DOI: 10.1037/0003-066X.60.5.410; Robert A. Emmons and Michael E. McCullough, "Counting Blessings versus Burdens: An Experimental Investigation of Gratitude and Subjective Well-Being in Daily Life," *Journal of Personality and Social Psychology* 84, no. 2 (February 2003): 377, DOI:10.1037/0022-3514.84.2.377.

173 Hielke Buddelmeyer, Daniel S. Hamermesh, and Mark Wooden, "The Stress Cost of Children on Moms and Dads," *European Economic Review* 109 (October 2018): 148–61, DOI: 10.1016/j.euroecorev.2016.12.012.

174 Laura M. Giurge, Ashley V. Whillans, and Colin West, "Why Time Poverty Matters for Individuals, Organisations and Nations," *Nature Human Behaviour* 4, no. 10 (October 2020): 993–1003, DOI: 10.1038/s41562-020-0920-z; Jerry A. Jacobs and Kathleen Gerson, *The Time Divide: Work, Family, and Gender Inequality* (Cambridge: Harvard University Press, 2004); Marybeth J. Mattingly and Liana C. Sayer, "Under Pressure: Gender Differences in the Relationship between Free Time and Feeling Rushed," *Journal of Marriage and Family* 68, no. 1 (February 2006): 205–21, DOI: 10.1111/j.1741-3737.2006.00242.x; Daniel S. Hamermesh and Jungmin Lee, "Stressed Out on Four Continents: Time Crunch or Yuppie Kvetch?" *Review of Economics and Statistics* 89, no. 2 (May 2007): 374–83, DOI: 10.1162/rest.89.2.374.

175 David Leonhardt, "Not Enough to Sort of Open," *New York Times*, May 3, 2021.

176 Laura M. Giurge, Ashley V. Whillans, and Ayse Yemiscigil, "A Multicountry Perspective on Gender Differences in Time Use during COVID-19," *Proceedings of the National Academy of Sciences of the United States of America* 118, no. 12 (March 2021): DOI: 10.1073/pnas.2018494118.

177 Sheryl Sandberg, *Lean In: Women, Work, and the Will to Lead* (New York: Alfred A. Knopf, 2013).〔シェリル・サンドバーグ著『LEAN IN —— 女性、仕事、リーダーへの意欲』(村井章子訳、日本経済新聞出版社)〕

178 Eve Rodsky, *Fair Play: A Game-Changing Solution for When You Have Too Much to Do (and More Life to Live)* (New York: G. P. Putnam's Sons, 2019). イヴは、やるべきことが山ほどあるのにもっと人生を充実させたい、と考える誰もが納得するような主張をしている。家事を明確に分ければ、各自の腹立たしさが軽減され、相手との関係や人生全般への満足度が向上すると助言しているのだ。夫のロブと私の経験では、スマート・スケジュール調整機能の活用で実現が可能だ。

179 Leif D. Nelson, Tom Meyvis, and Jeff Galak, "Enhancing the Television-Viewing Experience through Commercial Interruptions," *Journal of Consumer Research* 36, no. 2 (August 2009): 160–72, DOI: 10.1086/597030.

180 Jordan Etkin and Cassie Mogilner, "Does Variety among Activities Increase Happiness?" *Journal of Consumer Research* 43, no. 2 (August 2016): 210–29, DOI: 10.1093/jcr/ucw021.

181 第7章で述べた通り、私にとってメール対応は面倒な作業に感じてしまう。どんな依頼が来ているのだろうかと考え、何時間も無駄にすると自覚しながら、恐る恐る受信トレイを開ける。終日かけて断続的にメールをチェックした場合、週全体が予期不安や持ち越し不安で埋め尽くされてしまう。代わりに、就業日は毎日、最後の2時間をこの作業に割り当てており、メールとそれに関する事務作業を一気に片付ける。
会議はすべて特定の曜日の午後にまとめている。会議が嫌いなわけではないが、いつもとは違う精神的エネルギーが必要になるためだ。静かな思考から社会的なやり取りに移行するには、時間がかかることに気付いた。そのため、会議は連続して予定を組むことで移行によって生じる無駄を減らし、同時に、一人での作業時間を確保して生産性を上げている。

教えるのが楽しくないという理由ではなく、講義にはかなりの準備時間(髪にドライヤーをかけたりきれいな服装をしたりは当然ながら)が必要となるため、人前に立つ時間は週のなかでまとめるよう努めている。こうすることで、リハーサルする時間や、教壇に立つときに確実に出るアドレナリンを複数の講義に活用できるのだ。

182 Leaf Van Boven and Thomas Gilovich, "To Do or to Have? That Is the Question," *Journal of Personality and Social Psychology* 85, no. 6 (January 2004): 1193–1202, DOI: 10.1037/0022-3514.85.6.1193; Thomas Gilovich, Amit Kumar, and Lily Jampol, "A Wonderful Life: Experiential Consumption and the Pursuit of Happiness," *Journal of Consumer Psychology* 25, no. 1 (September 2014): 152–65, DOI: 10.1016/j.jcps.2014.08.004; Cindy Chan and Cassie Mogilner, "Experiential Gifts Foster Stronger Social Relationships than Material Gifts," *Journal of Consumer Research* 43, no. 6 (April 2017): 913–31, DOI: 10.1093/jcr/ucw067.

第9章

183 Henry van Dyke, "Katrina's Sun-dial," in *Music and Other Poems* (New York: Charles Scribner's Sons, 1904), 105.

184 Cassie Mogilner, Hal Hershfield, and Jennifer Aaker, "Rethinking Time: Implications for Well-Being," *Consumer Psychology Review* 1, no. 1 (January 2018): 41–53, DOI: 10.1002/arcp.1003; Tayler Bergstrom et al. (working paper, 2021). この4つの文

148 Olivia Remes et al., "A Systematic Review of Reviews on the Prevalence of Anxiety Disorders in Adult Populations," *Brain and Behavior* 6, no. 7 (June 2016): 1–33, DOI: 10.1002/brb3.497.

149 Jean M. Twenge and Thomas E. Joiner, "US Census Bureau–Assessed Prevalence of Anxiety and Depressive Symptoms in 2019 and during the 2020 COVID − 19 Pandemic," *Depression and Anxiety* 37, no. 10 (October 2020): 954–56, DOI: 10.1002/da.23077; Min Luo et al., "The Psychological and Mental Impact of Coronavirus Disease 2019 (COVID-19) on Medical Staff and General Public: A Systematic Review and Meta-Analysis," *Psychiatry Research* 291, no. 113190 (September 2020): DOI: 10.1016/j.psychres.2020.113190.

150 UCLA Mindful Awareness Research Center, "Free Guided Meditations," UCLA Health, https://www.uclahealth.org/marc/audio. https://www.uclahealth.org/marc/getting-startedでは、センター長のダイアナ・ウィンストンが複数の動画にてマインドフルネスとは何かを説明しているほか、ガイドつき瞑想も提供している。

151 Mihaly Csikszentmihalyi and Judith LeFevre, "Optimal Experience in Work and Leisure," *Journal of Personality and Social Psychology* 56, no. 5 (June 1989): 815–22, DOI: 10.1037/0022-3514.56.5.815. この論文は、フロー体験のほとんどが余暇時間中ではなく仕事中に起きると報告されるとしている。

152 Meng Zhu, Yang Yang, and Christopher Hsee, "The Mere Urgency Effect," *Journal of Consumer Research* 45, no. 3 (October 2018): 673–90, DOI: 10.1093/jcr/ucy008. 145–46

153 Bradley R. Staats and Francesca Gino, "Specialization and Variety in Repetitive Tasks: Evidence from a Japanese Bank," *Management Science* 58, no. 6 (June 2012): 1141–59, DOI: 10.1287/mnsc.1110.1482.

154 第3章では、UCLA睡眠障害センターの所長であるアロン・アヴィダン博士が教える、その他の睡眠の利点を取り上げている。

155 Shalena Srna, Rom Y. Schrift, and Gal Zauberman, "The Illusion of Multitasking and Its Positive Effect on Performance," *Psychological Science* 29, no. 12 (October 2018): 1942–55, DOI: 10.1177/0956797618801013.

156 Helene Hembrooke and Geri Gay, "The Laptop and the Lecture: The Effects of Multitasking in Learning Environments," *Journal of Computing in Higher Education* 15, no. 1 (September 2003): 46–64, DOI: 10.1007/BF02940852; Laura L. Bowman et al., "Can Students Really Multitask? An Experimental Study of Instant Messaging while Reading," *Computers & Education* 54, no. 4 (2010): 927–31, DOI: 10.1016/j.compedu.2009.09.024.

157 Asurion, "Americans Check Their Phones 96 Times a Day," November 21, 2019, https://www.asurion.com/about/press-releases/americans-check-their-phones-96-times-a-day/.

158 Harris Interactive, "2013 Mobile Consumer Habits Study," Jumio, 2013.

159 Ryan Dwyer, Kostadin Kushlev, and Elizabeth Dunn, "Smartphone Use Undermines Enjoyment of Face-to-Face Social Interaction," *Journal of Experimental Social Psychology* 78 (September 2018): 233–39, DOI: 10.1016/j.jesp.2017.10.007.

160 Nicholas Epley and Juliana Schroeder, "Mistakenly Seeking Solitude," *Journal of Experimental Psychology* 143, no. 5 (October 2014): 1980–99, DOI: 10.1037/a0037323.

161 Hal E. Hershfield and Adam L. Alter, "On the Naturalistic Relationship between Mood and Entertainment Choice," *Journal of Experimental Psychology: Applied* 25, no. 3 (May 2019): 458–76, DOI: 10.1037/xap0000220.

162 Catherine K. Ettman et al., "Prevalence of Depression Symptoms in US Adults before and during the COVID-19 Pandemic," *JAMA Network Open* 3, no. 9 (September 2020): DOI: 10.1001/jamanetworkopen.2020.19686; Stacy Francis, "Op-Ed: Uptick in Domestic Violence amid COVID-19 Isolation," CNBC, October 30, 2020, https://www.cnbc.com/2020/10/30/uptick-in-domestic-violence-amid-covid-19-isolation.html.

第7章

163 Meir Kalmanson, "A Valuable Lesson for a Happier Life," May 4, 2016, YouTube video, 3:05, https://youtu.be/SqGRnlXplx0.

164 Sherin Shibu, "Which Generation Is Most Dependent on Smartphones? (Hint: They're Young.)," *News and Trends* (blog), November 20, 2020, https://www.entrepreneur.com/article/360098.

165 Nielsen Media Research, "Nielsen Total Audience Report: September 2019," September 2019, https://www.nielsen.com/us/en/insights/report/2019/the-nielsen-total-audience-report-september-2019/.

166 Gal Zauberman and John G. Lynch Jr., "Resource Slack and Propensity to Discount Delayed Investments of Time versus Money," *Journal of Experimental Psychology* 134, no. 1 (March 2005): 23–37, DOI: 10.1037/0096-3445.134.1.23.

167 Alia E. Dastagir, "The One Word Women Need to Be Saying More Often," *USA Today*, April 25, 2021, https://www.usatoday.com/story/life/health-wellness/2021/04/20/why-its-so-hard-for-women-to-say-no/7302181002/.

168 Sara McLaughlin Mitchell and Vicki L. Hesli, "Women Don't Ask? Women Don't Say No? Bargaining and Service in the Political Science Profession," *PS: Political Science & Politics* 46, no. 2 (April 2013): 355–69, DOI: 10.1017/S1049096513000073. 女性教職員は男性教職員と比べ、学部レベルの委員会や大学レベルの委員会、自分の専門分野の委員会で委員を務める可能性がきわめて高い。ところが、こうした委員会で委員長を依頼される可能性はきわめて低い。一方、男性教職員は学部長やカリキュラム責任者を務めるよう求められ、実際に務める可能性が高い。

第6章

131 Paul Atchley, "Fooling Ourselves: Why Do We Drive Distracted Even Though We Know It's Dangerous?" (academic seminar, Behavioral Decision Making Group Colloquium Series, UCLA Anderson School of Management, Los Angeles, CA, April 7, 2017).

132 Anat Keinan and Ran Kivetz, "Productivity Orientation and the Consumption of Collectable Experiences," *Journal of Consumer Research* 37, no. 6 (April 2011): 935–50, DOI: 10.1086/657163.

133 Matthew A. Killingsworth and Daniel T. Gilbert, "A Wandering Mind Is an Unhappy Mind," *Science* 330, no. 6006 (November 2010): 932, DOI: 10.1126/science.1192439.

134 Jessica de Bloom, "Making Holidays Work," *Psychologist* 28, no. 8 (August 2015): 632–36; Jessica de Bloom et al., "Do We Recover from Vacation? Meta Analysis of Vacation Effects on Health and Well-Being," *Journal of Occupational Health* 51, no. 1 (January 2009): 13–25, DOI: 10.1539/joh.K8004; Jessica de Bloom et al., "Vacation from Work: A 'Ticket to Creativity'?: The Effects of Recreational Travel on Cognitive Flexibility and Originality," *Tourism Management* 44 (October 2014): 164–71, DOI: 10.1016/j.tourman.2014.03.013.

135 Colin West, Cassie Mogilner, and Sanford DeVoe, "Happiness from Treating the Weekend Like a Vacation," *Social Psychology and Personality Science* 12, no. 3 (April 2021): 346–56, DOI: 10.1177/1948550620916080.

136 Alexander E. M. Hess, "On Holiday: Countries with the Most Vacation Days," *USA Today*, June 8, 2013, https://www.usatoday.com/story/money/business/2013/06/08/countries-most-vacation-days/2400193/.

137 Abigail Johnson Hess, "Here's How Many Paid Vacation Days the Typical American Worker Gets," CNBC, July 6, 2018, https://www.cnbc.com/2018/07/05/heres-how-many-paid-vacation-days-the-typical-american-worker-gets-.html; US Travel Association, "State of American Vacation 2018," May 8, 2018, https://www.ustravel.org/system/files/media_root/document/StateofAmericanVacation2018.pdf.

138 NPR, Robert Wood Johnson Foundation, and Harvard T. H. Chan School of Public Health, "The Workplace and Health," RWJF, July 11, 2016, http://www.rwjf.org/content/dam/farm/reports/surveys_and_polls/2016/rwjf430330.

139 West, Mogilner, and DeVoe, "Happiness from Treating the Weekend," 346–56.

140「週末をバカンスのように過ごす」は、コロナ禍という不幸な時期に幸せを維持する方法として私が提供したアドバイスのなかで、非常に有益だったと気付いた。曜日、週、季節は曖昧になり、誰もが、仕事も学校も……あらゆることを自宅でこなさなければならなかった。かつてないほどに、休憩を取ることが重要になった。元気を保つために、私自身もこの助言を実践した。

週末をバカンスのように過ごすためには、金曜日の午後には忘れずにログオフすることになるため、週末と平日を切り分けるのに有益だった。しかしそれ以上に重要だったのは、2日間リラックスして過ごすことを自分に許してあげられたことだ。がんばって仕事をすることや、不安になりながら「やり通す」ことをやめ、休息を取る気になれた。日曜日のパンケーキの朝食と家族の存在をもっと楽しむために、深呼吸して「今」に存在するよう、「バカンスのように過ごす」ことが、私たちの背中を押してくれたのだ。フライトがキャンセルされ、博物館は閉鎖され、テーマパークの門も固く閉じられていたが、私たちはそれでも、夏の「バカンス」の日々を次のように満喫できた：子どもたちは裏庭に立てたテントのなかで寝泊まりし、マシュマロをバーベキューでローストしてスモアを作り、音楽を聴きながら、トランプをしながら、昼間からロゼワインを味わいながら、まさにバカンスのように、ゆっくりとした時間を楽しんだ。

141 Kirk W. Brown and Richard M. Ryan, "The Benefits of Being Present: Mindfulness and Its Role in Psychological Well-Being," *Journal of Personality and Social Psychology* 84, no. 4 (April 2003): 822, DOI: 10.1037/0022-3514.84.4.822.

142 Kirk W. Brown, Richard M. Ryan, and J. David Creswell, "Mindfulness: Theoretical Foundations and Evidence for its Salutary Effects," *Psychological Inquiry* 18, no. 4 (December 2007): 211–37, DOI: 10.1080/10478400701598298.

143 Hedy Kober, "How Can Mindfulness Help Us," TEDx Talk, May 13, 2017, YouTube video, 17:48, https://www.youtube.com/watch?v=4hKfXyZGeJY; Judson A. Brewer et al., "Meditation Experience Is Associated with Differences in Default Mode Network Activity and Connectivity," *Proceedings of the National Academy of Sciences of the United States of America* 108, no. 50 (October 2011): 20254–59, DOI: 10.1073/pnas.1112029108; Barbara L. Fredrickson et al., "Open Hearts Build Lives: Positive Emotions, Induced through Loving Kindness Meditation, Build Consequential Personal Resources," *Journal of Personality and Social Psychology* 95, no. 5 (November 2008): 1045–62, DOI: 10.1037/a0013262; Michael D. Mrazek et al., "Mindfulness Training Improves Working Memory Capacity and GRE Performance while Reducing Mind Wandering," *Psychological Science* 24, no. 5 (May 2013): 776–81, DOI: 10.1177/0956797612459659; Britta K. Hölzel et al., "Mindfulness Practice Leads to Increases in Regional Brain Gray Matter Density," *Psychiatry Research: Neuroimaging* 191, no. 1 (January 2011): 36–43, DOI: 10.1016/j.pscychresns.2010.08.006; Cendri A. Hutcherson, Emma M. Seppala, and James J. Gross, "Loving-Kindness Meditation Increases Social Connectedness," *Emotion* 8, no. 5 (November 2008): 720, DOI: 10.1037/a0013237; Brown, Ryan, and Creswell, "Mindfulness," 211–37.

144 将来の出来事や不確かな成り行きに対する心配な気持ちや緊張感。

145 持続的な不安を経験し、そのため消耗してしまい日常の活動に支障が出ること。

146 National Alliance on Mental Illness, "Mental Health by the Numbers," September 2019, https://www.nami.org/mhstats.

147 Hannah Ritchie and Max Roser, "Mental Health," Our World in Data, April 2018, https://ourworldindata.org/mental-health.

108 Kahneman et al., "Survey Method," 1776–80.

109 Gabriela Saldivia, "Stuck in Traffic? You're Not Alone. New Data Show American Commute Times Are Longer," NPR, September 20, 2018, https://www.npr.org/2018/09/20/650061560/stuck-in-traffic-youre-not-alone-new-data-show-american-commute-times-are-longer; Felix Richter, "Cars Still Dominate the American Commute," S*tatista*, May 29, 2019, https://www.statista.com/chart/18208/means-of-transportation-used-by-us-commuters/.

110 "Statistics on Remote Workers that Will Surprise You (2021)," Apollo Technical LLC, January 4, 2021, https://www.apollotechnical.com/statistics-on-remote-workers/. オウル・ラブス社が行った調査によると、コロナ禍ではフルタイム勤務の人の70％近くが在宅勤務をしていた。在宅勤務となった従業員は、1日平均40分間の通勤時間を節約した。

111 Courtney Conley, "Why Many Employees Are Hoping to Work from Home Even after the Pandemic Is Over," CNBC, May 4, 2020, https://www.cnbc.com/2020/05/04/why-many-employees-are-hoping-to-work-from-home-even-after-the-pandemic-is-over.html.

第5章

112 Leif D. Nelson and Tom Meyvis, "Interrupted Consumption: Adaptation and the Disruption of Hedonic Experience," *Journal of Marketing Research* 45, no. 6 (December 2008): 654–64.

113 Peter Suedfeld et al., "Reactions and Attributes of Prisoners in Solitary Confinement," *Criminal Justice and Behavior* 9, no. 3 (September 1982): 303–40, DOI: 10.1177/0093854882009003004.

114 Philip Brickman, Dan Coates, and Ronnie Janoff-Bulman, "Lottery Winners and Accident Victims: Is Happiness Relative?" *Journal of Personality and Social Psychology* 36, no. 8 (September 1978): 917–27, DOI: 10.1037/0022-3514.36.8.917.

115 Rafael Di Tella, John H. New, and Robert MacCulloch, "Happiness Adaptation to Income and to Status in an Individual Panel," *Journal of Economic Behavior & Organization* 76, no. 3 (December 2010): 834–52, DOI: 10.1016/j.jebo.2010.09.016.

116 Richard E. Lucas et al., "Reexamining Adaptation and the Set Point Model of Happiness: Reactions to Changes in Marital Status," *Journal of Personality and Social Psychology* 84, no. 3 (March 2003): 527–39, DOI: 10.1037/0022-3514.84.3.527; Maike Luhmann et al., "Subjective Well Being and Adaptation to Life Events: A Meta-Analysis on Differences between Cognitive and Affective Well-Being," *Journal of Personality and Social Psychology* 102, no. 3 (March 2012): 592–615, DOI: 10.1037/a0025948.

117 Daniel T. Gilbert et al., "Immune Neglect: A Source of Durability Bias in Affective Forecasting," *Journal of Personality and Social Psychology* 75, no. 3 (September 1998): 617–38, DOI: 10.1037/0022-3514.75.3.617.

118 Amit Bhattacharjee and Cassie Mogilner, "Happiness from Ordinary and Extraordinary Experiences," *Journal of Consumer Research* 41, no. 1 (June 2014): 1–17, DOI: 10.1086/674724.

119 Helene Fung and Laura Carstensen, "Goals Change When Life's Fragility Is Primed: Lessons Learned from Older Adults, the September 11 Attacks, and SARS," *Social Cognition* 24, no. 3 (June 2006): 248–78, DOI: 10.1521/soco.2006.24.3.248.

120 Jaime Kurtz, "Looking to the Future to Appreciate the Present: The Benefits of Perceived Temporal Scarcity," *Psychological Science* 19, no. 12 (December 2008): 1238–41, DOI: 10.1111/j.1467-9280.2008.02231.x.

121 Ed O'Brien and Phoebe Ellsworth, "Saving the Last for Best: A Positivity Bias for End Experiences," *Psychological Science* 23, no. 2 (January 2012): 163–65, DOI: 10.1177/0956797611427408.

122 Tim Urban, "The Tail End," *Wait but Why* (blog), December 11, 2015, https://waitbutwhy.com/2015/12/the-tail-end.html.

123 Ed O'Brien and Robert W. Smith, "Unconventional Consumption Methods and Enjoying Things Consumed: Recapturing the 'First-Time' Experience," *Personality and Social Psychology Bulletin* 45, no. 1 (January 2019): 67–80, DOI: 10.1177/0146167218779823.

124 Ximena Garcia-Rada, Ovul Sezer, and Michael I. Norton, "Rituals and Nuptials: The Emotional and Relational Consequences of Relationship Rituals," *Journal of the Association for Consumer Research* 4, no. 2 (April 2019): 185–97, DOI: 10.1086/702761.

125 Michael I. Norton and Francesca Gino, "Rituals Alleviate Grieving for Loved Ones, Lovers, and Lotteries," *Journal of Experimental Psychology: General* 143, no. 1 (February 2014): 266–72, DOI: 10.1037/a0031772.

126 Ovul Sezer et al., "Family Rituals Improve the Holidays," *Journal of the Association for Consumer Research* 1, no. 4 (September 2016): 509–26, DOI: 10.1086/688495.

127 Nelson and Meyvis, "Interrupted Consumption," 654–64; Leif D. Nelson, Tom Meyvis, and Jeff Galak, "Enhancing the Television-Viewing Experience through Commercial Interruptions," *Journal of Consumer Research* 36, no. 2 (August 2009): 160–72, DOI: 10.1086/597030.

128 Jordi Quoidbach and Elizabeth W. Dunn, "Give It Up: A Strategy for Combating Hedonic Adaptation," *Social Psychological and Personality Science* 4, no. 5 (September 2013): 563–68, DOI: 10.1177/1948550612473489.

129 Jordan Etkin and Cassie Mogilner, "Does Variety among Activities Increase Happiness?" *Journal of Consumer Research* 43, no. 2 (August 2016): 210–29, DOI: 10.1093/jcr/ucw021.

130 Arthur Aron et al., "Couples' Shared Participation in Novel and Arousing Activities and Experienced Relationship Quality," *Journal of Personality and Social Psychology* 78, no. 2 (March 2000): 273–84, DOI: 10.1037/0022-3514.78.2.273.

88 David F. Dinges et al., "Cumulative Sleepiness, Mood Disturbance, and Psychomotor Vigilance Performance Decrements during a Week of Sleep Restricted to 4–5 Hours per Night," *Sleep: Journal of Sleep Research & Sleep Medicine* 20, no. 4 (April 1997): 267–77, DOI: 10.1093/sleep/20.4.267.

89 Matthew P. Walker et al., "Practice with Sleep Makes Perfect: Sleep-Dependent Motor Skill Learning," Neuron 35, no. 1 (July 2002): 205–11, DOI: 10.1016/S0896/-6273(02)00746-8; Ullrich Wagner et al., "Sleep Inspires Insight," *Nature* 427, no. 6972 (January 2004): 352–55, DOI: 10.1038/nature02223.

90 Cassie Mogilner, "The Pursuit of Happiness: Time, Money, and Social Connection," *Psychological Science* 21, no. 9 (August 2010): 1348–54, DOI: 10.1177/0956797610380696.

第4章

91 Ashley Whillans et al., "Buying Time Promotes Happiness," *Proceedings of the National Academy of Sciences of the United States of America* 114, no. 32 (August 2017): 8523–27, DOI: 10.1073/pnas.1706541114.

92 Leaf Van Boven and Thomas Gilovich, "To Do or to Have? That Is the Question," *Journal of Personality and Social Psychology* 85, no. 6 (January 2004): 1193–202, DOI: 10.1037/0022-3514.85.6.1193; Thomas Gilovich, Amit Kumar, and Lily Jampol, "A Wonderful Life: Experiential Consumption and the Pursuit of Happiness," *Journal of Consumer Psychology* 25, no. 1 (September 2014): 152–65, DOI: 10.1016/j.jcps.2014.08.004.

93 Marissa A. Sharif, Cassie Mogilner, and Hal Hershfield, "Having Too Little or Too Much Time Is Linked to Lower Subjective Well-Being," *Journal of Personality and Social Psychology* 121, no. 4 (September 2021): 933–47, DOI: 10.1037/pspp0000391.

94 Elizabeth Dunn et al., "Prosocial Spending and Buying Time: Money as a Tool for Increasing Subjective Well-Being," *Advances in Experimental Social Psychology* 61 (2020): 67–126, DOI: 10.1016/bs.aesp.2019.09.001.

95 Ashley V. Whillans, Elizabeth W. Dunn, and Michael I. Norton, "Overcoming Barriers to Time-Saving: Reminders of Future Busyness Encourage Consumers to Buy Time," *Social Influence* 13, no. 2 (March 2018): 117–24, DOI: 10.1080/15534510.2018.1453866.

96 Katherine Milkman, Julia Minson, and Kevin Volpp, "Holding the Hunger Games Hostage at the Gym: An Evaluation of Temptation Bundling," *Management Science* 60, no. 2 (February 2014): 283–99, DOI: 10.1287/mnsc.2013.1784.

97 Daniel Kahneman et al., "A Survey Method for Characterizing Daily Life Experience: The Day Reconstruction Method," *Science* 306, no. 5702 (December 2004): 1776–80, DOI: 10.1126/science.1103572.

98 Gallup, "State of the American Workplace," 2017, https://www.gallup.com/workplace/238085/state-american-workplace-report-2017.aspx.

99 Kahneman et al., "Survey Method," 1776–80; Gallup, "State of the American Workplace."

100 Karyn Loscocco and Annie R. Roschelle, "Influences on the Quality of Work and Nonwork Life: Two Decades in Review," *Journal of Vocational Behavior* 39, no. 2 (October 1991): 182–225, DOI: 10.1016/0001-8791(91)90009-B; Amy Wrzesniewski et al., "Jobs, Careers, and Callings: People's Relations to Their Work," *Journal of Research in Personality* 31, no. 1 (March 1997): 21–33, DOI: 10.1006/jrpe.1997.2162.

101 Amy Wrzesniewski and Jane Dutton, "Having a Calling and Crafting a Job: The Case of Candice Billups," WDI Publishing, April 20, 2012, educational video, 11:48, www.tinyurl.com/CandiceBillups.

102 Amy Wrzesniewski, Justin M. Berg, and Jane E. Dutton, "Managing Yourself: Turn the Job You Have into the Job You Want," *Harvard Business Review* 88, no. 6 (June 2010): 114–17; Justin M. Berg, Adam M. Grant, and Victoria Johnson, "When Callings Are Calling: Crafting Work and Leisure in Pursuit of Unanswered Occupational Callings," *Organization Science* 21, no. 5 (October 2010): 973–94, DOI: 10.1287/orsc.1090.0497.

103 Justin M. Berg, Jane E. Dutton, and Amy Wrzesniewski, "Job Crafting Exercise," Center for Positive Organizations, April 29, 2014, https://positiveorgs.bus.umich.edu/cpo-tools/job-crafting-exercise/; Justin M. Berg, Jane E. Dutton, and Amy Wrzesniewski, *What Is Job Crafting and Why Does It Matter?* (Ann Arbor: Regents of the University of Michigan, 2008).

104 Wrzesniewski et al., "Jobs, Careers, and Callings," 21–33.

105 Adam Grant et al., "Impact and the Art of Motivation Maintenance: The Effects of Contact with Beneficiaries on Persistence Behavior," *Organizational Behavior and Human Decision Processes* 103, no. 1 (May 2007): 53–67, DOI: 10.1016/j.obhdp.2006.05.004; Adam Grant, "Leading with Meaning: Beneficiary Contact, Prosocial Impact, and the Performance Effects of Transformational Leadership," *Academy of Management Journal* 55, no. 2 (September 2012): DOI: 10.5465/amj.2010.0588; Christopher Michaelson et al., "Meaningful Work: Connecting Business Ethics and Organizational Studies," *Journal of Business Ethics* 121 (March 2013): 77–90, DOI: 10.1007/s10551-013-1675-5.

106 Tom Rath and Jim Harter, "Your Friends and Your Social Well-Being," Gallup, August 19, 2010, https://news.gallup.com/businessjournal/127043/friends-social-wellbeing.aspx; Annamarie Mann, "Why We Need Best Friends at Work," Gallup, January 15, 2018, https://www.gallup.com/workplace/236213/why-need-best-friends-work.aspx.

107 Jennifer Aaker and Naomi Bagdonas, *Humor, Seriously: Why Humor Is a Secret Weapon in Business and Life* (New York: Currency, 2021).〔ジェニファー・アーカー、ナオミ・バグドナス著『ユーモアは最強の武器である —— スタンフォード大学ビジネススクール人気講義』（神崎朗子訳、東洋経済新報社）〕

75 B. Bradford Brown, "A Life-Span Approach to Friendship: Age-Related Dimensions of an Ageless Relationship," *Research in the Interweave of Social Roles* 2 (1981): 23–50; Vasudha Gupta and Charles Korte, "The Effects of a Confidant and a Peer Group on the Well-Being of Single Elders," *International Journal of Aging and Human Development* 39, no. 4 (December 1994): 293–302, DOI: 10.2190/4YYH-9XAU-WQF9-APVT; Reed Larson, "Thirty Years of Research on the Subjective Well-Being of Older Americans," *Journals of Gerontology* 33, no. 1 (January 1978): 109–25, DOI: 10.1093/geronj/33.1.109; Catherine L. Bagwell, Andrew F. Newcomb, and William M. Bukowski, "Preadolescent Friendship and Peer Rejection as Predictors of Adult Adjustment," *Child Development* 69, no. 1 (February 1998): 140–53, DOI: 10.1111/j.1467-8624.1998.tb06139.x.

76 Kahneman et al., "Survey Method," 1776–80.

77 Constantine Sedikides et al., "The Relationship Closeness Induction Task," *Representative Research in Social Psychology* 23 (January 1999): 1–4.

78 George MacKerron and Susana Mourato, "Happiness Is Greater in Natural Environments," *Global Environmental Change* 23, no. 5 (October 2013): 992–1000, DOI: 10.1016/j.gloenvcha.2013.03.010.

79 自己決定理論は、エドワード・デシとリチャード・ライアンが提唱した、人の生得的な成長傾向や内在的な心理的欲求を扱う、人間の動機づけと人格に関するマクロ理論。この理論のなかでデシとライアンは、ウェルビーイングと健康を培うために満たされなければならない普遍的な（すなわち、どの個人や状況にも当てはまる）3つの基本的な心理的欲求を提唱した：

・自律性——内なる意思に対して全般的に心理的自由があるという感覚。ある人物が指示されるとき（統制的動機づけとも呼ばれる）と比べ、自律的に動機づけされると、パフォーマンス、健康状態、エンゲージメントが高まる。
・有能感——結果をコントロールして熟練の域に達せる能力。人は自分の活動にポジティブなフィードバックをもらいたいものだ。
・関係性——帰属意識、他者とつながっている感覚と他者への思いやり。

Richard M. Ryan and Edward L. Deci, "Self Determination Theory and the Facilitation of Intrinsic Motivation, Social Development, and Well-Being," *American Psychologist* 55, no. 1 (January 2000): 68–78, DOI: 10.1037/0003-066X.55.1.68; Maarten Vansteenkiste, Richard M. Ryan, and Bart Soenens, "Basic Psychological Need Theory: Advancements, Critical Themes, and Future Directions," *Motivation and Emotion* 44, no. 1 (January 2020): 1–31, DOI: 10.1007/s11031-019-09818-1; Kennon M. Sheldon, "Integrating Behavioral-Motive and Experiential-Requirement Perspectives on Psychological Needs: A Two Process Model," *Psychological Review* 118, no. 4 (October 2011): 552–69, DOI: 10.1037/a0024758.

80 教え子の一人は、時間記録のデータから最も幸せでない活動をリストアップする際、「僕にとって一番ネガティブな活動は、1) 職場で一人でやらなくてはいけない退屈な事務作業、2) 講義の準備（この講義は例外）、3) 一人で雑用をこなさなくてはいけないとき。つまり、どれも一人のときだった」ことに気付いた。

81 John T. Cacioppo and William Patrick, *Loneliness: Human Nature and the Need for Social Connection* (New York: W. W. Norton, 2008).〔ジョン・T・カシオポ、ウィリアム・パトリック著『孤独の科学 —— 人はなぜ寂しくなるのか』（柴田裕之訳、河出書房新社）〕

82 Nicholas Epley and Juliana Schroeder, "Mistakenly Seeking Solitude," *Journal of Experimental Psychology* 143, no. 5 (October 2014): 1980–99, DOI: 10.1037/a0037323.

83 Kahneman et al., "Survey Method," 1776–80.

84 France Leclerc, Bernd H. Schmitt, and Laurette Dube, "Waiting Time and Decision Making: Is Time Like Money?" *Journal of Consumer Research* 22, no. 1 (June 1995): 110–19, DOI: 10.1086/209439.

85 Justy Reed and Deniz S. Ones, "The Effect of Acute Aerobic Exercise on Positive Activated Affect: A Meta − Analysis," *Psychology of Sport and Exercise* 7, no. 5 (September 2006): 477–514, DOI: 10.1016/j.psychsport.2005.11.003; Patrick Callaghan, "Exercise: A Neglected Intervention in Mental Health Care?" *Journal of Psychiatric and Mental Health Nursing* 11, no. 4 (July 2004): 476–83, DOI: 10.1111/j.1365-2850.2004.00751.x.

86 Michael Babyak et al., "Exercise Treatment for Major Depression: Maintenance of Therapeutic Benefit at Ten Months," *Psychosomatic Medicine* 62, no. 5 (September 2000): 633–38, DOI: 10.1097/00006842-200009000-00006. この研究者らは、運動によるうつ病治療の効果を調べた。大うつ病を患う参加者に、3種類の治療計画（運動：30分を週3回、薬：抗うつ薬ゾロフト、運動と薬）のうちいずれかを4カ月受けてもらい、6カ月後にうつの程度を測定した。4カ月後、全3グループの患者のうち、著しい改善を示した人（すなわち寛解して大うつ病性障害の診断基準に当てはまらなくなった参加者の割合）はすべての治療条件で同程度だった。ところが10カ月後、運動グループの参加者は薬グループの人たちと比べ、再燃率が著しく低かった。運動グループの参加者でうつ状態を示した人の割合（30%）は、薬グループ（52%）や両方つかうグループ（55%）より低かった。
研究者らは、次のように指摘している。「体系的な運動から得られるポジティブな心理的利点の一つは、習熟できたという感覚や肯定的な自尊心の発達であり、それが今回示された運動によるうつ軽減効果において何らかの役割を果たした可能性が高いと我々は考えている。薬物の併用は、病症改善の要因を自分以外のところに優先的に帰することによって、この利点を弱める可能性があると考えられる。患者は、"運動プログラムに熱心に取り組み努力した。大変だったけどうつに勝った"と考える代わりに、"抗うつ薬を飲んだらよくなった"と考える可能性があるのだ」

87 Charles Hillman, Kirk I. Erickson, and Arthur F. Kramer, "Be Smart, Exercise Your Heart: Exercise Effects on Brain and Cognition," *Nature Reviews Neuroscience* 9, no. 1 (January 2008): 58–65, DOI: 10.1038/nrn2298.

63 Daniel Kahneman et al., "A Survey Method for Characterizing Daily Life Experience: The Day Reconstruction Method," *Science* 306, no. 5702 (December 2004): 1776–80, DOI: 10.1126/science.1103572.

64 Richard E. Lucas et al., "A Direct Comparison of the Day Reconstruction Method (DRM) and the Experience Sampling Method (ESM)," *Journal of Personality and Social Psychology* 120, no. 3 (March 2021): 816–35, DOI: 10.1037/pspp0000289.

65 George Loewenstein, "Because It Is There: The Challenge of Mountaineering . . . for Utility Theory," *KYKLOS* 52, no. 3 (August 1999): 315–44, DOI: 10.1111/j.1467-6435.1999.tb00221.x.

66 自己決定理論は、ウェルビーイングを実現するには、「自律性」「関係性」「有能感」の3つの基本的な心理的欲求を満たす必要があるとしている。生産性を感じたい、達成感を抱きたいという強い思いは、有能感の一因となる。Kennon M. Sheldon, Robert Cummins, and Shanmukh Kamble, "Life Balance and Well − Being: Testing a Novel Conceptual and Measurement Approach," *Journal of Personality* 78, no. 4 (August 2010): 1093–134, DOI: 10.1111/j.1467-6494.2010.00644.x; Kennon M. Sheldon and Christopher P. Niemiec, "It's Not Just the Amount that Counts: Balanced Need Satisfaction Also Affects Well-Being," *Journal of Personality and Social Psychology* 91, no. 2 (August 2006): 331–41, DOI: 10.1037/0022-3514.91.2.331.

67 世界中の数十万人を対象に行った自己報告による幸せと意義に関するデータを私のチームが分析したところ、両者には非常に高い相関性があった。Rhia Catapano et al., "Financial Resources Impact the Relationship between Meaning and Happiness," *Emotion* 22 (forthcoming).〔訳注：原書刊行時は未発表。現在は下記で閲覧可能 https://doi.org/10.1037/emo0001090〕
意義と幸せのつながりを解こうという方向から、別の研究も行われている。意義は生むものの幸せは生まない経験や、幸せは生むものの意義は生まない経験もあるものの、幸せを生み出す経験のほとんどが、意義深くもある。Roy F. Baumeister et al., "Some Key Differences between a Happy Life and a Meaningful Life," *Journal of Positive Psychology* 8, no. 6 (August 2013): 505–16, DOI: 10.1080/17439760.2013.830764; Ryan Dwyer, Elizabeth Dunn, and Hal Hershfield, "Cousins or Conjoined Twins: How Different Are Meaning and Happiness in Everyday Life?" *Comprehensive Results in Social Psychology* 2, no. 2–3 (October 2017): 199–215, DOI: 10.1080/23743603.2017.1376580; Laura A. King, Samantha J. Heintzelman, and Sarah J. Ward, "Beyond the Search for Meaning: A Contemporary Science of the Experience of Meaning in Life," *Current Directions in Psychological Science* 25, no. 4 (August 2016): 211–16, DOI: 10.1177/0963721416656354.

68 楽しさは、ネガティブな感情（心配、悲しみ、いらだち、じれったさ）の平均をポジティブな感情（幸せ、リラックス）の平均から差し引くことで算出。やりがいは、「集中」「夢中」「有能感」という感情と、次の文言（「この活動にやりがいや意義を感じた」「ほかの人に役立った」「私が重要な目標を達成するのに役立った」）にそれぞれどれだけ同意するか、という6つの平均で算出した。Mathew P. White and Paul Dolan, "Accounting for the Richness of Daily Activities," *Psychological Science* 20, no. 8 (August 2009): 1000–1008, DOI: 10.1111/j.1467-9280.2009.02392.x.

69 Erin Vogel et al., "Social Comparison, Social Media, and Self-Esteem," *Psychology of Popular Media Culture* 3, no. 4 (October 2014): 206–22, DOI: 10.1037/ppm0000047; Jenna L. Clark, Sara B. Algoe, and Melanie C. Green, "Social Network Sites and Well-Being: The Role of Social Connection," *Current Directions in Psychological Science* 27, no. 1 (February 2018): 32–37, DOI: 10.1177/0963721417730833; Hunt Allcott et al., "The Welfare Effects of Social Media," *American Economic Review* 110, no. 3 (March 2020): 629–76, DOI: 10.1257/aer.20190658.

70 Lucas et al., "Direct Comparison," 816–35.

71 Ed Diener and Martin E. P. Seligman, "Very Happy People," *Psychological Science* 13, no. 1 (January 2002): 81–84, DOI: 10.1111/1467-9280.00415.

72 Abraham H. Maslow, "A Theory of Human Motivation," *Psychological Review* 50, no. 4 (1943): 370–96, DOI: 10.1037/h0054346. アブラハム・マズローはセラピストとして長年、個人の治療に取り組んできた経験から、人が幸福感と充足感を抱くためにはいくつかの欲求を満たす必要があるとして、何が人を駆り立てるかの理論を確立した。マズローはこれを欲求階層説として提唱し、ピラミッド――生理的欲求（食、水、暖かさ、休息）から安全の欲求（安心安全）、愛情と所属の欲求（親密な関係、友情）、自尊の欲求（尊敬、達成感）、自己実現の欲求（自身の潜在能力をすべて発揮して目的を達成）に至るまで――で表現している。マズローは、上層の欲求を追求する前にまず下層の欲求が満たされなければならないと主張している。幸福へ向けて様々なものに優先順位をつけているため、ウェルビーイングの基礎をなす理論として有益である。欲求階層説は、いったん基本的な身体的欲求（食、水、健康――健康には睡眠が関わってくる――と住）が満たされれば、対人関係／帰属意識が最も根本的な欲求となるとしている。そして――愛し愛されるという――強い社会的つながりができてはじめて、個人の目標の達成、その後の自己実現に向けた個々の努力が価値あるものとなる。なお、ここでの愛とは、必ずしも恋愛としての愛である必要がない点は留意されたい。友情や家族もまた、この欲求を満たすことができる。

73 David G. Myers, "The Funds, Friends, and Faith of Happy People," *American Psychologist* 55, no. 1 (January 2000): 56, DOI: 10.1037/0003-066X.55.1.56; Julianne Holt-Lunstad, Timothy B. Smith, and J. Bradley Layton, "Social Relationships and Mortality Risk: A Meta-Analytic Review," *PLoS Medicine* 7, no. 7 (July 2010): DOI: 10.1371/journal.pmed.1000316; James S. House, Karl R. Landis, and Debra Umberson, "Social Relationships and Health," *Science* 24, no. 4865 (July 1988): 540–45, DOI: 10.1126/science.3399889; Gregor Gonza and Anže Burger, "Subjective Well − Being during the 2008 Economic Crisis: Identification of Mediating and Moderating Factors," *Journal of Happiness Studies 18*, no. 6 (December 2017): 1763–97, DOI: 10.1007/s10902-016-9797-y.

74 Matthew Lieberman, *Social: Why Our Brains Are Wired to Connect* (New York: Crown, 2013).〔マシュー・リーバーマン著『21世紀の脳科学 ―― 人生を豊かにする3つの「脳力」』（江口泰子訳、講談社）〕

48 Cassie Mogilner, Zoë Chance, and Michael I. Norton, "Giving Time Gives You Time," *Psychological Science* 23, no. 10 (October 2012): 1233–38, DOI: 10.1177/0956797612442551.

49 Callaghan, "Exercise," 476–83.

50 Sonja Lyubomirsky and Kristin Layous, "How Do Simple Positive Activities Increase Well-Being?" *Current Directions in Psychological Science* 22, no. 1 (2013): 57–62, DOI: 10.1177/0963721412469809.

51 Mogilner, Chance, and Norton, "Giving Time Gives You Time," 1233–38.

52 Richard Schulz, Paul Visintainer, and Gail M. Williamson, "Psychiatric and Physical Morbidity Effects of Caregiving," *Journal of Gerontology* 45, no. 5 (September 1990): 181–91, DOI: 10.1093/geronj/45.5.P181; Richard Schulz, Connie A. Tompkins, and Marie T. Rau, "A Longitudinal Study of the Psychosocial Impact of Stroke on Primary Support Persons," *Psychology and Aging* 3, no. 2 (June 1988): 131, DOI: 10.1037/0882-7974.3.2.131; Richard Schulz and Gail M. Williamson, "A Two-Year Longitudinal Study of Depression among Alzheimer's Caregivers," *Psychology and Aging* 6, no. 4 (1991): 569–78, DOI: 10.1037/0882-7974.6.4.569.

53 Melanie Rudd, Kathleen Vohs, and Jennifer Aaker, "Awe Expands People's Perception of Time, Alters Decision Making, and Enhances Well-Being," *Psychological Science* 23, no. 10 (2012): 1130–36, DOI: 10.1177/0956797612438731.

54 Dacher Keltner and Jonathan Haidt, "Approaching Awe, a Moral, Spiritual, and Aesthetic Emotion," *Cognition & Emotion* 17, no. 2 (March 2003): 297–314, DOI: 10.1080/02699930302297.

55 George MacKerron and Susana Mourato, "Happiness Is Greater in Natural Environments," *Global Environmental Change* 23, no. 5 (October 2013): 992–1000, DOI: 10.1016/j.gloenvcha.2013.03.010.

第3章

56 Sonja Lyubomirsky, *The How of Happiness: A Scientific Approach to Getting the Life You Want* (New York: Penguin Press, 2007).〔ソニア・リュボミアスキー著『幸せがずっと続く12の行動習慣 ―― 自分で変えられる40%に集中しよう』(金井真弓訳、渡辺誠監修、日本実業出版社)〕

57 生まれ持った性格が本人の幸せに影響するという裏付けは、一卵性双生児（遺伝子構造が完全に同じ）と二卵性双生児（遺伝子構造の50%が同じ）を比較した複数の研究による。これらの研究は、たとえ別々に育てられた場合であれ、一卵性双生児の片方の幸せが他方の幸せをかなりの確率で予測できることを示した（二卵性双生児では見られなかった）。David Lykken and Auke Tellegen, "Happiness Is a Stochastic Phenomenon," *Psychological Science* 7, no. 3 (May 1996): 186–89, DOI: 10.1111/j.1467-9280.1996.tb00355.x; Auke Tellegen et al., "Personality Similarity in Twins Reared Apart and Together," *Journal of Personality and Social Psychology* 54, no. 6 (June 1988): 1031, DOI: 10.1037/0022-3514.54.6.1031.

58 Lara B. Aknin, Michael I. Norton, and Elizabeth W. Dunn, "From Wealth to Well-Being? Money Matters, but Less than People Think," *Journal of Positive Psychology* 4, no. 6 (November 2009): 523–27, DOI: 10.1080/17439760903271421; Daniel Kahneman and Angus Deaton, "High Income Improves Evaluation of Life but Not Emotional Well-Being," *Proceedings of the National Academy of Sciences of the United States of America* 107, no. 38 (September 2010): 16489–93, DOI: 10.1073/pnas.1011492107; Ed Diener, Brian Wolsic, and Frank Fujita, "Physical Attractiveness and Subjective Well Being," *Journal of Personality and Social Psychology* 69, no. 1 (1995): 120–29, DOI: 10.1037/0022-3514.69.1.120; Richard E. Lucas et al., "Reexamining Adaptation and the Set Point Model of Happiness: Reactions to Changes in Marital Status," *Journal of Personality and Social Psychology* 84, no. 3 (March 2003): 527–39, DOI: 10.1037/0022-3514.84.3.527; Maike Luhmann et al., "Subjective Well-Being and Adaptation to Life Events: A Meta-Analysis on Differences between Cognitive and Affective Well-Being," *Journal of Personality and Social Psychology* 102, no. 3 (March 2012): 592–615, DOI: 10.1037/a0025948; S. K. Nelson-Coffey, "Married . . . with Children: The Science of Well-Being in Marriage and Family Life," in *Handbook of Well-Being*, eds. E. Diener, S. Oishi, and L. Tay (Salt Lake City: DEF Publishers, 2018), https://www.nobascholar.com/chapters/26.

59 Daniel Gilbert, *Stumbling on Happiness* (New York: Vintage Books, 2007)〔ダニエル・ギルバート著『明日の幸せを科学する』(熊谷淳子訳、早川書房)〕; Daniel T. Gilbert et al., "Immune Neglect: A Source of Durability Bias in Affective Forecasting," *Journal of Personality and Social Psychology* 75, no. 3 (1998): 617–38, DOI: 10.1037/0022-3514.75.3.617.

60 Lyubomirsky, *The How of Happiness*.〔ソニア・リュボミアスキー著『幸せがずっと続く12の行動習慣』〕

61 私の研究では、幸せには「ワクワクか落ち着き」という二通りの感じ方があることが示されている。Cassie Mogilner, Jennifer Aaker, and Sepandar D. Kamvar, "How Happiness Affects Choice," *Journal of Consumer Research* 39, no. 2 (August 2012): 429–43, DOI: 10.1086/663774; Cassie Mogilner, Sepandar D. Kamvar, and Jennifer Aaker, "The Shifting Meaning of Happiness," *Social Psychological and Personality Science* 2, no. 4 (July 2011): 395–402, DOI: 10.1177/1948550610393987.

62 ポジティブ心理学の父マーティン・セリグマンによると、「本物の幸せ」を構成する要素は、ポジティブな感情、夢中になれること、人とのつながり、意義、達成感だ〔訳注：下記『ポジティブ心理学の挑戦』では「ポジティブ感情、エンゲージメント、関係性、意味・意義、達成」と訳されているもの〕。Martin Seligman, *Authentic Happiness: Using the New Positive Psychology to Realize Your Potential for Lasting Fulfillment* (New York: Atria Books, 2002); Martin Seligman, *Flourish: A Visionary New Understanding of Happiness and Well-Being* (New York: Simon & Schuster, 2011).〔マーティン・セリグマン著『ポジティブ心理学が教えてくれる「ほんものの幸せ」の見つけ方 ―― とっておきの強みを生かす』(小林裕子訳、パンローリング株式会社)、『ポジティブ心理学の挑戦 ――"幸福"から"持続的幸福"へ』(宇野カオリ監訳、ディスカヴァー・トゥエンティワン)〕

27 Cassie Mogilner, "Staying Happy in Unhappy Times," *UCLA Anderson Blog*, March 24, 2020, https://www.anderson.ucla.edu/news-and-events/staying-happy-in-unhappy-times.

28 「心理学と幸せな人生」は、イェール大学でこれまで行われた学部生向け講義のなかで最も高い人気を誇る。

29 ビル・バーネットとデイヴ・エヴァンスは、スタンフォード大学のデザインスクールでこの講座を教え、書籍『スタンフォード式人生デザイン講座』（千葉敏生訳、早川書房）を書いた。

30 私は自分の講座で必ず、初回講義の前と最終講義の前にそれぞれ、学生たちに自分のウェルビーイングについて評価してもらう。どのクラスの学生からも、講座修了時には、幸福度、意義、人とつながっているという感覚が統計的に著しく高まっている様子が観察されている。

第2章

31 Ullrich Wagner et al., "Sleep Inspires Insight," *Nature* 427, no. 6972 (January 2004): 352–55, DOI: 10.1038/nature02223.

32 Brené Brown, *The Power of Vulnerability: Teachings of Authenticity, Connection, and Courage*, read by the author (Louisville, CO: Sounds True, 2012), Audible audio ed., 6 hr., 30 min.

33 Sendhil Mullainathan and Eldar Shafir, *Scarcity: Why Having Too Little Means So Much* (New York: Times Books, 2013).〔センディル・ムッライナタン、エルダー・シャフィール著『いつも「時間がない」あなたに —— 欠乏の行動経済学』（大田直子訳、早川書房）〕

34 Marissa A. Sharif, Cassie Mogilner, and Hal E. Hershfield, "Having Too Little or Too Much Time Is Linked to Lower Subjective Well-Being," *Journal of Personality and Social Psychology* 121, no. 4 (September 2021): 933–47, DOI: 10.1037/pspp0000391.

35 Patrick Callaghan, "Exercise: A Neglected Intervention in Mental Health Care?" *Journal of Psychiatric and Mental Health Nursing* 11, no. 4 (August 2004): 476–83, DOI: 10.1111/j.1365-2850.2004.00751.x; Michael Babyak et al., "Exercise Treatment for Major Depression: Maintenance of Therapeutic Benefit at Ten Months," *Psychosomatic Medicine* 62, no. 5 (2000): 633–38, DOI: 10.1097/00006842-200009000-00006; Justy Reed and Deniz S. Ones, "The Effect of Acute Aerobic Exercise on Positive Activated Affect: A Meta − Analysis," *Psychology of Sport and Exercise* 7, no. 5 (September 2006): 477–514, DOI: 10.1016/j.psychsport.2005.11.003; Lyndall Strazdins et al., "Time Scarcity: Another Health Inequality?" *Environment and Planning A: Economy and Space* 43, no. 3 (March 2011): 545–59, DOI: 10.1068/a4360.

36 Cathy Banwell et al., "Reflections on Expert Consensus: A Case Study of the Social Trends Contributing to Obesity," *European Journal of Public Health* 15, no. 6 (September 2005): 564–68, DOI: 10.1093/eurpub/cki034.

37 Lijing L. Yan et al., "Psychosocial Factors and Risk of Hypertension: The Coronary Artery Risk Development in Young Adults (CARDIA) Study," *JAMA* 290, no. 16 (October 2003): 2138–48, DOI: 10.1001/jama.290.16.2138.

38 Strazdins et al., "Time Scarcity," 545–59.

39 John M. Darley and C. Daniel Batson, "From Jerusalem to Jericho: A Study of Situational and Dispositional Variables in Helping Behavior," *Journal of Personality and Social Psychology* 27, no. 1 (July 1973): 100–108, DOI: 10.1037/H0034449.

40 手伝うと答えた人の割合は、慌ただしい条件の人たちは55%、時間に余裕がある条件の人たちは83%だった。Zoë Chance, Cassie Mogilner, and Michael I. Norton, "Giving Time Gives You More Time," *Advances in Consumer Research* 39 (2011): 263–64.

41 Tom Gilovich, Margaret Kerr, and Victoria Medvec, "Effect of Temporal Perspective on Subjective Confidence," *Journal of Personality and Social Psychology* 64, no. 4 (1993): 552–60, DOI: 10.1037/0022-3514.64.4.552.

42 E. Tory Higgins, "Beyond Pleasure and Pain," *American Psychologist* 52, no. 12 (December 1997): 1280–300, DOI: 10.1037/0003-066X.52.12.1280; Joel Brockner and E. Tory Higgins, "Regulatory Focus Theory: Implications for the Study of Emotions at Work," *Organizational Behavior and Human Decision Processes* 86, no. 1 (September 2001): 35–66, DOI: 10.1006/obhd.2001.2972.

43 Cassie Mogilner, Jennifer Aaker, and Ginger Pennington, "Time Will Tell: The Distant Appeal of Promotion and Imminent Appeal of Prevention," *Journal of Consumer Research* 34, no. 5 (February 2008): 670–81, DOI: 10.1086/521901; Ginger Pennington and Neal Roese, "Regulatory Focus and Temporal Distance," *Journal of Experimental Social Psychology* 39 (March 2003): 563–76, DOI: 10.1016/S0022-1031(03)00058-1.

44 Aaron M. Sackett et al., "You're Having Fun When Time Flies: The Hedonic Consequences of Subjective Time Progression," *Psychological Science* 21, no. 1 (January 2010): 111–17, DOI: 10.1177/0956797609354832.

45 Erin Vogel et al., "Social Comparison, Social Media, and Self-Esteem," *Psychology of Popular Media Culture* 3, no. 4 (October 2014): 206–22, DOI: 10.1037/ppm0000047; Jenna L. Clark, Sara B. Algoe, and Melanie C. Green, "Social Network Sites and Well-Being: The Role of Social Connection," *Current Directions in Psychological Science* 27, no. 1 (February 2018): 32–37, DOI: 10.1177/0963721417730833; Hunt Allcott et al., "The Welfare Effects of Social Media," *American Economic Review* 110, no. 3 (March 2020): 629–76, DOI: 10.1257/aer.20190658.

46 Hielke Buddelmeyer, Daniel S. Hamermesh, and Mark Wooden, "The Stress Cost of Children on Moms and Dads," *European Economic Review* 109 (October 2018): 148–61, DOI: 10.1016/j.euroecorev.2016.12.012.

47 Albert Bandura, "Self-Efficacy: Toward a Unifying Theory of Behavioral Change," *Psychological Review* 84, no. 2 (March 1977): 191, DOI: 10.1037/0033-295X.84.2.191.

DOI: 10.1177/002214650404500201; Katja Teuchmann, Peter Totterdell, and Sharon K. Parker, "Rushed, Unhappy, and Drained: An Experience Sampling Study of Relations between Time Pressure, Perceived Control, Mood, and Emotional Exhaustion in a Group of Accountants," *Journal of Occupational Health Psychology* 4, no. 1 (January 1999): 37–54, DOI: 10.1037/1076-8998.4.1.37.

13 さらなる分析から、時間がありすぎることで見られた幸福感の低下は、その時間をやりがいのある自由裁量の活動で過ごすか否かによることがわかった。具体的には、私たちが分析した結果によると、可処分時間を社会的なつながりを育むためにつかう場合（例：友達や家族と一緒に過ごす）、あるいは生産的につかう場合（例：趣味や運動）、時間が多すぎても幸福感は低下しないことが示された。

14 この実験では、実験参加者を無作為に割り振り、一定期間にわたって毎日、可処分時間がほとんどない（15分）、適度な長さがある（3.5時間）、非常に長時間ある（7.5時間）、という状況をそれぞれ想定して過ごしてもらった。その後、この人たちにその状況でどのくらい幸せか、どのくらい生産性を感じるかを報告してもらった。結果は以前に観察した逆U字型を再現することになり、手にしている時間が適度な長さである場合と比べ、非常に短時間あるいは長時間の場合、そこまでの幸福感を抱かないことが確認された。この実験ではさらに、時間がありすぎるなどということが起きる理由は、生産性を実感できないためであることもわかった。

15 Christopher K. Hsee, Adelle X. Yang, and Liao-yuan Wang, "Idleness Aversion and the Need for Justifiable Busyness," *Psychological Science* 21, no. 7 (July 2010): 926–30, DOI: 10.1177/0956797610374738; Adelle X. Yang and Christopher K. Hsee, "Idleness versus Busyness," *Current Opinion in Psychology* 26 (April 2019): 15–18, DOI: 10.1016/j.copsyc.2018.04.015.

16 Anat Keinan and Ran Kivetz, "Productivity Orientation and the Consumption of Collectable Experiences," *Journal of Consumer Research* 37, no. 6 (April 2011): 935–50, DOI: 10.1086/657163.

17 Mihaly Csikszentmihalyi, "The Costs and Benefits of Consuming," *Journal of Consumer Research* 27, no. 2 (September 2000): 267–72, DOI: 10.1086/314324.

18 仕事を引退した人のうちボランティア活動をしている人は、していない人と比べ幸福感が高いという研究結果は、これが理由である可能性が高い。Nancy Morrow-Howell, "Volunteering in Later Life: Research Frontiers," *Journals of Gerontology*: Series B 65, no. 4 (July 2010): 461–69, DOI: 10.1093/geronb/gbq024.

19 Indira Hirway, *Mainstreaming Unpaid Work: Time-Use Data in Developing Policies* (New Delhi: Oxford University Press, 2017); Eve Rodsky, *Fair Play* (New York: G. P. Putnam's Sons, 2019); Christine Alksnis, Serge Desmarais, and James Curtis, "Workforce Segregation and the Gender Wage Gap: Is 'Women's' Work Valued as Highly as 'Men's'?" *Journal of Applied Social Psychology* 38, no. 6 (May 2008): 1416–41, DOI: 10.1111/j.1559-1816.2008.00354.x.

20 アメリカ人500人に対し、私たちが行った別の研究で特定した自由裁量の活動のうちどれが生産的――つまり、有益である、達成感がある、充実感がある、役立つ、目的がある、やりがいがある、と感じる時間のつかい方――かを尋ねた。90%以上の人が、生産的な自由裁量の活動だと答えたものは次の通り：趣味、運動（ランニング、エアロビクス、ウェイトリフティングを含む）、一人あるいは子どもと一緒にスポーツをする（ホッケー、サッカー、野球、テニス／ラケットボール、ボウリング、バレーボール、ラグビー、乗馬、武道、サイクリング、ローラーブレード、レスリング、フェンシング、ゴルフを含む）。

21 Hal Hershfield, Cassie Mogilner, and Uri Barnea, "People Who Choose Time over Money Are Happier," *Social Psychological and Personality Science* 7, no. 7 (September 2016): 697–706, DOI: 10.1177/1948550616649239. このプロジェクトでは、成人数千人に対し「時間とお金、もっと欲しいのは？」と質問した。実験参加者の年齢は18～82歳。収入や職業も異なり、独身者、既婚者、子どもがいる人、いない人などがいた。5,000人近い回答者のうち、過半数（64%）が時間よりお金を選んだ。お金に強く意識が向いているのは、この実験参加者に限ったことではない。グーグル検索の結果にも、私の教え子が掲げる目標にもその傾向ははっきりと表れている。ただ、私たちはもう1つ質問してみた。質問は幸福についてだが、結果は驚きだ。実験参加者がどのくらい稼いでいるかによらず、あるいは週の勤務時間が何時間かによらず、お金よりも時間を選んだ人の方が、目立って幸せだったのだ。具体的に言うと、お金よりも時間に価値を置いていると回答した人たちは、日々の幸福感が高く、人生全般にも満足度が高かった。時間を選んだ人たちは、ただ単にもっと時間を手にしたいというわけではなかった。幸せをもたらしてくれる経験や人にその時間をつかえるから、という理由だったのだ。

22 Cassie Mogilner, "The Pursuit of Happiness: Time, Money, and Social Connection," *Psychological Science* 21, no. 9 (August 2010): 1348–54, DOI: 10.1177/0956797610380696; Cassie Mogilner and Jennifer Aaker, "The 'Time vs. Money Effect': Shifting Product Attitudes and Decisions through Personal Connection," *Journal of Consumer Research* 36, no. 2 (August 2009): 277–91, DOI: 10.1086/597161; Francesca Gino and Cassie Mogilner, "Time, Money, and Morality," *Psychological Science* 25, no. 2 (February 2014): 414–21, DOI: 10.1177/0956797613506438; Cassie Mogilner, "It's Time for Happiness," *Current Opinion in Psychology* 26 (April 2019): 80–84, DOI: 10.1016/j.copsyc.2018.07.002.

23 Ed Diener et al., "National Differences in Reported Well-Being: Why Do They Occur?" *Social Indicators Research* 34 (January 1995), 7–32, DOI: 10.1111/j.0963-7214.2004.00501001.x.

24 ブレーズ・パスカル『パンセ』

25 Ed Diener et al., "Findings All Psychologists Should Know from the New Science on Subjective Well-Being," *Canadian Psychology* 58, no. 2 (May 2017): 87–104, DOI: 10.1037/cap0000063.

26 Sonja Lyubomirsky, Laura King, and Ed Diener, "The Benefits of Frequent Positive Affect: Does Happiness Lead to Success?" *Psychological Bulletin* 131, no. 6 (November 2005): 803–55, DOI: 10.1037/0033-2909.131.6.803.

原注

第1章

1 Cassie Mogilner, Sepandar D. Kamvar, and Jennifer Aaker, "The Shifting Meaning of Happiness," *Social Psychological and Personality Science* 2, no. 4 (July 2011): 395–402, DOI: 10.1177/1948550610393987.

2 Silvia Bellezza, Neeru Paharia, and Anat Keinan, "Conspicuous Consumption of Time: When Busyness and Lack of Leisure Time Become a Status Symbol," *Journal of Consumer Research* 44, no. 1 (December 2016): 118–38, DOI: 10.1093/jcr/ucw076; Anat Keinan, Silvia Bellezza, and Neeru Paharia, "The Symbolic Value of Time," *Current Opinion in Psychology* 26 (April 2019): 58–61, DOI: 10.1016/j.copsyc.2018.05.001.

3 Maria Trupia, Cassie Mogilner, and Isabelle Engeler, "What's Meant vs. Heard When Communicating Busyness" (working paper, 2021).

4 アメリカ生活時間調査（ATUS）は、米国労働省労働統計局が実施。データはhttps://www.bls.gov/tus/#databaseにて閲覧可能。

5 Marissa A. Sharif, Cassie Mogilner, and Hal E. Hershfield, "Having Too Little or Too Much Time Is Linked to Lower Subjective Well Being," *Journal of Personality and Social Psychology* 121, no. 4 (September 2021): 933–47, DOI: 10.1037/pspp0000391.
私たちが分析したのは、2012年と2013年にATUSに参加したアメリカ人21,736人のデータで、基本変数は次の通り(平均年齢47.92歳、男性44.5%、白人79.3%、既婚47.7%、子どもあり43.5%、学士号以上保有33.5%、フルタイム勤務57.8%、平均年収$52,597.74)。参加者はATUSに回答するにあたり、その時点から前の24時間で行った活動について、各活動の時刻と所要時間などの詳細を提供した。人々が1日のうちどれだけの時間を自由裁量で行う活動にかけるかを計算し、可処分時間を算出した。

6 私たちは、ATUSの回答者とは別のアメリカ人500人に、自由裁量で行う活動はどれか質問した。139種類の活動が記載されたリストを参加者に見せ、それぞれの活動について、それをしたのは可処分時間か――つまり「余暇活動につかう時間、あるいは主要目的が娯楽としての時間や、本質的にやりがいのある目的のためにつかう時間」か――を尋ねた。大半の人（90%以上）が可処分時間に行う活動だと答えたものは、すべて勘定に入れた。基準値をもっと緩めた場合（75%以上の人が可処分時間に行う活動と回答）でも、結果は類似のパターンとなった。
回答者の90%以上が可処分時間に自由裁量で行う活動としたカテゴリーは、リラックスおよび娯楽（例：何もしない、テレビ視聴、ラジオ聴取、ゲーム）、ほかの人との交流やコミュニケーション（例：家族と一緒に過ごす、友達と一緒に過ごす）、芸術およびスポーツ以外のエンタメ（例：お笑いを観に行く、美術館へ行く、映画鑑賞）、人付き合いやリラックスや娯楽のための旅行、プライベートな活動（例：セックスする、いちゃいちゃする）、スポーツ／レクリエーションのイベントに参加（例：スポーツ観戦）、家族や家族以外の子どもとのスポーツ（例：子どもと自転車、子どもと散歩）、スポーツ／エクササイズ／レクリエーションに参加（例：サイクリング、バスケットボール、釣り、ランニング、ゴルフ、ヨガ、筋トレ）。多くの調査が、親としての幸せ（あるいは不幸せ）を評価する際、自身の子どもと一緒の時間を「子どもの世話」としてまとめているものの、私たちが行った分析からは、自身の子どもと一緒の時間が楽しく充実したものか否かは、その時間をどう過ごしたかによることがはっきりと見て取れる。自分の子どもとスポーツをすることは自由裁量の活動であるものの、子どもの「世話をする」は自由裁量とはならない、と捉えられている。また、子どもを着替えさせたり寝かせたりすることは、まるで自動車管理局で行列に並んでいるのと同じくらい面倒な作業だと捉えられているのだ！

7 Daniel S. Hamermesh and Jungmin Lee, "Stressed Out on Four Continents: Time Crunch or Yuppie Kvetch?" *Review of Economics and Statistics* 89, no. 2 (May 2007): 374–83, DOI: 10.1162/rest.89.2.374.

8 Frank Newport, ed., *The Gallup Poll: Public Opinion 2015* (Lanham, MD: Rowman & Littlefield, 2017).

9 John P. Robinson, "Americans Less Rushed but No Happier: 1965–2010 Trends in Subjective Time and Happiness," *Social Indicators Research* 113, no. 3 (September 2013): 1091–104, DOI: 10.1007/s11205-012-0133-6.

10 Hielke Buddelmeyer, Daniel S. Hamermesh, and Mark Wooden, "The Stress Cost of Children on Moms and Dads," *European Economic Review* 109 (October 2018): 148–61, DOI: 10.1016/j.euroecorev.2016.12.012; Daniel S. Hamermesh, "Time Use—Economic Approaches," *Current Opinion in Psychology* 26 (April 2019): 1–4, DOI: 10.1016/j.copsyc.2018.03.010; Melanie Rudd, "Feeling Short on Time: Trends, Consequences, and Possible Remedies," *Current Opinion in Psychology* 26 (April 2019): 5–10, DOI: 10.1016/j.copsyc.2018.04.007.

11 Hamermesh, "Time Use," 1–4; Hamermesh and Lee, "Stressed Out on Four Continents," 374–83; Grant Bailey, "Millions of Brits Feel Overwhelmed by Life Pressures, Study Finds," *Independent*, January 19, 2018, Indy/Life, https://www.independent.co.uk/life-style/stress-work-pressures-busy-social-calenders-financial-worries-survey-a8167446.html; Lilian Ribeiro and Emerson Marinho, "Time Poverty in Brazil: Measurement and Analysis of its Determinants," *Estudos Econômicos* 42, no. 2 (June 2012): 285–306, DOI: 10.1590/S0101-41612012000200003; Elena Bardasi and Quentin Wodon, "Working Long Hours and Having No Choice: Time Poverty in Guinea," *Feminist Economics* 16, no. 3 (September 2010): 45–78, DOI: 10.1080/13545701.2010.508574; Liangshu Qi and Xiao-yuan Dong, "Gender, Low-Paid Status, and Time Poverty in Urban China," *Feminist Economics* 24, no. 2 (December 2017): 171–93, DOI: 10.1080/13545701.2017.1404621.

12 Trupia, Mogilner, and Engeler, "What's Meant vs. Heard"; Tim Kasser and Kennon M. Sheldon, "Time Affluence as a Path toward Personal Happiness and Ethical Business Practice: Empirical Evidence from Four Studies," *Journal of Business Ethics* 84, no. 2 (January 2009): 243–55, DOI: 10.1007/s10551-008-9696-1; Susan Roxburgh, " 'There Just Aren't Enough Hours in the Day': The Mental Health Consequences of Time Pressure," *Journal of Health and Social Behavior* 45, no. 2 (June 2004): 115–31,

会員特典データのご案内

本書の読者特典として、1週間のスケジュールのテンプレートをご提供いたします。
以下のサイトからダウンロードしてください。

https://www.shoeisha.co.jp/book/present/9784798180694

※会員特典データのファイルは圧縮されています。ダウンロードしたファイルをダブルクリックすると、ファイルが解凍され、ご利用いただけるようになります。　※会員特典データのダウンロードには、SHOEISHA iD（翔泳社が運営する無料の会員制度）への会員登録が必要です。詳しくは、Webサイトをご覧ください。　※会員特典データに関する権利は著者および株式会社翔泳社が所有しています。許可なく配布したり、Webサイトに転載することはできません。　※会員特典データの提供は予告なく終了することがあります。あらかじめご了承ください。

本書内容に関するお問い合わせについて

このたびは翔泳社の書籍をお買い上げいただき、誠にありがとうございます。弊社では、読者の皆様からのお問い合わせに適切に対応させていただくため、以下のガイドラインへのご協力をお願い致しております。下記項目をお読みいただき、手順に従ってお問い合わせください。

● ご質問される前に

弊社Webサイトの「正誤表」をご参照ください。これまでに判明した正誤や追加情報を掲載しています。　正誤表　https://www.shoeisha.co.jp/book/errata/

● ご質問方法

弊社Webサイトの「書籍に関するお問い合わせ」をご利用ください。
書籍に関するお問い合わせ　https://www.shoeisha.co.jp/book/qa/
インターネットをご利用でない場合は、FAXまたは郵便にて、下記“翔泳社 愛読者サービスセンター”までお問い合わせください。電話でのご質問は、お受けしておりません。

● 回答について

回答は、ご質問いただいた手段によってご返事申し上げます。ご質問の内容によっては、回答に数日ないしはそれ以上の期間を要する場合があります。

● ご質問に際してのご注意

本書の対象を超えるもの、記述個所を特定されないもの、また読者固有の環境に起因するご質問等にはお答えできませんので、予めご了承ください。

● 郵便物送付先およびFAX番号

送付先住所 〒160-0006　東京都新宿区舟町5
FAX番号 03-5362-3818　　宛先（株）翔泳社 愛読者サービスセンター

※本書に記載されたURL等は予告なく変更される場合があります。　※本書の出版にあたっては正確な記述につとめましたが、著者や出版社などのいずれも、本書の内容に対してなんらかの保証をするものではなく、内容やサンプルに基づくいかなる運用結果に関してもいっさいの責任を負いません。
※本書に記載されている会社名、製品名はそれぞれ各社の商標および登録商標です。

著者紹介

キャシー・ホームズ Cassie Holmes

UCLAアンダーソン経営大学院教授。時間のつかい方と幸福度の関係性を専門とし、主要な学術誌のほか、エコノミスト、ニューヨーク・タイムズ、ウォールストリート・ジャーナル、ワシントンポストなどに論文や記事が掲載されている。

訳者紹介

松丸さとみ Satomi Matsumaru

翻訳者・ライター。学生や日系企業駐在員としてイギリスで6年強を過ごす。現在は、フリーランスで翻訳・ライティングを行っている。訳書に『感情戦略』『LISTEN』（ともに日経BP）、『脳の外で考える』（ダイヤモンド社）、『FULL POWER』（サンマーク出版）、『限界を乗り超える最強の心身』（CCCメディアハウス）などがある。

ブックデザイン　三森健太（JUNGLE）
図　　版　Hannah Sanders
図版手書き文字　米村知倫
DTP　株式会社 シンクス

「人生が充実する」時間のつかい方

UCLA《ユーシーエルエー》のMBA《エムビーエー》教授が教える
“いつも時間に追われる自分”をやめるメソッド

2023年10月6日 初版第1刷発行
2024年2月15日 初版第4刷発行

著　者　キャシー・ホームズ
訳　者　松丸さとみ
発行人　佐々木 幹夫
発行所　株式会社 翔泳社（https://www.shoeisha.co.jp）
印刷・製本　中央精版印刷 株式会社

本書へのお問い合わせについては、319ページに記載の内容をお読みください。

造本には細心の注意を払っておりますが、万一、乱丁（ページの順序違い）や落丁（ページの抜け）がございましたら、お取り替えいたします。03-5362-3705までご連絡ください。

ISBN 978-4-7981-8069-4

Printed in Japan